国家自然科学基金资助项目（71461006、71461007、71761009）

经济管理学术文库·经济类

共享经济、全域旅游与旅游业

Sharing economy, Holistic Tourism and Tourism

鄢慧丽　熊　浩／著

图书在版编目（CIP）数据

共享经济、全域旅游与旅游业/鄢慧丽，熊浩著. —北京：经济管理出版社，2018.8
ISBN 978-7-5096-5875-8

Ⅰ.①共… Ⅱ.①鄢… Ⅲ.①旅游经济—研究 Ⅳ.①F59

中国版本图书馆 CIP 数据核字（2018）第 153828 号

组稿编辑：杨国强
责任编辑：杨国强　张瑞军
责任印制：黄章平
责任校对：张晓燕

出版发行：经济管理出版社
　　　　　（北京市海淀区北蜂窝 8 号中雅大厦 A 座 11 层　100038）
网　　址：www.E-mp.com.cn
电　　话：（010）51915602
印　　刷：三河市延风印装有限公司
经　　销：新华书店
开　　本：720mm×1000mm/16
印　　张：14.25
字　　数：238 千字
版　　次：2018 年 8 月第 1 版　2018 年 8 月第 1 次印刷
书　　号：ISBN 978-7-5096-5875-8
定　　价：68.00 元

·版权所有　翻印必究·

凡购本社图书，如有印装错误，由本社读者服务部负责调换。

联系地址：北京阜外月坛北小街 2 号
电话：（010）68022974　　邮编：100836

前　言

2017年11月，世界旅游城市联合会（WTCF）发布了最新的《世界旅游经济趋势报告（2018）》，2017年全球旅游总收入为5.3万亿美元，占全球GDP的6.7%，旅游收入增长率4.3%，连续6年超GDP增速。"在全球范围内，参与旅游的组织持续增长，旅游消费已成为一种重要的生活方式"。旅游业在全球经济增长中的作用越来越明显，已经成为关乎全世界人民幸福的"大事"。中国旅游总人次和旅游总收入在全世界排名中已位居榜首。中国旅游业不仅发挥着重要的经济作用，也承载着"人民日益增长的美好生活需要"，越来越多地被写进国家文本。2016年，国家旅游局提出旅游业创新发展战略——全域旅游，并确定2018年为"美丽中国——2018全域旅游年"。

共享经济（Sharing Economy）为全域旅游发展注入了强大动力。共享经济一词，不同的学者有不同的理解。哈佛大学科恩教授的观点是：共享经济是指个体间直接交换商品与服务系统。目前学术界比较流传的观点为，共享经济是指以依托互联网平台整合人们的闲置资源并实现物品使用权暂时转移而获得经济利益并满足市场需求的商业模式，其核心理念可以表述为"占有并不重要，使用才是核心"。这一名词产生于1978年，在30年后成为影响社会发展的重要理念，并对交通出行、房屋短租、食物及饮料、旅游咨询、导游陪同、物流快递、家政服务等传统行业产生影响。"人人参与，人人共享"是共享经济理念的生动场景，"人人都是旅游形象，处处都是旅游资源"是全域旅游的美好愿景。共享经济和全域旅游，在内涵和边界上有一定的相通之处。

2016年，国家旅游局局长李金早对全域旅游这一概念做出详细解释，被学术界广泛认同。他指出，全域旅游是指在一定区域内，以旅游业为优势产业，通过对区域内经济社会资源尤其是旅游资源、相关产业、生态环境、公共服务、体制机制、政策法规、文明素质等进行全方位、系统化的优化提升，实现区域资源有机整合、产业融合发展、社会共建共享，以旅游业带动和促进经济社会协调发展的一种新的区域协调发展理念及模式。其中，全民参与共建共享的出发点与共享经济的理念相一致。

中国社会科学院特约研究员魏小安在"共享经济与休闲未来"论坛演讲中表示，共享经济和休闲生活有天然契合，共享经济首先应在休闲领域发展。在国外，最著名的三家共享经济龙头企业中有两家与旅游业密切相关，即：提供预订租赁用车服务的Uber、提供家庭旅店服务的Airbnb。在共享平台上，游客可根据社区的经验共享，自行制订旅行计划，一方面节省开支并提高了满意度，另一方面为旅游区带来经济收益，实现了居民与游客共赢的局面。共享经济时代下的信息对称和自愿交易，提高了人们出游的满意度，在共享平台上，人人即是生产者也是消费者，为实现全域旅游、创建居民游客共享空间奠定了基础。共享经济信息观讲究的是在信息透明的基础上实现双赢局面，这与全域旅游的居民游客共享理念相契合。在共享经济价值观的影响下，全域旅游的建设与居民的目标空前一致，共享经济价值观使得城乡因全域旅游更美丽，百姓因全域旅游更富有。

共享经济是大势所趋、时代主流，旅游业作为受其影响最早和最深刻的行业之一，与其天然契合。全域旅游的提出，无论是发展理念还是发展思路，都与共享经济相同或相近，正在深度融合。不难发现，两者的相互渗透无时不在、无处不有，正在深刻影响和改变着游客的出游行为，集中体现为"三个更多"：首先，出行方式更加多元。Uber、滴滴出行等共享交通平台，为游客提供了实时共乘、专车接送等个性化出行服务。其次，住宿方式更加多样。公寓、民宿、客栈、别墅等多样化共享住宿类型，使游客能够享受到更加温馨和更具人情味的住宿环境。最后，发展模式更加多变。共享经济的逐步深入发展，引领全域旅游进入全新发展模式和发展轨道，催生许多新产品、新业态。

共享经济和全域旅游对国民经济的影响日益加大、贡献日益增强。国家信息中心信息化研究部和中国互联网协会共享经济工作委员会联合发布的

前言

《中国共享经济发展报告2016》显示,预计未来5年共享经济年均增长速度在40%左右,到2020年市场规模占GDP比重将达到10%以上。《"十三五"旅游业发展规划》提出,以推动全域旅游发展为主线,到2020年旅游市场总规模达到67亿人次。由此可见,共享经济已成为社会经济发展的主流,全域旅游已是未来旅游业发展的主线,两者必将进一步深度融合、互促共进、势不可当。

大众旅游方兴未艾,全域旅游如火如荼,旅游资源要素正在突破传统边界,共享经济正在重构旅游发展的新格局。在此背景下,共享经济和全域旅游实践的发展早已赶超了理论研究。目前,关于共享经济与全域旅游的相关理论研究较少。本书以共享经济、全域旅游与旅游可持续发展为出发点,研究两两之间的融合关系。本书由三部分构成:第一部分,介绍共享经济、共享经济与旅游业融合以及共享经济下的旅游发展实践;第二部分,介绍全域旅游、全域旅游与旅游业的融合以及全域旅游业的发展实践;第三部分,分析共享经济、全域旅游与旅游可持续发展的关系。

本书前言由海南大学旅游学院鄢慧丽博士、副教授撰写,第一、二、三章由海南大学经济与管理学院熊浩博士、教授与海南大学旅游学院研究生徐帆撰写;第四、五、六章由鄢慧丽博士与海南大学旅游学院研究生王强撰写;第七章由鄢慧丽博士和旅游学院研究生余军撰写。特别感谢研究生徐帆承担的文字校对工作。

本书作者水平有限,书中内容可能会有很多值得商榷之处,恳请广大读者、专家和学者等批评指正。

鄢慧丽

2018年3月

目 录

第一章 共享经济 ... 1

一、初识共享经济 ... 1
(一) 共享经济的兴起：互联网发展下的一种新型经济模式 ... 1
(二) 什么是"共享经济" ... 2
(三) 共享经济的特征 ... 3

二、共享经济与传统经济 ... 6
(一) 共享经济与传统经济的区别 ... 6
(二) 共享经济的优势 ... 8
(三) 共享经济快速发展的成因 ... 11
(四) 共享经济的商业模式 ... 14

三、共享经济在中国的发展 ... 18
(一) 共享经济的发展历程 ... 18
(二) 我国共享经济发展现状 ... 19
(三) 共享经济将会渗透的行业 ... 23
(四) 中国共享经济存在的问题 ... 28

第二章 共享经济与旅游业 ... 31

一、国外旅游共享经济的产生与发展 ... 31
(一) 旅游共享消费理念的产生 ... 31
(二) 旅游共享平台型企业的诞生 ... 32
(三) 国外旅游共享经济的发展 ... 34

共享经济、全域旅游与旅游业

二、旅游共享经济 ……………………………………………… 36
 （一）共享经济与旅游业的关系 ………………………… 36
 （二）共享经济在旅游业中的发展 ……………………… 37
 （三）旅游共享经济兴起的原因 ………………………… 38
 （四）旅游共享经济的特点 ……………………………… 39
三、共享经济对旅游业的影响 ………………………………… 40
 （一）共享经济下旅游要素的变化 ……………………… 40
 （二）共享经济对旅游业的影响 ………………………… 41
四、共享经济对旅游业供需关系的改变 ……………………… 46
 （一）对旅游供给方的影响 ……………………………… 47
 （二）对旅游需求方的影响 ……………………………… 50
 （三）对传统旅游供需中介平台的影响 ………………… 51
五、旅游共享经济，他们有话说 ……………………………… 52
 （一）世界旅游业理事会商务拓展总监奈杰尔·戴维：共享
   经济作用独特 ……………………………………… 52
 （二）雅加达旅游景观管理部主任颂提·潘佳般：架起政府
   市民沟通桥梁 ……………………………………… 53
 （三）巴塞罗那旅游局局长乔迪·威廉·卡尼斯：共享经济要
   一分为二地看 ……………………………………… 53
 （四）BBC 业务发展部高级副总裁阿利斯泰尔·麦克埃文：
   让游客参与到规划中 ……………………………… 54
 （五）米兰副市长罗伯塔·瓜娜丽：建立更多城市公共空间 …… 54
 （六）洛阳市副市长魏险峰：资源配置优化全域旅游 ………… 54
 （七）布宜诺斯艾利斯旅游局局长贡萨洛·罗布雷多：挖掘
   景观和情感共鸣点 ………………………………… 55

第三章 共享经济与旅游业的实践 …………………………… 57
 一、出境自助游共享平台 …………………………………… 57
  （一）8 只小猪：专业的人做专业的事 ………………… 57

（二）丸子地球：专注做好一件事 …………………………………… 58
二、个性化旅游服务平台 ……………………………………………………… 60
　　（一）朋游：共享经济+旅游满足碎片化需求 ……………………… 60
　　（二）领游：打造旅游共享生态平台，用情怀感知世界 ………… 61
三、共享经济下的酒店创新 …………………………………………………… 64
　　（一）体验定制化 ……………………………………………………… 64
　　（二）服务智能化 ……………………………………………………… 65
　　（三）引入环保理念 …………………………………………………… 66
　　（四）投资共享经济 …………………………………………………… 67
　　（五）支持创业创新 …………………………………………………… 68
四、重庆：共享经济下的国际旅游目的地建设 …………………………… 69
　　（一）增加旅游产品有效供给迎接大众旅游时代 ………………… 69
　　（二）优化旅游产品供给拉动经济稳步增长 ……………………… 70
　　（三）资源优势转为发展优势探索旅游扶贫新路 ………………… 71
　　（四）深入实施"旅游+"战略推进全域旅游发展 ………………… 72
　　（五）发挥企业主体地位提高资源配置效率 ……………………… 72
　　（六）吸引国际游客建立国际旅游目的地 ………………………… 72
五、共享经济下的海南省旅游发展实践 …………………………………… 73
　　（一）共享农庄建设，打造美丽乡村旅游名片 …………………… 73
　　（二）海南民宿发展 …………………………………………………… 79
　　（三）海南旅游共享经济发展建议 ………………………………… 81

第四章　全域旅游 ……………………………………………………………… 85
一、全域旅游提出的背景 ……………………………………………………… 86
　　（一）景区泛化的"大旅游" ………………………………………… 86
　　（二）国民休闲的"大市场" ………………………………………… 87
　　（三）产业升级的"大产业" ………………………………………… 88
二、全域旅游的相关理论 ……………………………………………………… 88
　　（一）全域旅游的概念 ………………………………………………… 88

（二）全域旅游的核心 …………………………………… 90
　　（三）全域旅游的特征 …………………………………… 92
　　（四）全域旅游的理论基础 ……………………………… 95
三、全域旅游发展逻辑及重点 …………………………………… 101
　　（一）全域旅游发展的市场逻辑 ………………………… 101
　　（二）全域旅游发展重点 ………………………………… 103
四、全域旅游发展模式 …………………………………………… 108
　　（一）全新的休闲旅游模式 ……………………………… 108
　　（二）全新的旅游景观模式 ……………………………… 109
　　（三）城镇化的旅游产业模式 …………………………… 109
五、全域旅游实施途径 …………………………………………… 110
　　（一）构建农旅一体化为架构的发展格局，实现全域
　　　　　协调发展 ……………………………………………… 110
　　（二）从地域范畴来说，"全域旅游"应注重主体性和
　　　　　多样性 ………………………………………………… 112
　　（三）从产业范畴角度来看，"全域旅游"应注重融合性和
　　　　　辐射性 ………………………………………………… 113
　　（四）以主体功能分区构建完整推进体系 ……………… 114

第五章　全域旅游与旅游业 ……………………………………… 117
一、全域旅游吸引物建设 ………………………………………… 117
　　（一）资源整合 …………………………………………… 117
　　（二）城市休闲游憩功能提升 …………………………… 118
　　（三）旅游景观及环境营造 ……………………………… 119
二、全域旅游视角下的产业融合 ………………………………… 120
　　（一）旅游产业内部的融合 ……………………………… 121
　　（二）旅游产业与农业的融合 …………………………… 122
　　（三）旅游产业与工业的融合 …………………………… 123
　　（四）旅游产业与第三产业的融合发展 ………………… 123

三、全域旅游视角下区域旅游设施建设 ………………………… 126
   （一）全域旅游设施建设的思维导向 …………………………… 126
   （二）全域旅游设施建设的提升路径 …………………………… 127
   （三）PPP模式下的旅游设施建设 ……………………………… 129
   （四）旅游公共服务体系建设+全民参与旅游 ………………… 130

四、全域旅游资源整合的"旅游+" ……………………………… 132
   （一）旅游+新型城镇化 …………………………………………… 133
   （二）旅游+美丽乡村建设 ………………………………………… 133
   （三）旅游+森林公园 ……………………………………………… 134
   （四）旅游+交通 …………………………………………………… 134
   （五）旅游+农业 …………………………………………………… 135
   （六）旅游+互联网 ………………………………………………… 136

第六章 海南全域旅游发展实践与思考 …………………………… 139

一、海南全域旅游发展研究 ………………………………………… 139
   （一）海南全域旅游发展背景 …………………………………… 140
   （二）海南省作为首个全域旅游创建省的原因 ………………… 141
   （三）海南发展全域旅游的优势 ………………………………… 142

二、海南省全域旅游发展实践 ……………………………………… 144
   （一）琼海全域旅游发展实践 …………………………………… 144
   （二）海口全域旅游发展实践 …………………………………… 149
   （三）三亚全域旅游发展实践 …………………………………… 152

三、国内全域旅游发展的地方实践 ………………………………… 155
   （一）海南："点、线、面"发展构造全域绿色景观格局 …… 155
   （二）山东：文旅深度融合提升产业附加值 …………………… 156
   （三）贵州：打造全域山地旅游目的地实现绿色减贫 ………… 157
   （四）重庆："标识重庆"打造智慧化共享公共服务平台 …… 158
   （五）宁夏：构建"一核两带三廊六板块"的整体
         产业布局 ………………………………………………… 158

四、海南全域旅游发展建议 ………………………………… 160
　　（一）规划先导引领 ……………………………………… 160
　　（二）特色产业支撑 ……………………………………… 161
　　（三）拓展营销渠道 ……………………………………… 161
　　（四）惠及全体群众 ……………………………………… 162
　　（五）合理建设管理 ……………………………………… 162

五、全域旅游背景下海南省旅游经济效应 ………………… 163
　　（一）旅游业经济效应 …………………………………… 163
　　（二）数据来源及测算模型 ……………………………… 164
　　（三）旅游业产出效应测算 ……………………………… 170
　　（四）旅游业产出乘数的测算 …………………………… 175
　　（五）旅游业对国民经济的贡献 ………………………… 176

第七章　共享经济、全域旅游与旅游可持续 …………… 179

一、共享经济与全域旅游 …………………………………… 179
　　（一）共享经济对全域旅游的影响 ……………………… 180
　　（二）共享经济背景下全域旅游发展路径 ……………… 182
　　（三）共享经济与全域旅游的融合发展 ………………… 186

二、共享经济与旅游可持续 ………………………………… 188
　　（一）旅游可持续发展的内涵及原则 …………………… 188
　　（二）共享经济背景下的旅游可持续发展 ……………… 192

三、全域旅游与旅游可持续 ………………………………… 195
　　（一）全域旅游时代旅游产业链的重构 ………………… 195
　　（二）全域旅游——理念革新与模式创新 ……………… 199
　　（三）全域旅游观念下的旅游可持续发展 ……………… 201

参考文献 …………………………………………………… 205

第一章 共享经济

一、初识共享经济

(一) 共享经济的兴起：互联网发展下的一种新型经济模式

共享经济一度引起了人们广泛的关注。Uber 和 Airbnb 这类以"共享"为理念的互联网共享平台公司近年来在市场上取得了巨大成功。2014 年 6 月，Uber 市值已经高达 182 亿美元，到 2015 年 3 月，其市值已经迅速上涨至 400 亿美元。作为私房共享的平台 Airbnb，2014 年拥有的客房数量已经是全世界最大酒店集团客房数量的近 2 倍。在国内市场，出行共享平台如滴滴；住宿共享平台如小猪短租、自由家等也在蓬勃发展。预计到 2025 年，全球共享经济的规模将达到 3350 亿美元。

中国共享经济的发展同样令人瞩目。2016 年 2 月 28 日，中国国家信息中心信息化研究部发布了《中国共享经济发展报告 2016》。报告指出，2015 年中国共享经济市场规模约为 19560 亿元，投身于这一领域的服务提供者为 5000 万人左右，约占劳动人口总数的 5.5%，直接或间接参与共享经济活动总人数已经超过 5 亿人，预计未来五年共享经济年均增长速度在 40% 左右，到 2020 年共享经济规模占 GDP 比重将达到 10% 以上。报告还预言，未来十年中国共享经济领域有望出现 5~10 家巨无霸平台型企业。中共十八届五中全会审议通过的"十三五"规划建议明确提出了"创新、协调、绿色、开

共享经济、全域旅游与旅游业

放、共享"发展理念,共享经济已转化为我国现实的经济发展诉求。

"共享"概念早已有之,信息共享是 Web2.0 时代最大的特征之一,而共享经济则是移动互联网下的产物。①全民移动化,尤其是服务提供者(如出租车司机)开始接入移动互联网,打开了共享经济的前端供给。②移动支付随着移动互联网的应用而普及,支付的全面应用成为保证共享经济平台便利性、中介性的最重要条件;共享经济平台提供了供给方与需求方的互相评价机制、动态定价机制,成为共享经济发展最佳的注脚。

(二) 什么是"共享经济"

1. 共享经济的界定

共享经济又被称为"共享经济""协同消费"。最早在 1978 年由美国伊利诺伊大学香槟分校社会学教授马科斯·费尔逊和琼·斯潘思于《美国行为科学家》杂志发表的论文《社群结构与协同消费》中提出,他们基于人类生态学家阿莫斯·霍利的共生合作是为了满足人们可持续发展需求的这一观点,提出协同消费是一种满足日常需求并与他人建立关系的日常活动,如社区内洗衣机的共享使用。雷切尔·波茨曼等合著的《我的就是你的:协作消费的崛起》中延续了协同消费的理念,消费者的需求从获得私有物品转移到使用需求满足,形成了新的消费模式。《中国共享经济发展报告 2016》中对共享经济的定义是:利用互联网等现代技术整合,共享海量的分散化闲置资源,满足多样化需求的经济活动总和。

2. 共享经济的经济形态

首先,它是一种赋能经济。物品都在那儿,都已"名花有主",但在市场经济的条件下,使用权却多半闲置。通过互联网的信息沟通和撮合,因对方的需求而暂时转让物品的使用权,达成了共享经济背景下的服务交易。"死的物件"因此而赋予"活的能力",这也就是对所拥有的物品之使用权进行激活和赋能。因为这种成功赋予,共享经济也变成了一种对于闲置资源高效配置的效能经济。

其次,它是一种网络经济。私家车和私有住房本是实体形态存在的物件。但任何实物无论大小,恰如摆在超市里展示的待售商品,都是有着与之相匹配的虚拟信息。房东提供给 Airbnb 关于待租房源（结构、楼层、面积、配套设施、价格等）的全部信息，包括 Airbnb 主动上门拍摄的实景图片等视频资料，其实就相当于黏附于商品包装上的条形码，消费者据此付费，货钱两清。正因为有了互联网对于信息沟通的无所不在和无所不能，长城内外、大江南北甚至是地球两端的实物，就能轻轻松松地在一张"网上"，完成了信息的撮合与成交。这种抽离出供需信息并由其为主导，带动实物消费完成的经济形态，正是我们将其称为网络经济的理由。

再次，它是一种信用经济。怎么才能让素昧平生、万里之遥的供需双方放心成交？唯有信用的创立和累计。共享经济活动的起点，就是以真实信息为前提的网络登录注册和"验明正身"，然后通过信用卡及第三方支付完成收付交割，并且客人和车主及房东，还需要彼此给对方做出评价。作为平台公司，还会借助保险机制化解交易过程中可能产生的风险（Airbnb 会就租房中的损毁、盗窃自动提供 100 万美元保险）。完整而严密的信用链条，为陌生人的交易搭建了可资信任的通道，从而帮助受制于一定空间距离和熟人圈子的潜在资源，实现了巨大的市场价值。

最后，它是一种平台经济。Uber 和 Airbnb 是这种典型的提供综合服务的平台公司。由于私家车和私有住房分属于高度离散的产权所有者，本身又不是专门为满足市场需求提供的特定资源，若没有一个平台公司为之提供相关的信息和管理服务，这些分散的闲置物件，就无法转变成为一个合格的市场供给。从需求侧而言，众多随机的需求信息，也同样需要这样一个整合者。平台公司在对数量庞杂纷繁的供需两侧信息进行收集和撮合的基础上，分别造就了共享经济合格的双方。在把商业组织（出租公司）演变为线下的个体劳动者同时，也把个体消费者纳入了商业组织（平台公司）有效管理的经营范围。

（三）共享经济的特征

1. 活跃的个人之间的共享行为是共享经济发展的源泉

在共享经济中，拥有闲置资源的个人是商品或者服务的供给者，而传统的大中型企业可能不再是供给者。在共享经济中，个体虽然是闲置商品或资

共享经济、全域旅游与旅游业

源的供给者,但他们并不以此为生,其主要收入来源并非依靠共享经济的报酬所得。例如每个合格的私家车主都可以注册为网约车司机,但网约车收入只是其部分额外的收入来源。每个人都参与共享活动,活跃的共享行为是共享经济发展的源泉。但并非参与者是活跃的个体就可以归于共享经济模式,例如淘宝就不是共享经济范畴,因为淘宝虽然是采用C2C(Customer to Customer)模式,个人也是市场中的主要供给者与参与者,但淘宝店主是专业的网商,以网店收入为其主要收入,其所开的网店与实体店没有实质性的差异,只是交易模式有所不同而已。时下火爆的共享自行车实质上也不是共享经济范畴,这只是专业公司投资的传统租赁模式的智能化升级。

2. 完善的网络共享平台是共享经济发展的基础

交易行为必须借助于第三方建立的网络共享平台实现。第三方平台可以由商业机构、政府等主体构建,主要提供供求信息、实现供求匹配、提供资金结算方式等中介服务职能。巨大数量的潜在供给者和需求者是共享经济得以运作的基本条件。只有潜在的巨大市场量达到一个临界值时,才能发挥出共享经济商业模式的能量。平台下的共享经济商业活动,借助互联网技术,可以跨越时间、空间进行供需对接,而不管是共享汽车、共享空间、共享产品,都是因为这些需求的物和人分散化存在于社会中,随机性太大,这些资源或知识由于一些关联将它们连接起来,不受物理地域的限制,但广泛地分散在社会中。所以,共享经济商业活动的第一大创新点是将这些看似杂乱无章的物资和人员,通过自己的平台进行整合和集中,并展示在这个开放的平台中,拥有特定资源又愿意共享出来的用户,可以通过发布信息的方式加入,通过这种方式,平台上的资源越来越多,用户的自发性越来越强大。

3. 个人闲置物品或资源的使用权的共享是共享经济的核心

从广义上讲,共享经济可以共享个人所拥有的一切闲置资源,从车、房和机器等固定资产到金钱等金融资产,再到时间、知识等无形资产。闲置产能是共享经济消费行为里最明显的重要特征。闲置产能往往是具有未充分使用的时间、空间、物件等,是潜在的社会价值和经济价值。对市场来说,如果共享经济市场中的参与主体拥有的闲置资产能吸引其他参与者,那么就能以较低的边际成本将闲置资产或商品的使用权转出去,并且获得可观的边际收益。而很多商品的使用次数是有限的，或者不会经常使用，对于个体用户而言，这些商品在其他时间对别的用户来说可能是很有用的。所以共享经济充分体现了这一点，帮助闲置的空间、时间、技能、物品在恰当的时间找到恰当的需求用户，不仅降低了使用的成本，更延长了物品的使用年限，提高了使用率。这一特征是区别共享经济与智能租赁两种不同模式的重要特征。

4. 信任机制是共享经济发展的纽带

现代社会大量的交易行为发生在陌生人之间，而共享经济活动建立在陌生人的交易基础上。不同于熟人社会之间的交易，陌生人之间的交易必须解决信任问题，所以一个完善可信的信任体系是发展并维持共享经济商业活动的重要机制。当一种新的商业模式产生时，要通过商业信誉吸引用户使用，才能创造它的价值。例如网约车服务，如何保证用户对司机的信任是达成交易的主要约束条件。由于网约车司机认证相对容易，信任机制问题必须由平台公司解决，提供公司信用，从而消除乘客对自身安全的担忧。平台公司可以通过大数据的应用，用户与平台之间的互动，用户之间的互相评价和推荐，建立自己的信用评价体系。

5. 创新式破坏是共享经济发展的活力保证

创新式破坏是共享经济模式不断推陈出新的不竭动力，而富有企业家创新精神的个体善于从偶然的共享行为中发现商业机会，将个别的偶然的交易行为模式化，总结出适应于陌生人大规模推广的共享经济模式。例如顺风车就是典型例子：顺风车一开始出现在熟人之间的社交群体或社区网络平台，但商业嗅觉敏锐的具有企业家特质的个人将这种交易模式升级，开发出专门的 APP，打造一个人人共享的网络平台，实现陌生人之间轻松共享。顺风车模式进一步发展出网约车平台，成为风行一时的共享经济新模式，不仅激活了全新的商业模式，而且使传统出租车行业的服务受到极大的挑战，促进了整个出租车行业的竞争，产生了良好的社会效果。同时，促进了一批人的灵活就业，减轻了社会就业压力。

6. 开放的系统是共享经济的组织载体

共享经济模式需要将更多的个体纳入共享的体系中，这是因为共享体系闲置资源的供求主体都是个人。这是一个"人人为我、我为人人"的共同共享的系统。其规模效应明显,因此,其系统的开放性尤为重要。一个开放的系统要降低进入的门槛,而不是限制人员进入。否则,共享经济模式会因为人员受限而资源枯竭,从而失去活力。开放性系统要求对共享经济要有制度的灵活性,不能以规范市场为由,人为设置各种障碍,阻碍系统对绝大多数的个体开放。只有开放的系统,才能保证共享经济模式能够以低成本扩张,实现闲置或冗余资源的有效共享。

二、共享经济与传统经济

(一) 共享经济与传统经济的区别

1. 共享经济的本质

共享经济的本质是通过整合线下的闲散物品或服务者,让他们以较低的价格提供产品或服务。对于供给方来说,通过在特定时间内让渡物品的使用权提供服务,以获得一定的金钱回报;对需求方而言,不直接拥有物品的所有权,而是通过租、借等共享的方式使用物品。由于供给方提供的商品或服务是闲散或空余的,而非专门为需求方提供的。供给方从商业组织演变为线下的个体劳动者。因此,需要有一个平台对数量庞大的需求方和供给方进行撮合,于是产生了共享经济的平台公司。与传统的酒店业、汽车租赁业不同,共享经济平台公司并不直接拥有固定资产,而是通过撮合交易,获得佣金。正如李开复所说"(Uber、阿里巴巴和 Airbnb)世界最大的出租车提供者没有车,最大的零售者没有库存,最大的住宿提供者没有房产"。这些平台型的互联网企业利用移动设备、评价系统、支付、LBS 等技术手段有效地将需求方和供给方进行最优匹配,达到双方收益的最大化。

2. 共享经济的实现过程

共享经济的发展是一个去中介化和再中介化的过程。去中介化/去机构化(Deinstitutionalization)指的是在传统的供给模式下,用户经过商业组织而获得产品或服务。商业组织的高度组织化决定了它们提供的主要是单一、标准化的商品或服务。同时，劳动者或服务提供者需要依附于商业组织，间接地向最终消费者提供服务。共享经济的出现，打破了劳动者对商业组织的依附，他们可以直接向最终用户提供服务或产品。再中介化指个体服务者虽然脱离商业组织，但为了更广泛的接触需求方，他们接入互联网的共享经济平台。过去，优秀的个体劳动者难以脱离商业组织而存在。因为，脱离有组织的商业机构意味着他们需要自行解决办公场地、资金、客源、营销等非常繁多的问题。而共享经济平台的出现，在前端帮助个体劳动者解决办公场地（We Work 模式）、资金（P2P 贷款）的问题，在后端帮助他们解决集客的问题。共享经济平台成为劳动方和需求方的中介，帮助他们参与到"比较复杂的市场经济职业"。同时，平台的集客效应促使单个的商户可以更好地专注于提供优质的产品或服务。个体服务者脱离商业组织后，成为独立的劳动单位，与共享经济平台的关系松散：他们可以接入多个平台，可以根据自己的需求调节服务提供时间，不再受到商业组织的制度束缚。另外，这种松散的关系反而促使并激发他们提供更多样化、个性化和有创意的服务或产品，以获得消费者的口碑和好评，以此帮助他们在平台上更好的集客。

3. 共享经济的核心特质

共享经济的另一个核心特质是闲置，所说的"共享"是指对个人闲置资源的共享。这点在相当长的时间内，并不成为一个重要的问题。对个人所有的资源进行共享，并获得一定的收益，才是共享经济的核心实质。个性化旅游平台伴米网是通过接入海外的兼职导游资源，让本地居民带领出境游游客进行个性化的旅游体验。例如，参观海外名校校园、品尝私人饭店/酒庄的菜肴等。其初衷是利用海外华人的闲暇时间、本地化经验，为自由行的出境游客提供更个性化的服务。

伴米网最初拓展的海外城市旧金山硅谷是科技公司集中的区域。2015年9月，一位 Facebook 华人员工因收费将游客带入公司内进行参观和享用公司午餐，一共有 3 名华人员工在此事件中被公司开除，甚至有拿到 Facebook 公司 offer 的新员工，由于在伴米网上进行了实名注册，被 Facebook 公司直接收回 offer。此事件在海外华人圈引发轩然大波，硅谷包括 Airbnb、苹果、

Facebook 等公司开始调查此事。

可以说，伴米网让游客体验海外真实生活是一个有益的共享经济尝试（见图1-1）。但共享经济中所谓的"共享"是利用属于自己的闲置资源，将其共享出去并获得一定的收入，而远非利用公司的、公共的资源进行共享，并为共享者带来利益。这其中涉及的公司保密问题、公共资源侵占问题，都并非是共享经济的初衷。

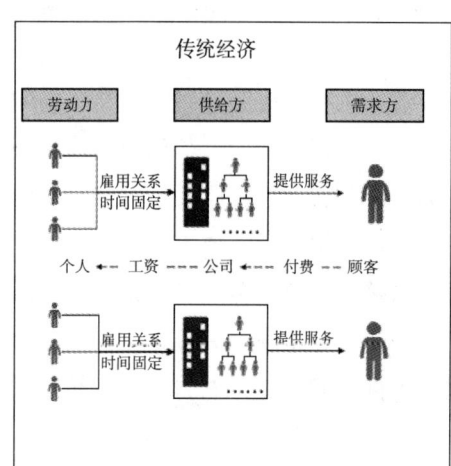
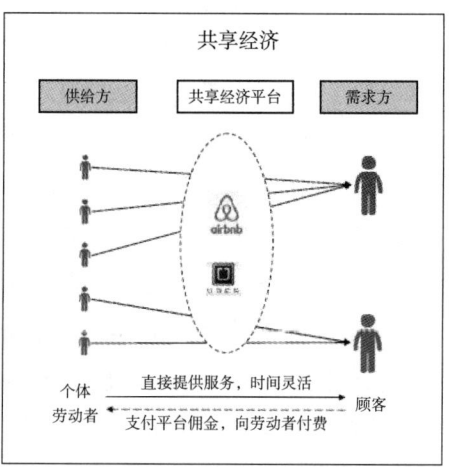

图1-1 传统经济与共享经济模式对比

（二）共享经济的优势

去中介化的过程伴随着前端供给能力快速释放，为产品和服务的供给带来非标准化的可能性。在共享经济的平台下，供给端的创造力被激发，他们更倾向于提供非标准化的产品和服务，以形成个人产品独特的品牌。共享经济平台的极大优势如下：

1. 整合线下资源

以 Uber 为例，它将线下闲置车辆资源聚合到平台上，通过 LBS 定位技术、算法，将平台上需要用车的乘客和距离最近的司机进行匹配，从而达到对线下车辆资源整合的目的。除在全球除提供用车服务外，Uber 还尝试将线下其他有需求的零散资源整合。2015年3月，Uber 在杭州推出"一键叫船"

服务。用户通过 Uber 的客户端，可以预约西湖的摇橹船。而在这之前，Uber 还在美国、印度、澳大利亚等地推出预约直升机的服务"Uber Chopper"。Uber 的专车首先会将乘客载到直升机机场，乘客搭乘直升机到达目的地后，Uber 专车会将乘客直接送至酒店，最终完成服务。除此之外，Uber 在中国曾经推出过一键呼叫舞狮队、胡同三轮车甚至是一键呼叫创业公司 CEO 等个性化的活动。而 Uber 公司最大的想象力就在于此。这个以用车功能搭建起来的平台，未来有可能将线下多种资源整合，成为线下零散服务在线上的重要出口。

2. 降低成本，提升配置效率

共享经济的出现，降低了供给和需求两方的成本，大大提升了资源对接和配置的效率。这不仅体现在金钱成本上，还体现在时间成本上。

（1）对供给方。降低成本：供应方不需受雇于某些组织或公司而直接向客户提供服务并收取费用。通常，个体服务者只需要向平台支付一定的佣金。而有些平台（例如 Airbnb）是向消费者收取佣金，个体服务者不需要支付任何费用。

更易获客：共享经济平台上聚集了大量客源，服务/产品提供者只需要在共享经济平台上注册即可获得客源，省去寻找客源的时间成本。

闲置资产变现：所有者的闲置资产得到了有效利用，共享物品或服务可以令其闲置资产变现，从而为整个市场带来更多供给。只要共享价格高于共享需要付出的成本（例如资产的折旧），对劳动者而言就能获得经济利益。

（2）对需求方。供应方成本的降低促成个人提供的共享服务价格往往低于企业所提供的服务。当使用共享服务的成本低于从市场上租用或购买该标的成本时，需求方选择共享标的就可以相对获益。以北京为例，非高峰时期10千米路程如果需要40分钟（其中10分钟低速或等待）的话，搭乘出租车需要33.7元，而使用滴滴快车或优步只需要25元，价格较出租车便宜25%。酒店业同样如此，全球各大城市普通酒店价格普遍高于 Airbnb 价格，有的甚至达到 Airbnb 价格的2倍多。

3. 提供非标产品

Airbnb 以独特的民宿体验成为共享经济的重要平台之一。Airbnb 并不致力于提供标准而廉价的酒店，而是通过 Bed & Breakfast 为顾客提供具有本地化、人情味丰富，或者独特的体验。Airbnb 在瑞士雪山的缆车上提供豪华套房，在旧金山提供搭建于树上的树屋。由于 Airbnb 是一个开放的共享经济平台，随着平台的壮大，Airbnb 的房屋出租者为了在众多供给方中脱颖而出，他们也在房屋的布置、装潢上更花费心思。他们为用户提供配备智能家居设备的房间、榻榻米屋、卡通主题屋等，或向用户介绍本地的独特娱乐、游玩体验。

提供独特：大多数商业机构追求标准化的服务，而个体服务者可以提供更为多元和个性的服务/商品，甚至追求提供独特、无可替代的体验。Airbnb 最基本的功能是帮助用户通过互联网预订有空余房间的住宅（民宿），让 Airbnb 平台声名大噪的原因并非其基本的预订功能，而是租客能在 Airbnb 的房屋中得到独特的住宿体验。如图 1-2 所示。

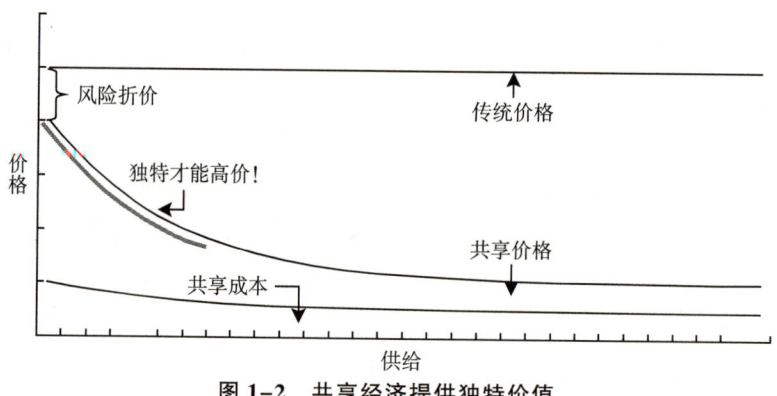

图 1-2 共享经济提供独特价值

个性化民宿：房东（Host）通常会根据自己的喜好、当地的特色将房间布置成个性化的风格。例如，在房间内配备智能体重秤、智能灯具等各种智能硬件设备的房间；修建在大树上的"树屋"，或者是在欧洲城堡里的花园洋房等。

本地体验：Airbnb 的房东希望帮助房客（Guest）在旅行时以当地人的视角去体验。他们通常会为房客准备详细的入住指南，并在其中提供最本地化的旅游建议、餐饮建议。

情感社区：Airbnb上构建的房东与房客关系并非简单的主客关系，而是以出租的房屋为空间，本地房东与外地房客之间的情感社区。房东与房客之间共享各自的生活状态、交流旅行经验，房东甚至会邀请房客参加他们组织的Party等。

4. 树立个人品牌

在Airbnb等固定空间、服务使用时间相对较长的共享经济服务上，劳动和服务提供者不再是商业组织的雇员，他们可以通过提供服务树立起自我的品牌。商业组织中的雇员，很难脱离组织形成自我的品牌，劳动者从属于公司，形成单一的雇用关系。因此有了希尔顿、洲际等著名的酒店集团。而在共享经济下，个体劳动者的品牌价值被放大。消费者从传统对商业机构品牌的认可转向对提供服务人员个人价值和品牌的认可。例如，在Airbnb上提供优质独特住宿体验的房东会形成个人品牌。租客明确知道房屋的独特和舒适是由房东打造的，而并非由一个酒店集团或Airbnb平台提供。在果壳网所打造的知识共享平台"在行"上，平台对每一位共享知识的老师进行"包装"，包括雇用专业的摄影师团队为其拍摄个人照片、撰写个人故事并进行传播等，从而形成个人的独特品牌。

共享经济平台所提供的机制凸显了个人的品牌、信誉。供给方不再使用商业组织的头衔而直接面向顾客提供劳动或服务。他们在庞大的商业组织中，被忽视的能力和才华，可以通过共享经济平台得到进一步的发掘。而通过他们提供的优质、个性化的服务，他们更获得了比在商业组织内更大的成就感、知名度。

（三）共享经济快速发展的成因

近十年，特别是近五年内，共享经济在全世界范围内都取得了巨大的发展，其具有经济、社会、技术等多方面因素的综合作用。哈佛大学科恩教授认为共享经济发展的根本原因在于三点：一是共享经济可以提供更多的消费主权、安全与透明度。在传统经济的市场环境下，由于市场价格的波动，商品与服务质量的不确定性，让消费者感到缺乏消费主权以及消费安全，市场信息缺乏透明度。而共享经济条件下，消费者掌握选择的主动权，凭借互动平台上的信息沟通，消费具有透明度。二是共享经济可以解决交易双方的信任危机。传统商业的发展，由于消费者处于信息不对称的状态，对商家提供的商品或服务缺乏信任感。商品的供给者与消费者之间不信任的状态会影响交易的发生。而共享经济可以通过互动式信息交流，促进消费者与供给者之间的信任。三是共享经济可以促进消费者和供应者双方的福利水平。在共享经济模式中，供给者通过提供产品或服务取得收益，而消费者也可以更低的价格获取商品或服务，双方的福利水平都得以改善。

本书认为，共享经济快速发展的成因可归为以下几点：

1. 以互联网为代表的现代信息技术兴起，促使共享行为的交易成本降低

共享不是新概念，其实人类社会历史上从来都不缺少共享行为，个别的、零星的人际间物品使用权的共享行为绝非新潮之举，恐怕自人类出现起就有了。传统社会里，由于信息沟通困难，供求匹配的即时信息难以传递，以致陌生人之间的共享行为成本太高，共享只能是一种偶发现象。而实现智能手机、个人电脑高度普及的今天，由互联网公司利用互联网技术建立的信息中介平台可以极大地减少信息沟通的成本，以更高效率实现供需双方的匹配，而且随着这样的信息中介平台规模的扩大，很容易形成规模效应。低交易成本是共享经济规模快速扩张的主要成因。共享经济之所以成本极低，原因在于闲置物品的机会成本几乎为零，而对于所有者而言，共享所带来的收益是意外之财。

2. 互动式平台的大量出现，促使共享经济拥有广泛的信任基础

信任是一切交易的前提条件，更是共享经济运行的基础。信息技术革命之前，社会无法建立对共享者和使用者的有效评价体系，交易行为难免会出现欺诈、以次充好、跳单等不诚信行为。这种行为会大大提高交易成本，降低经济运行效率。而在以互联网技术为代表的现代信息技术出现以后，由于交易的电子化，其可记录、可追踪的特点，使得交易双方的信用信息接近透明化；大量的互动式平台又为交易双方提供了事前与事后信用评估的机会，这些都将大大增加陌生人之间的信任感，使得共享行为有了坚强的社会信任基础。

3. 物质产品的极大丰富，促使共享经济拥有坚实的物质基础

在物质产品稀缺的时代，人们对财富的认知是比较保守的，以更多地占有物质产品视为财富的最大化，因此共享行为相对较少发生。而越是物质充裕的年代，人们对产品所有权的占有欲望越相对变弱，共享的可能性会升高。一方面，当今社会多数物质产品产能过剩，在物质产品极大丰富的条件下，人们不再以取得产品所有权作为实现个人福利的终极目标，从而愿意与人共享自己所拥有的产品，这为共享行为提供了可以共享的物质基础；另一方面，社会各阶层存在收入差距，导致不同的社会阶层在购买产品的消费能力上有差异，而财富理念的演化可以促进富有阶层愿意与其他阶层的人共享，从而推进共享经济的发展。

4. 社会整体环保意识的升华，促使共享经济拥有绿色发展的共同理念

每个人都会购买一些使用频率很低，甚至购买之后就不再使用的物品，比如，平均一辆汽车一天只使用一小时。这其实是一种极大的物质浪费，再考虑到全商业环节中一件商品的生产流通过程中的周边物质消耗，这种浪费其实是惊人的。共享经济不仅使得闲置物品或资源得到重新配置，提高了资源的使用效率，而且减少了商品的生产以及资源的过度使用，可以大大减少人类活动对环境的影响。从总体上讲，我们身处一个过度生产、透支消费的年代，高度发达的物质生产条件极大地改善了人们的生活条件，但环境问题已成为触动每一位有良知消费者的敏感话题。因此，社会整体环保意识的觉醒与升华，使得共享经济拥有绿色发展的共同理念。

5. 人们追求利益的最大化，促使共享经济拥有创新的不竭动力

人是逐利的经济动物，对可能存在的盈利机会高度敏感。共享经济实质上是新技术革命所带来的新的商业模式。以互联网技术为核心的新技术革命，不仅带来技术变革，更带来新的商业机会。在新技术冲击下，消费需求以及产品供给模式都会发生变化，一些敏感的企业家会抓住机会，将偶发的某种共享行为普遍化，进而演化出某种富有活力的共享经济模式。共享经济可以实现帕累托改进，为供求双方带来了实实在在的物质利益，增进了社会总福利。在人们逐利的本能驱动下，各种共享经济的具体模式不断推陈出新。

共享经济、全域旅游与旅游业

（四）共享经济的商业模式

共享经济已经在租车、P2P 网络借贷、众筹、住宿等行业进行了广泛应用，其中共享经济的龙头企业 Uber 和 Airbnb 公司市值分别高达 600 亿美元、250 亿美元，远远高于从事相同或相似服务的传统企业估值。对比传统经济，共享经济的商业模式发生了很大变化。

1. 共享经济案例分析

本书选取共享经济中发展最好、最快且盈利模式清晰的两家公司 Uber 和 Airbnb 进行案例分析。Uber 和 Airbnb 分属于不同行业的龙头企业，具有共享经济代表性。

Uber 公司盈利模式。首先，将线下闲置车辆资源聚合到平台上，Uber 公司不拥有车辆资源等固定资产，针对是闲置车辆资源，即为供给者提供了灵活工作方式以及提高了车辆利用效率，并获取一定额外收入。其次，Uber 公司对闲置车辆进行了差异化定位，包括 Uber SUV 高端、Uber X 与 Uber Black 中端、Uber Taxi 低端，为每个人提供不同出租车服务，其业务对象拓展到出租车之外的其他通勤服务，如轮渡、摩托车、直升机、快递等。在价格方面，Uber 公司为避免最需要服务的高峰时段，司机供给反而偏少的情况，设计了高峰定价技术，根据不同时段制定不同价格水平。再次，Uber 公司客户群的主体比较广泛，涉及自身没车、体验高质量通勤服务、不想自己驾车参与某项活动、低价出租车服务等，主体为城市上班族。最后，Uber 公司通过 LBS 定位技术、大数据挖掘和云计算，将平台上需要用车的乘客和距离最近的司机进行匹配，避免传统出租行业拒载现象。司机接受订单之后，司机个人的详细信息和预计到达时间会一同发送给订车人，订车人可以实时查看司机当前位置，订车人接受服务之后可以对司机的服务进行评价。从 Uber 公司盈利模式不难看出：Uber 公司属于 O2O 模式，注重线上线下资源整合；Uber 公司是轻资产运营，属于第三方平台公司；Uber 公司通过双向补贴吸引用户，培养用户消费习惯，增加用户黏性。

Airbnb 公司盈利模式。首先，将线下闲置住房资源聚合到平台上，Airbnb 公司不拥有住房资源等固定资产，针对是闲置住房资源，为供给者提高住房利用效率，获取一定额外收入。其次，Airbnb 公司提供的是非标准产品，不同于标准化酒店服务，为客户提供了本地化、独特体验的情感社区，满足客户个性和定制化服务需求。再次，Airbnb 公司平台机制注重个人品牌、信誉，在 Airbnb 上提供优质独特住宿体验的房东，通过客户评价机制会形成个人品牌。最后，Airbnb 公司将供需双方用户通过网络或手机应用程序发布、搜索度假房屋租赁信息并完成在线预定。从 Airbnb 公司盈利模式不难看出：Airbnb 公司跟 Uber 公司一样，同属于 O2O 模式，注重线上线下资源整合；Airbnb 公司跟 Uber 公司一样，都是轻资产运营，不拥有提供服务的固定资产所有权，属于第三方平台公司；Airbnb 公司降低供需成本，提升配置效率，Airbnb 公司向消费者收取佣金，个体服务者不需要支付任何费用。同时，Airbnb 公司个体供给方共享服务价格低于酒店企业服务价格，Airbnb 平台聚集大量客源，节省寻找客源的时间成本，如图 1-3 所示。

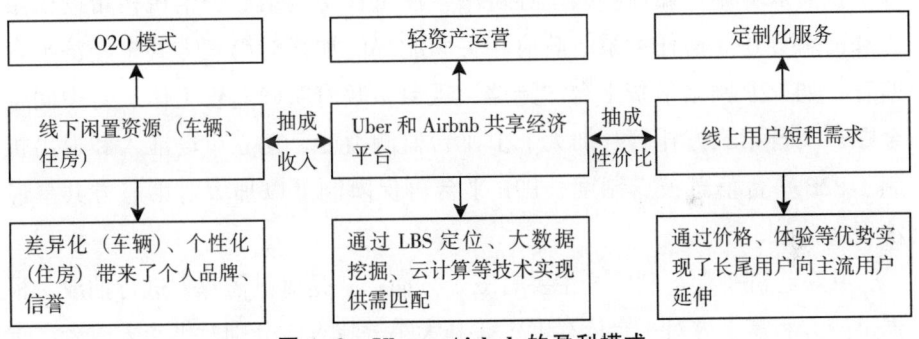

图 1-3　Uber、Airbnb 的盈利模式

2. 共享经济的商业模式

通过 Uber 和 Airbnb 公司案例分析共享经济的一般商业模式。共享经济商业模式的核心基础是"闲置+价值+回报"，产品和服务供给方拥有闲置资源或碎片化时间，通过在特定时间内让渡资源使用权或提供服务，需求方不直接拥有资源的所有权，而是通过租、借等共享方式使用物品，为需求方创造价值，从而为供给方带来一定的金钱回报或精神回报。共享经济平台通过双向补贴和体验等方式吸引供给方和需求方，共享经济平台足够多的供给方为需求方多样需求提供了选择，共享经济平台足够多的需求方为供给方提供

了稳定持续客源。根据产品和服务供给方个性化程度进行分类,总体上分为标准化成品和非标产品。标准化产品按标准化程度从高到低进行分类定价,非标产品在产品差异性基础上根据需求方要求进行适当的调整,满足其定制化服务需求。产品和服务供给方组织形式包括适应规模化供给的 B2C 模式,以及对产品和服务需求个性化及场景化的 C2C 模式。共享经济平台根据产品和服务需求方群体,将具有相似特征个体或企业进行细分,并深入当地消费者的核心需求和人文特点,进行适应性功能开发和品牌定位,对需求方交易后评价进行完善的收集和处理反馈。共享经济平台不直接拥有提供服务的物品所有权,这决定了共享经济平台运营固定资产投入少、成本低,共享经济平台实行的是按需分配,将大量供给按照大数据算法推送给最方便客户。共享经济平台将供给方和需求方连接,由于供需双方具有延展性和叠加性,共享经济平台潜力巨大,而平台资源、平台规模等扩大反过来增强了供需双方用户黏性。共享经济平台注重社交网络、征信机构帮助供给方和需求方建立信任关系。政府相关职能部门加强对第三方共享经济平台监管,如 P2P 网络借贷平台"跑路"现象,政府明确监管主体、对中间资金账户实行第三方托管、加大 P2P 平台监测力度、建立市场准入和退出机制、P2P 平台信息披露制度、P2P 平台再保险制度以加大对第三方共享经济平台监管。

共享经济平台盈利模式主要有三个方面:一是对供需双方进行抽成,根据供给方和需求方对平台依存度、获利大小等特点,分别对供给方或者需求方进行抽成,Uber 公司向供给方每笔业务进行提成获取收入,Airbnb 公司向需求方收取佣金。二是供需双方客户资源价值,第三方共享经济平台掌握大量客户资源,客户为共享经济平台带来了流量和入口,截至 2015 年 9 月,Uber 公司用户数超过 3000 万,截至 2015 年 5 月 Airbnb 公司用户数超过 3500 万。三是平台资源延伸服务价值,基于大量客户资源大数据分析进行相关服务延伸,拓展其服务边界,Uber 公司通过乘客出行计划大数据分析与交通管理部门进行合作。

3.共享经济的商业模式优势分析

共享经济不同于传统经济商业模式,传统经济商业模式是供给方与需求方基于企业与企业、企业与客户之间交易层层加码，涉及产业链上下游企业，企业与客户之间的中间商、渠道商，不难看出传统经济商业模式供给方与需求方中间链条过长，每层之间利润加码转嫁给客户，带来了较高价格。如图1-4所示。

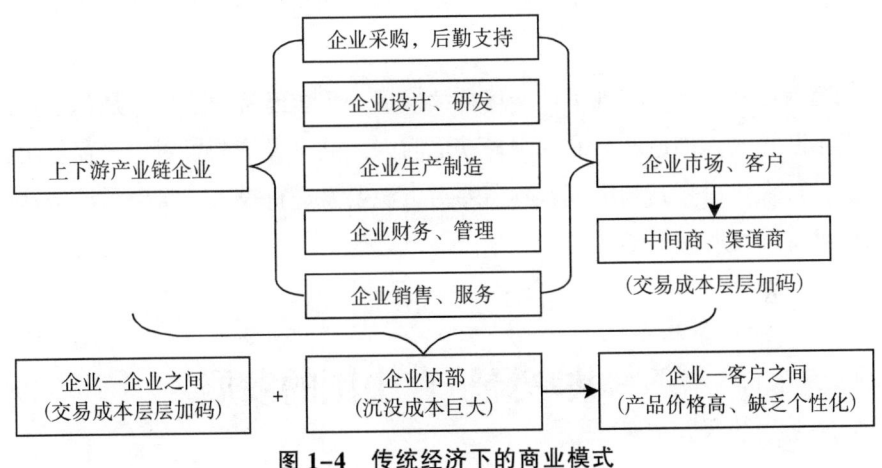

图1-4　传统经济下的商业模式

共享经济商业模式的优势主要体现在以下六个方面：

第一，为客户解决了产品利用率问题。传统经济商业模式主要为客户提供新产品或服务，没有为客户解决其产品利用率问题。共享经济商业模式基于现有闲置资源，将闲置资源使用权转移给需求方获取一定收入。

第二，降低共享经济平台运行成本。传统经济商业模式下企业进行大量固定资产投入，拥有大量沉没成本，企业运营成本高、转型慢。共享经济平台借助于供给方闲置资源，不需要进行固定资产投入，属于典型轻资产公司，运营成本低、转型块。

第三，满足了需求个性化和定制化需求。传统经济商业模式为客户提供产品或服务是标准化的，共享经济商业模式由于供给者从商业组织演变成个体或企业，为供给方提供了大量非标准化产品或服务，这也满足了需求方个性化和定制化服务需求。

第四，共享经济具有价格优势。传统经济商业模式供给方与需求方之间涉及供应商、制造商、渠道商等交易主体，众多交易主体带来巨大的交易成本。共享经济商业模式供给方与需求方直接进行匹配,双方直接进行动态定价,没有中间商利润侵蚀,具有明显价格优势。

第五,解决了长尾客户问题。传统经济商业模式主要为主流客户服务,长尾客户不具有规模效应,成本与收入不对称。共享经济商业模式客户对象往往是传统经济商业模式不关注的长尾客户,通过对长尾客户切入再进入主流客户。

第六,共享经济实现了社会可持续发展。传统经济商业模式是基于资源要素不断投入,创造新产品或服务获取收入。共享经济配置对象是存量闲置资源,最大化提高其利用率,不需要对资源要素进行投入,实现了经济社会绿色可持续发展。

三、共享经济在中国的发展

(一)共享经济的发展历程

共享不是新的概念,传统社会朋友、熟人之间信息的共享或者物品的互借,算是最早的共享,但受制于空间的限制,传统社会所共享的物品或信息通常局限于个人以及个人能力所能抵达的范围,共享的完成需要参与各方彼此信任,共享内容以实物居多,共享过程没有产生报酬和利润。21世纪以来,随着互联网技术的快速发展,人们通过网络获取信息的数量呈现爆炸式增长,每个用户都可以通过互联网获取陌生人共享的信息或给他人共享自己的信息,实现了网络上的信息共享和内容提供。此时期的共享对象以信息居多,信息共享量大幅提高,共享对象开始面向陌生人。得益于网络的发展,信息共享不再受限于空间的限制,共享范围大幅扩大,此时的信息共享多为免费,较少涉及实物交割。2008年以来,随着移动互联技术的快速发展,国外的Uber、Airbnb,国内的滴滴打车、小猪短租等一系列实物共享平台陆续出现,共享经济由概念变成现实,终于迈出了实质性的一步。通过第三方平台提供的信用担保，闲置的产品终于可以变成服务并被共享给陌生人，产品供给方通过共享将闲置产品转化成利润。如图1-5所示。

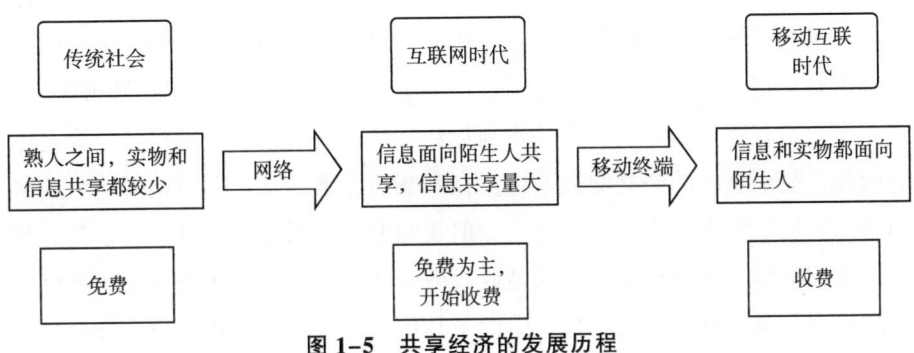

图1-5 共享经济的发展历程

（二）我国共享经济发展现状

近年来，智能手机的普及，第三方支付的崛起以及成本的降低使得我国的共享经济能够在短时间内迅速发展壮大。从发展现状和衍化态势看，我国共享经济的发展呈现以下特征。

1. 在共享交通引领下共享领域不断拓展

共享交通是我国共享经济模式的先行企业，2010年滴滴打车和快的打车先后成立，标志着是我国共享经济正式出现，之后交通出行领域多家平台相继成立，但规模和知名度均不如以上两家企业。2014年美国Uber（优步）进入我国，交通出行领域由两强争霸变成三足鼎立。2015年2月，滴滴和快的实现战略合并，至此这两家企业在我国的龙头地位已确定。作为我国共享经济的领军领域，共享交通的发展先后经历了群雄并立阶段和寡头竞争阶段，再到目前的战略整合。共享交通企业不断整合壮大，业务类型也在不断增加和深化，已从最早的打车，发展到现在的租车、代驾、巴士等。共享交通的发展历程以及各地政府对其监管的措施对我国其他行业的发展和监管起到了重要的示范作用。

随着优步、滴滴打车的兴起与巨大的成功，共享经济的发展模式受到了整个社会的广泛关注，吸引了大量的社会资本的投入。作为2016年另一个

共享经济、全域旅游与旅游业

共享领域的热门话题,共享单车也得到了快速的发展。作为解决"最后一公里"的共享单车,其无桩式的设计,以及互联网和智能移动设备的运用,解决了以政府为主导的公共自行车的不便之处,使得自行车的寻找、使用、停放实现了随用随取、随停随放,真正体现了自行车的便利性。共享单车的出现可谓具有得天独厚的条件。第一,共享单车的适用区域主要是城市区域。现如今,随着我国城市现代化的不断加快,城市的规模总量得到了极为迅速的增长,整个城市的公共交通系统也在不断地完善,基本上覆盖了整个城市网络,满足了大众群众的出行需求。但我们发现,当人们在行程比较短的时候,比如早晨上班时从家去地铁站或者公交站,以及在一些公共交通难以到达的地方,我们通常都是步行或借助于其他通行方式,给我们的出行带来了很大的不便之处,共享单车的出现便很好地解决了这一难题。第二,随着我国居民财富的不断增加,生活水平的不断提高,广大人民群众对生活质量的要求也更加注重。共享单车的出现,满足了人们健康出行的意愿。同时,作为非机动车,共享单车零排放、零污染,可谓是低碳环保、绿色出行。同时,我们也应该看到,其快速发展中所展现出来的一些问题,只有通过不断地完善,才能够更好地发挥共享单车的优势作用,助力其实现更好、更快的发展。

在共享交通领域的引领下,其他领域的共享平台也在不断涌现,共享经济领域快速渗透日常生产生活的各个方面,我国各领域的主要共享平台如表1-1所示。

表1-1 共享领域代表企业

行业领域	代表企业
交通出行	滴滴、快的、优步、摩拜单车、ofo
P2P网贷	陆金所、人人贷、红岭创投、宜信
网络众筹	点名时间、追梦网、大家投、众筹网
房屋住宿	蚂蚁短租、小猪短租、途家网
交运物流	58到家、e快送、人人快递
知识技能	猪八戒网、知乎、名医主刀、豆瓣网
生产能力	沈阳机床厂I5智能平台、阿里巴巴淘工厂

在住宿领域出现了途家网、蚂蚁短租、小猪短租等共享平台，途家网和小猪短租已于2014年分别获得C轮和B轮融资，获得了较高的市场认可。众包领域出现了京东到家、人人快递、e快送等共享平台，2015年5月成立的京东到家，在不到1年的时间注册快递员已经超过50万人，其中接近一半的快递员参与过快递业务。知识技能共享领域出现了猪八戒网、名义主导等共享平台，2015年，猪八戒网获得C轮融资26亿元，其估值已经超过100亿元。名医主刀自2015年10月成立以来已经由各地著名医生开展几千台手术，为解决我国看病难问题开创了新的思路。2016年以来，山东、河北等地通过大型农机设备的共享提高了农业机械设备的使用效率和种粮大户的生产效率，共享双方通过更便捷高效的匹配实现了双赢。淘宝的灯保姆为照明设备卖家、消费者和掌握安装照明设备技术的工人建立了联系，即使和卖家不在一个城市，通过灯保姆平台，也可以找到和消费者同城的技术工人为消费者安装照明设备。总之，在社会分工不断细化的大背景下，共享经济已经遍地开花，服务和技术的共享已经渗透至生活的方方面面。

此外，生产共享平台的出现解决了我国制造业产能过剩和个性需求得不到满足的问题，共享生产最大的特点是只需有独特的创意，而不需要有自己的生产加工设备，部分解决了创业初期资金缺乏的问题。我国目前的生产共享代表企业有沈阳机床的I5平台和阿里巴巴淘工厂。生产设备的共享虽然刚刚起步，但具有广阔的前景，共享经济鼻祖罗宾·蔡斯（Robin-Chase）认为，设备、机床、精密仪器等行业将是未来共享经济的重要领域。这些行业都属于重资产领域，重资产领域需要大量资本投入，成本较高但通常使用效率较低，进行生产共享能够提高资源配置效率，具有较大的价值。我国经济的可持续发展离不开制造业，共享生产具有大众创意并通过互评机制找到最优企业进行生产制造的特点，符合我国供给侧改革的思路。借助我国的人口优势，生产共享的进一步发展对于实现从中国制造到中国创造具有催化作用，将会使我国制造业重新焕发活力，为我国经济的再次腾飞插上翅膀。

2. 共享经济产业规模扩张迅猛

近几年，共享经济在我国发展迅猛，相关企业数量和规模都呈快速增长态势。速途研究院数据显示，2010年，我国共享经济市场规模刚过千万元，共享经济企业数量也超不过20家,但到了2015年,共享经济直接市场规模超过100亿元,与其相关的市场规模已接近2万亿元,企业数量和参与人数呈井喷趋势,《中国共享经济发展报告2016》[①]的数据显示,2015年我国共享经济服务提供者约为5000万人,超过3亿人使用过共享经济平台提供的各类生活服务,超过5亿人参与了共享经济。

各领域共享型企业的出现虽然只有短短几年时间,但发展速度远远超过了传统行业。在线短租市场2012年刚起步时其市场规模仅为1.4亿元,2014年迅速扩张至40亿元,2015年其市场规模已经超过100亿元。P2P网贷市场2010年刚起步时平台只有不到10家,市场规模不足20亿元,到2015年平台数量已经接近5000家,我国网贷市场规模已经超过5000亿元,成交额更是突破万亿元,虽然2013年以来出现不少问题平台,但正因为如此,政府加强了对网络金融的监管,大浪淘沙之后,P2P网贷行业更加明确了自己的方向,更能够健康有序地发展。网络众筹行业风生水起,2015年我国有超过7000万人次参与过众筹活动,领军企业点名时间自2011年成立以来,已收到超过1万个项目的申请,众筹项目成功率高达43%,其众筹的电影《滚蛋吧!肿瘤君》获得了极大的好评。作为共享经济先行领域的共享交通发展更为迅速,滴滴和快的战略重组后,滴滴出行平台已经成为全球最大的共享交通平台。

3. 本土化创新后积极开拓国际市场

我国共享经济企业的发展初期多为模仿国外公司,发展过程中逐渐在模仿的基础上进行本土化创新,激烈的市场竞争进一步加快了创新速度,网络科技企业技术至上的特性加上我国的人口优势,加快了我国共享企业从模仿到创新再到引领全球的过程。时至今日,我国部分共享企业凭借自身创新的独特模式,已在国际市场取得成功。WiFi万能钥匙是我国一家依托其产品进行大数据深度挖掘,为用户提供免费上网和移动互联服务的共享型企业,自2012年9月发布以来发展迅猛,2014年底其注册用户已超过5亿户,凭借

---

① 国家信息中心信息化研究部. 中国共享经济发展报告2016 [EB/OL]. http://www.sic.gov.cn/News/250/6010.htm, 2017-2-28.

第一章 共享经济

良好的用户体验，WiFi万能钥匙在稳固国内市场龙头地位的同时，于2015年8月开始进军海外市场，并迅速获得海外用户的认可，截至2016年第一季度，WiFi万能钥匙用户已经遍及全球223个国家和地区，在越南、俄罗斯、巴西、泰国、中国台湾、中国香港等50多个国家和地区的Google Play工具榜上排名第一，海外用户数量超过5000万户，日活跃用户突破2000万户，日活跃率高达40%，WiFi万能钥匙成为我国为数不多的能够覆盖全球用户的移动互联网企业之一。

（三）共享经济将会渗透的行业

Uber和Airbnb两只巨无霸的崛起让"共享经济"一词异常火热，作为共享经济最具代表性的两家企业，Uber和Airbnb分别为出租车业和酒店业带来了革命性的改变，也让人们看到了共享经济在未来的巨大潜力。共享经济这种新的经济模式并不只会在出租车业和酒店业发挥作用，利用人们业余时间和空间的特点，它几乎可以渗透各个行业。

1. 快递业

目前，快递业的模式大部分是由快递公司雇用全职快递员进行商品配送。快递业是个重资产的模式，它最大的资源需求就是人力，人力一旦紧缺就会导致快递的延误，影响用户体验。每年快到过年的时候，由于大批快递员提前回家，人员紧缺就会导致快递货物的延后。

共享经济模式下的快递业相对于传统快递业来讲必然是轻资产模式，一个商家在平台发出送货需求，附近的有车人员接到需求后到商家所在处取货然后送至目的地。对于同城快递来说这是一种比传统快递更快捷也更节省时间的方式，对于异地快递来说，递送可以分段进行。杰里米·里夫金曾在《零边际成本社会》中以物流为例论证了这种方式：就物流互联网而言，传统的点对点和中心辐射型运输应该让步于分布式的联合运输。一个司机负责从生产中心到卸货地点的全部卸货，然后接一批在返回路上的交付货物。共享经济的模式是这样的：第一个司机在比较近的中心交付货物，然后拉起另一拖车的货物返回，第二个司机会装运货物送到线路上的下一个中心，可以是港口、铁路货场、飞机场，直到整车货物抵达目的地。

事实上 Uber 已经开始了这种模式的探索，在美国 Uber 推出了同城快递服务 Uber Rush，用户可以在 Uber 上叫快递，然后由司机将物品派送到目的地，用户可以看到物品预计的到达时间和物品的实时位置。

共享经济下的快递业可以充分利用全社会拥有空闲时间的人员，因而在人员问题上要好于传统快递业，而基于地理位置寻找最近人员的方式也使快递的时间得到节约。

2. 家政服务业

在美国电影《另一个地球》中，女主角撞死了男主角的妻子和孩子，并非职业清洁工的女主角由于愧疚于某天敲开了男主角的门并为对方提供清洁服务。这里面女主角并非某个家政公司的员工，而只是一种个人（自雇）行为。共享经济下的家政服务就是这种场景，提供家政服务的人员并非某个家政公司的员工，而只是拥有空闲时间并想赚点钱的人，当然他们可能有过家政的相关培训经历，或拥有带孩子的经验。

在共享经济下的家政服务人员与传统家政服务相比并不一定是整月或整年的为有需要的家庭提供服务，而更可能是在许多家庭有某些急切需求的时候提供服务，比如老婆出差自己没时间打扫家、奶奶回老家小孩无人照顾等情况，共享经济下的家政服务业对于已经退休而赋闲在家的人员来讲是一个很好的再就业机会。当然，服务需求方可以根据服务方的服务经验和过往口碑来决定是否雇用对方，这一点已经成了互联网公司的标配。

3. 教育行业

在中国，虽然公立教育相对来说基本处于垄断地位，但在公立教育之外市场依然无限广大，公立学校老师利用寒暑假办班和遍地开花的私立教育机构就是一个体现。笔者有个高中同学，一毕业就在北京的某私立教育机构当地理老师，他时常抱怨辛辛苦苦一个月下来挣不了多少钱，大部分让机构拿走了。

共享经济下的教育行业，对于服务提供方来说可以解决两类人的问题。一类是可以解决公立学校老师在业余时间赚取收入的需求（笔者很多当老师的同学在抱怨在学校工作一年还不如寒暑假当几个月的家教挣得多）；二类是可以解决拥有教师资质，但无法进入公立学校工作的人的需求，同时他们也可以不用依附于私立教育机构,而是成为自由职业者为学生提供服务,这种服务给平台的佣金一定远远低于给私立教育机构的。对于服务需求方来说,它可以解决想享受个性化教育服务的学生的需求,也可以解决想找一位好口碑老师补课的需求。

4. 培训业

随着自媒体时代的到来,培训业已经在中国这片大地上大面积开花,自媒体时代孕育的培育师是在某些方面拥有一技之长的行业专家,他们往往不依附于某个培训机构,或成立自己的工作室,或利用业余时间展开培训工作。

姬十三成立的"在行"就是共享经济下培训业的具体体现,任何一个在某方面有所建树或有所见解的人都可以在在行注册成为行家,这些行家是自由的,不依附于任何培训机构。而任何想在某方面获得指点的人都可以在在行找自己合适的交谈对象。在行这个平台除了形式上不是培训而是一对一的学习交谈外,在本质上其实正属于共享经济下的培训。

姬十三在《用共享经济,造一所"社会大学"》中说:在行,试着促成一次次见面交谈:不管是求学谋职还是创业创新、旅行装修,任何大小的颗粒度问题,都有人为你出谋划策,给予私人定制的选择建议,这是对传统"人情求助式交谈"的重新改造,互利互惠,彼此成全。

5. 个人服务业:理发、按摩、美甲等

上门理发,上门按摩,上门美甲,这些说法放在5年前恐怕我们想都不敢想,但移动互联网让这些成为现实。

传统的这些服务业,一定是有需求的客户来到店家购买服务,这一模式是大部分商业模式的特点,并没有什么错。但共享经济下的个人服务业相对于传统个人服务业有两个无法比拟的优势:一是对于消费者来说,可以节省时间,在这个时间就是金钱的时代,没有什么比这点更重要了。比如传统理发店,你在来之前并不知道这里排了多长的队,也不知道你心仪的理发师是否在店内,到了之后很有可能等一两个小时。共享经济下,你可以提前查看心仪的理发师什么时候有时间,然后预约,预约成功后,规划好自己的时间,就可以惬意地做自己的事了。二是对于服务师傅来说,可以更充分地利用自己的时间，传统雇用式的门店，必须服务于到店顾客，而如果今天一天生意冷清，那么理发师就没什么事做，也就挣不到钱。在共享经济下，自己的时间可以提前预约，这样就可以将自己的时间安排合理，更充分地利用时间提供服务赚钱。

目前来看，像河狸家、功夫熊这样的平台正在提供这样的服务。

6. 新闻业

在新闻业，自雇型的记者其实早已有之，在博客时代周曙光就曾独立报到"重庆最牛钉子户"并引发广泛关注，当然那个时候周曙光的商业模式并没有那么明确。在新媒体时代，科技博客的崛起成为共享经济的最重要体现。比如，在虎嗅网、百度百家，或者36氪这样的网站上，内容不全部来自站内的记者或编辑，很大一部分内容是由注册的作者贡献，这些作者出于兴趣或其他原因，独立采访或采编内容并发表在网站上，而网站会拿出一部分稿费给予这些内容贡献者（虽然现在给的稿费并不高，但这种模式是正确的共享经济模式）。

进一步的共享经济在未来或许是这样的，在某个事件发生或即将发生时，平台发起采访或写作任务，平台的注册作者选择自己感兴趣或适合的任务，然后去采访并成文，最终发布至平台上。而平台对于作者的贡献给予稿费。目前，虎嗅和百度百家在创业报道方面正在进行这样的尝试。

7. 租赁业

酒店式的租赁业由 Airbnb 占据主导地位，而共享经济同样正在渗透办公租赁业，它主要满足的是办公短租租赁者的需求。

共享经济下的办公租赁业主要针对以下几类人群：一是初创企业。任何一个企业，都是由弱小成长并强大的，它们在初创时并没有特别大的办公租赁需求，只需要有一个办公的地点就可以了。二是自由职业者或工作室工作者。他们没有长期的租赁需求，而只有弹性的租赁需求。三是中小企业的外地办事处。有时候为支持一个外地项目，中小企业必须驻扎外地办公，但如果不是稳定的项目，这些企业也许只需要一个临时的办公地点。当然，如果这个办公地点有公用的会议室、打印机、茶歇地点等空间会更受欢迎。

潘石屹最近推出了短租写字楼，而美国的 We Work 估值超过 50 亿美元，它们可以供租赁者按月甚至有些按周租赁办公空间，并提供会议室、打印机等公共设备。事实上，某些办公楼的小空间，某个公司的空闲空间同样可以提供这种服务。

8. 广告创意业

广告创意行业一直不缺兼职的合作者，这些能够为公司提供创意内容但并不供职公司的人被称为 Freelance，大部分的创意公司不大可能完全离开 Freelance。很多时候，创意公司会有一些固定的、合作过多次的 Freelance，大多时候这些固定合作的 Freelance 没有那么多，选择也比较有限。

共享经济可以说为创意业提供了更多的可能，当某个公司发出一个客户的相关任务时，平台上会有很多创意人员领取任务，公司根据创意人员的过往作品和评价选取合适的人员，然后达成协议并实施。理论上讲，这种模式可以供一个 CEO 开一家几乎没有全职创意人员的"空壳公司"。

当然，这样的预想在目前看来依然有难度，创意不像租车，它不是一个标准化的模式和流程，并且很多时候兼职创意者并不能领会雇主下达的 Brief，猪八戒网也是因为这些原因而备受指责。但共享经济相对漫长的广告行业存在的时间甚至可以忽略不计，共享经济下兼职创意人员对雇主的贡献在未来有更多的可能。

9. 医疗业

在中国，医疗行业和教育行业面临着相似的情况，它们都是公立机构占据主导地位，而私立机构又有着诸多问题。对于医疗服务来说，人人都希望有针对个人的定制化医疗服务，而非到公立医院用一周时间排队、挂号，然后医生两分钟看完病走人。共享经济下的医疗，医生可以用空余的时间为附近或更远（根据费用）想享受定制化医疗服务的病人提供在线咨询以及上门治疗等服务，而许多病人也不需要再跑到医院去挂号、问诊了。当然，当前医疗的矛盾很大部分是有限的公立医院资源与巨大的病人医疗需求之间的矛盾，共享经济并不能完全解决这个问题，如果医疗行业实现完全的市场化，那么在共享经济模式下，医疗行业定会迸发出巨大的生机。

(四) 中国共享经济存在的问题

1. 现有法律法规已无法适应共享经济的发展

我国现有法律法规多为工业时代的产物，制定时间较早，共享经济具有跨区域、跨行业和网络化的特点，现有法律条文已不能适应其发展，面对共享经济从业人员社保及养老保险问题，电商平台的税收监管问题等诸多新问题，现有法律条文都没有明确的规定。部分监管条款和细则由于为计划经济时期行政监管的产物，并不鼓励企业和市场创新，一些创新企业更是面临现有制度不合理的要求。按照现有规定，多数的共享经济企业都涉嫌"违规"，随时面临行政处罚乃至叫停，过时的法律法规已无法通过合理监管来促进市场健康有序的运行，已经成为市场创新的阻碍。此外，监管的缺失以及第三方平台较低的准入门槛，致使部分平台对于用户的资格审查不够严格，交易中存在一定的安全保障漏洞，消费者利益受到侵害时，缺少各方提供的保障，共享平台通常不为用户在服务过程中遇到的风险事故提供保障，利用现有法律法规难以厘清责任。共享经济作为一种新的商业模式，对现有法律法规提出了新的挑战，监管部门亟须完善和创新监管方式，迅速研究和制定能够适应共享经济的法律体系。

2. 我国信用体系有待完善

共享经济能够发展和壮大的前提是信用体系的存在，由于历史原因，目前我国的整体信用环境处于较低水平，国家层面权威统一的信用体系仍亟须建立和完善，社会整体的信用文化和信用环境仍需不断培养及提高，部分居民信用意识的缺乏导致在市场经济活动中出现了失信行为。此外，我国信用体系的建设过于落后，针对个人信用信息管理的法律法规较少，一方面是与信用相关的法律法规的缺乏，另一方面是我国各信用机构没有统一标准，信用市场缺少统一规范和有效管理，导致出现不正当竞争现象，这损害了公民的个人权益，使公民对于公共信用体系的建设在一定程度上有所抵制。法律法规的缺失带来的最直接影响是惩罚机制的不健全，违法成本过低致使不能对信用犯罪形成强有力的法律威慑。此外，个别地方政府存在地方保护主义，不严格执法甚至包庇信用犯罪行为，进一步加剧了信用体系建设的难度。市场的不成熟还导

第一章 共享经济

致难以吸引优秀人才，进一步使行业发展缓慢。总的来说，无论是从信用相关行业整体运行机制、行业规模，还是从所提供的服务质量看，与西方发达国家相比，我国的信用体系仍存在一定差距，需进一步完善和提高。

3. 共享经济与传统经济易发冲突

我国中央政府虽在《政府工作报告》中明确提出"大众创业，万众创新"的号召，但由于共享经济在近几年的发展过于迅速，许多地方政府对其监管和合法化运营的政策还在制定之中。在政策不明朗期间，部分共享经济从业者逃避了传统商业的税收、社保等义务和责任，和传统企业之间形成了不公平竞争，共享经济从业者对传统经济从业者的利益造成了一定冲击，包括我国在内的全球范围内都引发了不少社会问题。专车自从出现以来，就遭到了全球范围内出租车司机的抵制，在欧美，因为优步的出现掀起多次出租车司机罢工潮，优步在法国、德国等多个国家遭遇禁令，在西班牙因为官司停止提供服务。Easy Taxi 也已经退出中国台湾市场，我国的多个城市也爆发了出租车抵制专车的群体性事件。

4. 取消补贴后行业如何实现盈利

交通出行作为共享经济的先行领域，在我国之所以能够取得快速发展，离不开平台的巨额补贴，依靠实力强大的母公司以及巨额的市场融资，滴滴和快的有能力为消费者以及司机提供大量补贴，从而被消费者和司机接受并普及，迅速占领市场。其他领域的共享平台也大多借鉴了滴滴和快的模式，通过补贴吸引消费者，但补贴作为一种"烧钱"的经营模式，不具备持续性，取消补贴以后通过何种商业模式实现盈利已成为各共享企业必须面对的问题。

5. 大数据技术壁垒形成新的垄断大数据时代

共享经济的运营过程离不开大数据，共享型企业通过大数据技术进行用户匹配和动态价格调整，为用户提供更高质量的体验，并降低交易成本，用户数量和交易次数的增加又会作为共享经济的副产品以不断完善大数据系统，两者相互促进。这种新的商业模式决定了在位者的竞争优势远远大于新进入者，在位者凭借自身不断完善的大数据优势，逐渐形成垄断地位，且强者恒强，在与新进入者的竞争过程中可能会利用其大数据优势恶意操纵市场，最终形成行业壁垒。

第二章 共享经济与旅游业

一、国外旅游共享经济的产生与发展

(一) 旅游共享消费理念的产生

众所周知,旅游活动是发生在异地的暂时性综合体验活动。大众旅游者不可能携带食、住、行及其他相关设施设备,也不会为了暂时性消费而在异地修建食宿设施、购置交通工具。作为一种理想选择,旅游者会采取暂时租用当地的生活设施的方法,通常是与别人共享接待服务设施,包括组成旅游团共用旅游车、租用酒店的房间等具体形式。1909年起源于德国的青年旅舍(Youth Hostel)就是其中的代表,它以为年轻人提供短期住宿为己任,鼓励游客从事户外活动以及文化交流。青年旅舍大多设有交谊厅和厨房等公共区域,提供"通铺"或"上下铺"的团体房型,这是共享消费理念的体现。

在现代通信技术高度发达的今天,不少旅行经验或专业知识丰富的人士通过互联网无偿发布旅游地信息、游记、旅游攻略,甚至为旅游者解答相关问题。在这类群体的推动下,一些网站开辟了专门的 UGC 社区,UGC 型旅游网站陆续出现并成为一种趋势,如马蜂窝、一起游、驴评网、百度旅游、到到网、穷游网、游多多旅行网等就是这类网络平台。UGC 是 User Generated Content 的缩写,即用户生成内容。它的本意是一种用户使用互联网的新方式,即由原来的以下载为主变成下载和上传并重。在 UGC 类社区或网

共享经济、全域旅游与旅游业

站中,相当比例的内容都是用户义务提供的,而不是由社区负责人或网站运营商提供的。游客可以无偿浏览这些旅游信息,甚至提出自己关心的问题。出游前先登录相关网站查找相关旅游信息和攻略已经成为新一代的旅游消费习惯。在互联网时代,共享消费理念不断被越来越多的旅游者了解并接受。

随着社会的发展,旅游活动中的共享消费形式层出不穷,共享的对象从专业机构的资源转向了旅游地居民,搭车旅行和沙发客是其中的典型代表。搭车旅行(Hitch Hiking)是通过在路上搭乘陌生人的顺风车完成旅程的旅行方式,因其体现的自由浪漫精神而受到年轻人的青睐。搭车在20世纪六七十年代的欧美是一种常见的交通方式,美国"垮掉的一代"作家杰克·凯鲁亚克1957年创作的小说《在路上》(On the Road)就有相关描写。至今,欧美地区每年仍有数万人选择这种方式旅行。"沙发客"指"睡别人的沙发",是指利用别人家中的闲置空间解决旅行中的住宿问题。2003年1月,范特创立了名为Couchsurfing的全球沙发客自助游网站。沙发客通过该平台互相交流,查找旅游地住宿信息。这种方式不仅节省旅行费用(沙发客多为志愿者免费提供住宿),可以融入当地生活,还为旅客带来了更多的不可预知性和奇妙性,迅速在青年旅行者中传播开来。在这两种共享方式中,搭车旅行具有当面性和随机性,搭乘的车辆的主人可能是当地人也可能是路过此地的人,沙发客则依托网络平台提前预约当地人,更多地体现了共享经济的特征,可以称之为旅游共享经济的雏形。

(二)旅游共享平台型企业的诞生

旅游地居民的闲置资源早就存在,物美价廉、个性鲜明的接待服务也一直是旅游者的追求。但只有当共享平台建立、旅游地居民获取经济利益时,作为一种商业模式的旅游共享经济才真正产生。在世界范围内,共享经济的代表性企业首推Uber、Airbnb,前者是交通出行类共享平台,后者是房间短租类共享平台。二者均与旅游业具有密切关系。

2007年10月,美国罗德岛设计学院(Rhode Island School of Design)产品设计专业毕业生乔·格比亚(Joe Gebbia)和布莱恩·切斯基(Brian Chesky)赴旧金山参加工业设计大会。由于酒店被预订一空,他们住进市场街南面的

第二章 共享经济与旅游业

一所大型LOFT公寓里,并在大会网站上投放广告来租掉了多余的房间,一周内赚回了近1000美元,这让他们发现了其中的商机。2008年初,他们招募了从事网站开发的内森·布莱卡斯亚克(Nathan Blecharczyk),共同建立了一个简单的网站,并将其定位为"参会者们的气垫床",即专门解决大型活动期间酒店供应不足或是价格高升的问题。由于潜在需求和愿意出租房间的房主规模巨大,他们决定创建一个开放的、点对点(P2P)的网络平台。同年8月,域名为"Airbnb.com"的网站(中文译作"空中食宿")正式上线,标志着旅游共享经济的产生。经过多年的发展,Airbnb逐渐成为世界闻名的多样化房源出租交易平台。在该平台上,各类客房类型应有尽有,从每天90美元的巴士底玛莱区迷你工作室,到每天120美元的纽约哈林区私人公寓,再到每天275美元的泰国波普山上的整幢别墅,范围几乎覆盖了所有的房源形式。2015年,Airbnb在全球190多个国家拥有1.2亿个房源,平均每晚有40万人入住Airbnb提供的房间。目前,Airbnb的估值已经达到255亿美元。

2009年,加利福尼亚大学洛杉矶分校辍学生特拉维斯·卡兰尼克(Travis Kalanick)和好友加雷特·坎普(Garrett Camp)创立了Uber(Uber Technologies, Inc.,中文译作"优步"),并于2010年6月正式在加利福尼亚州旧金山推出服务。Uber是全球第一家通过智能手机APP实现一键实时叫车服务的企业,主要提供在线租车、拼车服务,因旗下同名打车APP而声名大噪。这一创意产生于2008年欧洲Le Web年度科技大会期间一个风雪交加的夜晚,二人在巴黎街头未能及时等到出租车,当时发誓开发应用软件解决这一问题,做到让乘客"按个按钮就能叫车"。成立之初,该公司以Uber Cab为名对闲置出租车资源进行整合,向消费者提供租车服务。2011年5月,Uber被美国运管部门以没有相关出租车公司执照为名处以20000美元罚款,遂将公司名称由正式改为Uber,并专注于中高端租车市场。2013年,Uber还推出了从纽约到汉普斯顿的直升机+私家车租赁服务,旅游者支付3000美元的费用方可享受。作为一家国际公司,Uber强调自己和国内同类公司的不同之处在于:用户在出国旅游时仍旧可以使用Uber叫车,而国内公司则基本只在国内运营。2012年7月,Uber落户伦敦,次年宣布登陆新加坡、首尔、中国台北、莫斯科。截至2014年12月,Uber已在全球250多个城市开展业务，估值达到 400 亿美元。

（三）国外旅游共享经济的发展

旅游者需要的接待服务多数与出行、住宿、餐饮等生活环节密切相关，这与共享经济平台整合的居民拥有的闲置资源具有较高的契合性。因此，共享经济产生后，迅速进入交通、住宿及相关领域，推进了旅游共享经济的发展。

Uber 和 Airbnb 开创的旅游共享经济模式受到广泛关注，并启发其他企业不断创新依托互联网激活闲置资源的商业模式。Airbnb 崛起之后不久，市场上出现了效仿者。有的效仿者原封不动地复制了 Airbnb 的运作模式，如 House Trip 和 Wimdu。他们利用 Airbnb 没有能力垄断全部市场这一机会，实现了自己的迅速崛起。有的效仿者则在模仿的基础上进行创新，找到了自身与 Airbnb 的差异点并加以利用。Luxury Retreats 和 Inspirato 实施了差异化战略，将自己定位于高端用户，开辟了蓝海。到目前为止，国外旅游共享经济几乎涵盖了食、住、行、购、娱等旅游活动要素中的多数环节。

交通出行是共享经济发展的先驱。除了 Uber 之外，国外还有 Lyft、Sidecar、Tripda、Hitch（后被 Lyft 收购）、Slivercar、Breeze、Getcar、RelayRides、Shuddle、Zimride、Tamyca、SnappCar、Nuride、Jayride、Cocarshare 等大量的汽车出租类共享平台。当然，这些平台除了为游客服务之外，也面向本地居民提供服务。其中，Slivercar 提供高品质的机场租车体验，Shuddle 主打家庭和孩子安全出游，体现了市场细分和差异化发展的理念；Hitch 提出"让聊天变得更容易，让旅途不再孤单"，Lyft 鼓励乘客坐在前排、与驾驶员碰拳示好，凸显了旅游共享消费的社交特征。除了出租车，还有轮船（如 OnBoat、Board a Boat、Shipizy、Yachtly）、自行车（如 Social Bicycle、Spinlister、Scoot Networks）甚至飞机（如 Netjets）共享平台，可以更好地满足各类旅游者的位移和体验需求。

房屋短租也是旅游共享经济发展中举足轻重的领域。对于旅行住宿来说，除了 Airbnb 之外，还有 Tripping、VRBO、Flip Key、Divvy、Guest to Guest、Help Stay、My Twin Place、Trip 4real、Guest Vessel、iStop Over、Roomorama

第二章　共享经济与旅游业

等。其中，Guest to Guest、My Twin Place 为旅游者提供换房服务，Divvy 可以帮助旅游者寻找共享房间的室友，Trip 4real 上的西班牙居民可以提供旅行者感兴趣的一切旅行体验信息。

在特色餐饮领域，共享经济模式也已渗透其中，除了提供餐馆食品配送（如 Sprig、Order UP）、私厨上门服务（如 Feastly）、私家美食外卖之外（如 Housebites），邀请陌生人到家用餐是具有旅游体验特色的服务项目，Cookening、Eat With、Home Dine、Bookalokal、Eat With Me、Grouper 这样的平台。以 Eat With 为例，就餐场所是家庭餐厅，厨师是擅长烹饪的主人，食客以旅游者居多，美食只是媒介，交流才是目的。该平台还提供一些临时的饭点，如露天街区、公园，以丰富旅游者的就餐体验。

在信息咨询与预订方面，Dream Scanner、Sailsquare、Gidsy、Couchsurfing、Sidetour 是代表。其中，Couchsurfing 供游客、探险者和想要学习的人共享各自的旅行经历，Dream Scanner 为游客搭建了付费了解当地人销售的旅行经验的平台，Gidsy 则提供在线预订旅程、当地活动和研讨会等服务。

休闲娱乐与活动项目是旅游吸引物的重要组成部分。在国外，旅游者可以通过 Guidehop、Vayable 寻找全世界有意思的活动，如徒步、运动等。Globetrooper 则帮人寻找志同道合的驴友结伴同游，用户可以参与自己感兴趣的旅行计划，也可以创建计划后邀请其他人加入。还有一些专业性强的平台，如 Sailsquare 致力于提供适用于每个人的帆船假期，Shared Earth 是全球最大的社区花园交易平台、为想要花园和农场的人提供信息，Yplan 则每天为用户精选伦敦本地包括演唱会、文艺演出、品酒会、露天电影等在内的 10 个活动。

在购物领域，World Craze 保证顾客购买的东西完全合法化并顺利通过安检，Task Rabbit 则提供代购物的服务。

共享经济、全域旅游与旅游业

二、旅游共享经济

共享旅游依托互联网、大数据、云计算等现代技术,实现旅游资源和信息的共享,激活并释放闲置资源,给旅游者的消费观念和旅行方式等带来根本变革。

(一)共享经济与旅游业的关系

共享经济的自身特性,决定了其与旅游业的天然联系。

首先,共享经济平台的产生为旅游业各类资源共享提供了更为便捷的途径,扩大了共享的纵深力度和空间维度,增加了旅游者的自主选择权。资源的公共性和使用的共融性造就了休闲经济天然的共享经济模式。旅游者在其中实现自然、文化、经济、社会资源的共享,让许多在其产生之前无法共享或者很难共享的资源转化为触手可及的旅游产品体验,这是过去任何平台都无法提供的。

其次,旅游活动的互通性、交流性与共享经济平台搭建的沟通和交流途径相互契合。旅游业的互通和交流,能帮助包括旅游者、旅游从业者、东道主在内的各个主体满足和实现社交、心理、文化、心理、经济等需要。通过共享经济平台,旅游活动的供给方和需求方能够实现自由的交流与沟通,跨越语言、文化和空间障碍。在产品和服务选择过程中,供需双方的自由交流高度透明,极大地满足了双方产销旅游产品和服务的意识及权利。

再次,共享经济平台搭建的评价体系为具有无库存性和无形性的旅游产品提供了相对客观的口碑系统。旅游产品和旅游服务生产及消费同时发生,旅游者需要体验后,才能对其作出评价。因使用者具有极高的产品和服务评论自主权,共享平台搭建的评价体系具有较高的可信度和真实性,能帮助其他使用者判断和选择产品。不少共享经济平台建立机制为供需双方提供了相对透明的背景信息支持(如 Airbnb 和小猪短租帮助房东拍照,Uber 为司机提供培训),这更有利于交易公平性。同时,共享经济平台也为供需双方提供星级评价服务体系,最大程度上为产品提供更为全面直观的信息。

复次,旅游业的复杂性与多样性正好适应了共享经济 P2P 平台深度链接供需双方的特征。旅游行业系统具备的要素和主体众多,具有复杂性、多样性的特征,P2P 模式通过平台搭建和规则制定,将供需两端碎片化、分散化和随机化的资源进行深度链接和整合优化,简化了链接供需双方的中间渠道,供需双方既是交易的管理者、信息的传播者,又可以在生产者和服务者之间转换。

最后,共享经济平台能有效地调节旅游行业的供需,对旅游的季节不平衡性有天然适应。旅游业淡旺季非常明显,共享经济平台可以帮助淡季时期的旅游资源提高利用效率,也可以成为旺季时期传统旅游行业产品和服务的重要补充。

(二) 共享经济在旅游业中的发展

共享经济在旅游业的渗透、发展速度非常迅速,尤以住宿、交通为代表的国内外共享经济企业发展最快。国外住宿平台以 Airbnb、Couchsurfing 等领衔。Airbnb 市值已经达到 255 亿美元,在全球 191 个国家的 34000 多个城市有超过 200 万个房源。国内住宿平台有小猪短租、蚂蚁短租和途家等。国外平台大多以 P2P 模式为主,国内平台则是 P2P 和 B2P 两种模式居多。不少国内共享住宿平台在发展初期,受国人习惯、住房条件等客观因素制约,个人房源发展速度缓慢,由此,国内共享短租平台纷纷采用 B2P 与 P2P 并行发展的模式。交通平台以拼车、打车和租车服务为主,行业代表是 Uber 和滴滴出行。相较于住宿平台,其经营商业模式更为灵活,既有神州专车等为代表的 B2P 平台,也有 Lyft、Getaround 这样的 P2P 平台,Uber、滴滴出行、Zipcar 则是两种模式兼具,这与交通共享平台发展边际成本更低,发展方式更灵活密切相关。截至 2015 年底,Uber 全球市值达到 510 亿美元,滴滴出行市值达到 150 亿美元;2008~2015 年,全球共享经济融资额度最高的是交通行业,这充分说明交通共享经济平台在全球具有极大的发展活力。相较于住宿和交通发展,餐饮和游览服务共享经济平台的发展起步更晚,规模也相对较小。国外餐饮平台有 Eat With 等，国内餐饮共享平台我有饭和回家吃饭。游览服务共享经济平台的发展速度相对偏慢，一方面，因为游览服务共享经济平台绝大部分提供出境旅游产品，需具备一定专业能力和语言素养的人员参与；另一方面，因出境旅游目前仍是团队旅游占主流，共享平台仅对部分自助游客具有吸引力，因此游览服务平台仍是小众型共享经济平台。

以上四类旅游共享经济中，住宿和游览平台与旅游业关联度最大，其使用者主要为各种类型的旅游者和出行者，而交通和餐饮共享平台的使用者则主要为本地居民，与旅游业的关联度较小。

（三）旅游共享经济兴起的原因

1. 共享经济与旅游业的自身属性天然适配

共享经济模式的特性与旅游业特性的天然适配使得其在旅游业能够较快地发展。共享经济为旅游业提供了各类资源的共享平台，使旅游者获取前所未有的体验；其搭建的交流途径跨越语言、文化和空间障碍；评价体系为具有无库存性和无形性的旅游产品提供了直观客观的口碑系统；旅游业的复杂性与多样性适应了共享经济 P2P 平台深度链接供需双方的特征；共享经济能有效地调节旅游行业的供需，对旅游的季节不平衡性有天然适应。

2. 边际成本低，具有价格竞争力

共享经济平台大多共享和利用的是闲置资源，这使得其边际成本极低，甚至趋于零成本。不少具有各类闲置资源或者可利用资源的民众都具备成为共享经济平台供给者的条件，客观上加快了旅游共享经济平台发展的速度和步伐。随着移动互联网技术、物联网技术的进一步发展，更大人群有潜力成为共享旅游服务和产品的消费者。基于此，共享经济平台的旅游产品和服务极其具有价格竞争力。一项调查显示，北美和欧洲的 22 个城市中，有 16 个城市 Airbnb 的房价低于酒店房间的平均价位，其中价差最大的两个城市是伦敦和巴黎，两种住宿方式的价格差别分别高达 108 美元和 104 美元。如此大的价格差异，使得共享住宿产品在竞争中非常具有优势。

3. 体验经济时代下旅游产品多元化和个性化发展的需要

进入体验经济时代，市场对旅游产品的需求更加多元化、个性化和细分化。共享经济平台正符合旅游市场的需要。根据普华永道的统计数据,63%使用过共享经济的美国消费者认为使用共享经济平台比跟传统公司打交道"有趣",P2P平台上的旅游产品比传统在线旅行社更为丰富,这会使得旅游者在目的地的体验发生深刻的变化。旅游者可根据自身需求和预算,进行产品和服务订制,在过程中感受到满足感,并在旅游活动过程中最大程度地在旅游目的地与当地文化接触,极大地增加了旅游体验的真实性。

4. 全球社会、经济、环境与资源的压力

全球社会、经济、环境危机频次的增加,让消费者对资源再利用、环境保护和价格更为敏感。共享经济平台通过对资源的利用,不仅使供给方获得额外收益,还给需求方提供了更为经济和可持续的产品选择。不少负责任旅游者将使用共享平台作为自主选择,认为通过这种旅游方式可以减少对旅游目的地社会生态和自然生态带来的负面影响,提高资源利用效率。

(四) 旅游共享经济的特点

与传统的旅游经济模式相比,旅游共享经济具有以下不同之处:

第一,依托资源的社会性。旅游共享经济依托的是旅游地居民手中的非经营性闲置资源,而不像星级酒店那样为了提供旅游接待服务而存在的"专业资源"。共享资源的来源十分广泛,空间上较为分散,形态上异常多样,质量上差别较大。这可以提高社会资源利用率和供给效率,同时造成产品的非标准化特征,有利于满足游客多样化的需求,也给服务标准制定、质量监管和安全保障带来困难。

第二,网络平台的依赖性。旅游者和旅游地居民通过由第三方创建的、以信息技术为基础的互联网平台架起桥梁、沟通信息、实现交易。共享平台不仅是分散的闲置资源的整合平台,也是新型的资源配置系统,提供了供给方与需求方的互相评价机制、动态定价机制,打破了劳动者对商业组织的依附,使他们可以直接向最终用户提供服务或产品。这一特征将促进旅游业与信息化的深度融合,创新"互联网+旅游"的市场形态,催生新型的在线旅游服务企业。

第三,闲置产能的流动性。旅游共享经济的核心理念是"但为所用,不为所有",本质上是以"使用权"代替"拥有权",简而言之是"使用但不拥有""共享替代私有"。对于供给方来说,通过在特定时间内让渡物品的使用权或提供服务,以获得一定的经济回报;对需求方而言,不直接拥有物品的所有权,而通过短租或暂借等共享方式使用物品。

第四,消费活动的社交性。旅游共享经济使游客借助共享平台获取相关信息、了解其他游客给予的评分和评论甚至进行交流,并与提供闲置资源的旅游地居民直接接触,就某些问题和环节进行互动,形成所谓"个人对个人"(P2P)交易。这增加了旅游消费活动的社交性,体现了个体间共享、互助、交流的社会关系,有利于建立新型的主客关系,实现和谐旅游的发展目标。

第五,边际成本的趋零性。在共享经济模式中,共享平台利用人们的闲置资源向游客提供接待服务,使旅游服务产品生产的边际成本接近于零。这种情形将随着通信网络、可再生能源互联网、自动化物流、交通运输网络的连接而更加明显。就像杰里米·里夫金(2015)指出的那样,在未来的时代,每个人都会变成产销者,可以更直接地在物联网上生产并相互共享能源和实物,这种方式的边际成本接近于零,近乎免费。这将使得旅游地尤其是休闲型旅游地的开发能够以轻资产模式进行,有效降低经济风险。

三、共享经济对旅游业的影响

(一)共享经济下旅游要素的变化

旅游住宿共享平台的代表 Airbnb 在 2015 年 12 月估值 255 亿美元。它的迅速成长迫使传统酒店业开始转变。万豪集团和办公室共享企业 Liquid Space 公司合作,将酒店闲置的会议室通过 Liquid Space 销售给有需要的创业者和小微企业。喜达屋酒店集团也与 Desks Near Me 公司开展了类似的合作。可见,共享经济正在改变传统旅游业,特别是旅游六要素中"吃住行游"四个环节。

住：为了追求个性化体验，结识当地人，体验当地生活文化，民宿越来越受欢迎。除了 Airbnb 和 Couchsurfing 以外，有代表性的房屋资源共享平台还有 Homeaway、途家、小猪短租等。它们打破了传统酒店住宿业的模式，整合了旅游目的地的私人房屋资源，使旅游者在节省费用的同时有机会融入当地居民生活。

吃：传统旅游饮食主要在旅游目的地的餐饮企业中消费。现在家庭厨房共享已经逐渐兴起。如 Eatwith、Plenry 和 Feastly 平台，激励个人制作特色食品，邀请陌生人或旅游者到家里就餐。旅游者不仅可以体验到当地正宗的美食，还可以建立与当地人的联系，获得当地的旅游资讯，体验当地的生活文化。

行：非自驾游旅游者的出行主要依赖于包车或公共交通。当前，旅游者可以选择使用滴滴、Uber、易到等打车、专车或拼车服务，甚至还可以共享机场闲置汽车、闲置私人飞机和闲置游艇等服务。此类共享平台不仅使旅游者在有限的经费预算内获得更多体验，同时还有机会和司机、车主、同伴建立起社交联系。

游：传统游客比较依赖旅行社导游服务，自助旅游者依靠自己，但基于当地人的导游服务网站越来越多，如致力于服务中国出境游客的丸子地球，充分发挥海外留学生、华人的力量，为游客提供制定路线、导引等服务。类似的还有去哪儿当地人、鲜旅客、Tagalong、伴米等。

（二）共享经济对旅游业的影响

1. 共享经济对旅游服务供给方式和业态创新的影响

共享经济通过网络平台激活旅游地居民的闲置资源，开辟旅游服务供给的新渠道，有利于推进旅游供给侧结构性改革。在共享经济产生以前，导游、交通、住宿、餐饮等旅游接待服务主要是旅行社、旅游车船公司、旅游饭店等专业性旅游企业提供的。这些企业投入资金建设接待设施，购置相关设备，雇用具有专业知识和技能的人员，按照现代企业制度实施专业管理，向游客提供标准化服务。在共享经济产生之后，这种专业性旅游企业垄断旅

共享经济、全域旅游与旅游业

游服务供给的情形将发生变化,旅游地居民将成为游客接待服务的第二种路径。

随着信息基础设施的日益完善和网络通信技术的不断进步,互联网将更好地整合旅游地居民拥有的碎片化闲置资源,并架起与具有该类需求的游客之间的沟通桥梁。在旅游共享经济场景中,旅游地居民将个人闲置的空间、时间、资产、技能等通过网络平台转化为接待能力,满足游客的多样化的消费需求。例如,部分游客想寻找当地人生活背后的真实故事,不再满足于星级饭店、如家酒店、古镇客栈等千篇一律的房间、设备和服务,Airbnb 之类的住宿短租平台可以让他入住旅游地居民的家中,为其提供深度体验当地文化和发现未知故事的机会。与星级饭店相比,Airbnb 的房源具备人情味,不少网络平台上有详细的房主指南,还配有相关的房主故事。Airbnb 的创始人已经意识到,房东作为地方导游的角色给游客带来了不一样的超值体验。与原来相比,共享经济背景下的旅游服务供给模式具有分散性、非标准性、非专业性等特征,可以更好地满足长尾市场的需求,但同时给旅游产品质量控制、服务标准化、安全监管、信息统计带来了挑战。

此外,共享经济将催生很多原来不存在的交易和服务,助推旅游业态创新。旅游共享经济是"旅游+""互联网+"的体现,是落实"旅游+互联网"行动计划的载体。除了在线房屋租赁、在线旅游租车平台等共享平台服务企业之外,特色私厨(家庭餐厅)、家庭访问点、旅游创客基地等新业态将不断涌现。

2. 共享经济对旅游发展方式转型和产品升级的影响

共享经济以盘活闲置资源、提高利用效率、满足游客需求尤其是波动性峰值需求为出发点,以旅游为主导方向,整合利用当地居民的闲置资源服务于旅游产业的发展,将促进旅游发展方式转型和产品升级。

首先,改变"景点旅游"的单一发展模式,克服景区依赖型旅游经济的"孤岛效应",促进旅游产业从景区向广大的旅游地社区延伸,实现"景""社"一体、社区宜居宜游,跳出小旅游谋划大旅游,加速旅游发展方式从景点旅游到全域旅游的转变、从单一景点景区建设管理到综合目的地统筹发展的转变。

其次，实现旅游市场主体的多元化，旅游服务供给从单一的"注重业内增量"向"注重业内增量"和"盘活业外存量""两条腿走路"转变，可提高社会资源的利用率，对于处于起步阶段的旅游地还具有降低大规模接待设施建设带来的市场风险、旅游季节性波动造成接待设施闲置问题的作用。

最后，调动旅游地居民的积极性、主动性和创造性，有利于增加收入、增加知识、丰富阅历、开阔视野，有利于建立旅游发展共建共享机制，实现从旅游企业单打独享向社会共建共享转变。

此外，共享经济将旅游地社区纳入旅游业经营资源的范畴，将拥有闲置资源的居民转变成为旅游服务的"生产者"，有利于社区文化体验、乡村度假、城市休闲旅游产品的开发，实现旅游产品从观光主导向观光与休闲度假并重转变。值得指出的是，共享平台将成为兴趣爱好相同的游客的交流纽带，不少平台还设立了线上社区供用户进行交流互动。这些由兴趣产生的人群聚焦会形成去中心化的社群组织，并因为共同喜好的内容而进行互动，甚至从线上发展到线下。这不仅有利于促进长尾市场需求的显性化，也有利于面向小众市场的特种专项旅游产品的开发。

3. 共享经济对旅游就业创业和人力资源管理的影响

共享经济不仅改变了旅游服务的生产方式，还将影响人们的工作方式。它让人们根据自己的日程选择工作，而不是让工作来安排自己的日程。传统的旅游企业雇用具有专业知识、技能和经验的员工，签订劳动合同后被配置到特定的工作岗位上，在规定的时间和场所内，按照行业标准和企业规章制度进行劳动并获得报酬。在旅游共享经济模式下，"员工"不属于哪一家旅游企业，没有固定的劳动场所，没有规定工作内容的合同，工作时间灵活可变，属于非常规就业人员。新一代劳动者注重平衡工作和生活，强调工作的乐趣、挑战感和富于变化，据此而言，这种就业形式具有自身的独特优势。据 Airbnb 2012 年公布的数据，美国旧金山的房主用共享方式平均每年出租58 天，就可获利 9300 美元。

早在 20 世纪末，未来学家罗尔夫·詹森（Wolf Jensen）在《梦想社会：第五种社会形态》中预言"工作场所可以无时无处不在，我们将随时随地与任何人联络""把工作融入生活中""工作生活之间毫无嫌隙"。这一预言已

共享经济、全域旅游与旅游业

在共享经济中变为现实。对于共享经济中的这些从业人员,有人将其称为自由职业者、自我雇用者、非正式就业者,不如将其称为自主型弹性就业者更为恰当。在这种就业方式变革的背景中,孕育着丰富的创业机会。正如《经济学人》杂志所言,参与共享经济的个体正逐渐成为小微企业家。这种创业门槛更低,成本更小,速度更快。就像 Airbnb 创始人布莱恩·切斯基(Brian Chesky)宣称的那样:"只要有了互联网和空余房间,任何人都可以成为旅店老板"。旅游共享经济将助推大众创业战略的实施,草根创业将成为旅游地的重要现象。

此外,在不久的将来,出于控制员工财务成本和人力资源管理成本的考虑,旅游企业中的部分岗位将倾向于雇用这类更加灵活的就业者,而不是全职常规型就业人员。这会引发人们对于旅游领域自主型弹性就业者劳动保障的担忧,也会给旅游人力资源管理带来冲击。旅游人力资源管理部门应与时俱进,顺应信息时代的发展趋势,考虑共享经济的要求,不断创新管理观念、手段和方法。以导游讲解人员为例,在共享经济场景中,通过认证的旅游地居民可以兼职从事陪同和讲解服务。通过共享平台,游客可以了解这类导游服务人员的相关信息、浏览游客的评分和评语,进行在线交流,并预约其服务。

4. 共享经济对旅游社区参与和主客关系的影响

社区是旅游地资源的基本来源和地方文化的重要载体,社区居民是旅游地相关利益群体的重要组成部分,社区参与、和谐共赢历来被视为旅游地发展的基本战略。传统的社区参与渠道主要包括参与旅游环境保护和清洁卫生、参与旅游接待服务、参与企业经营管理,而旅游共享经济场景中,旅游地居民以自己的闲置资源作为资本,通过共享平台参与接待服务,具有更强的自主性、选择性和创造性,尤其是依托家庭住宅、汽车、技能进行的参与。他们不仅仅为了增加收入、寻找其他的收入来源,还寻求结识朋友、寻找归属感、追求梦想等高层次需求的满足。这种参与方式的出现,丰富了旅游地社区参与的渠道和方式,提高了社区参与的收益,还有利于兼职从业人员更加妥善地处理本职工作和社区参与之间的关系,提升旅游地居民的获得感和幸福感。

同时，共享经济为游客与旅游地居民全面接触、深入交流创造了条件，打破了原来那种单纯的服务人员与服务对象的关系，有利于构建新时期陌生人之间的信任关系，培育东道主与游客之间的新型关系，增强旅游业发展的社会资本。在 Airbnb 的创始人布莱恩·切斯基（Brian Chesky）看来，Airbnb 不仅是"酒店和住宿"，而且提供了一种文化交流，创造"完全当地化的体验"。Airbnb 在旧金山推出了一项名为 Journey 的新产品，房东们会把游客带去例如本地热门的鸡尾酒酒吧、瑜伽会所等地，让游客像当地人一样生活。在这种情形中，游客与旅游地居民容易摒弃单纯的商业交易关系，形成朋友关系，并通过游客的口碑传播吸引更多的游客来访，具有扩大客源市场的作用。

5. 共享经济对旅游环境保护和生态文明建设的影响

对于大多数企业和消费者来说，共享经济的初衷可能不是出于"绿色环保"的考虑。但是，对闲置资源的利用符合人类社会可持续发展的趋势。共享经济实现了化"闲"为"宝"、物尽其用，客观上对环境保护起到了积极效果。总部位于荷兰的租车平台 Snapp Car 明确提出将"减少欧洲的汽车数量"作为自己的使命，旨在让全球民众上网买卖物品的线上拍卖及购物的共享平台 eBay 则宣称自己"本质上就是绿色环保企业"，Nuride 则依托企业的赞助为那些践行绿色出行的人免费提供服务。有学者认为，共享经济是人们对大量生产、过度消费、能源危机、生态质量下降等现象进行反思的结果，隐含着对资源节约型和环境友好型生活与生活方式的探索。在环保短片《物品的故事》中，美国环保人士安妮·雷纳德（Annie Leonard）就强调：由于资源的日益匮乏，可替代选择越来越为更多人接受，共享消费是对提高资源利用率、加强可持续发展、减少浪费和降低环境破坏的选择方案。

对旅游业来说，当居民拿出闲置的房间和汽车提供给游客时，就意味着延长了物品的生命周期，从源头上减少新产品的消费量，减少了住宿设施的建设和汽车的购置，亦即减少了资源和能源的损耗，降低了对生态环境造成的不良影响。在不影响经济收益和旅行体验质量的情况下，这种方式更容易被旅游地居民和消费者接受，因此是一种更具有可行性和操作性的可持续旅游方式。此外，旅游共享消费还体现了产品全生命周期管理和源头控制的理念，是践行循环经济和低碳经济的有益探索，有利于旅游地环境保护和生态文明建设。

诚然，共享经济理念对旅游业的影响是复杂而深远的，本书只论述了其中的主要方面。共享经济并不能彻底改变传统生产方式，在短时间内它将与原来的旅游服务供给方式并存，成为旅游接待服务企业的重要补充，更好地服务于旅游业的转型升级。不过，预先研究共享经济可能对旅游业带来的影响仍是非常必要的，尤其是应该充分认识共享经济对旅游安全监管、质量控制、市场秩序整顿、信息统计、人力资源管理可能造成的冲击，以更好地发挥其积极效应、降低其可能带来的负面影响。此外，旅游共享经济传递出的信号，如"后物欲时代的来临""共享文化的兴起""社交生产成为新兴的价值创造方式""信任机制和信用体系变得越来越重要"，对旅游产品开发也具有重要的启示，旅游地（企业）应认真研究互联网时代的社会心理和消费需求，开发相应的旅游产品，更好地满足市场需求。

四、共享经济对旅游业供需关系的改变

旅游业系统极其复杂，要全面分析共享经济渗透对旅游业产生的影响非常困难。旅游共享平台主要涉及的是供给方、需求方和平台中介三个要素，因此，笔者试图从宏观角度对旅游活动的供方要素、需求方要素和中介要素三个方面进行分析，解读共享经济对旅游业的影响。在共享经济兴起之前，传统供需关系包括搜索引擎、在线旅行社（OTA）、代理网站、旅游供应商官方网站等多个中介渠道（见图2-1）；旅游产品通常通过B2B平台和传统旅行社，再由B2C平台（在线旅行社）最终接触旅游者，旅游需求方需要至少一个中介平台才能接触到旅游供应商。

共享经济平台的兴起则让供需链条发生了根本性变化，需求方仍然是旅游者，但供给方则变成共享经济平台供给者，他们的身份已经不再是传统旅游供给方，而是在共享经济平台上进行资源和服务共享的个人或者组织，供

给的绝大部分资源在传统旅游供给中前所未有。换句话说，共享平台的出现，让传统旅游供给方出现了新的竞争者，共享平台共享的新型旅游产品和服务开始大量进入旅游市场。如图 2-1 所示。

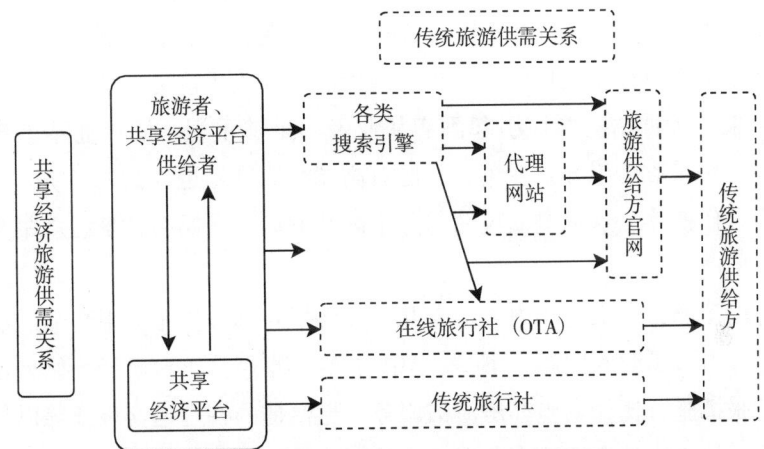

图 2-1　共享经济下的旅游业与传统经济的旅游业供需关系对比

（一）对旅游供给方的影响

传统旅游供给方主要包括酒店住宿业、交通业、餐饮业、娱乐业、导游服务业和零售业等。毫无疑问，共享经济平台已经或者将会对以上旅游供给行业产生影响，但由于以上行业的供给市场范围及与旅游业的关联程度不尽相同，因而受到影响的程度也不同。受影响最大的，将会是酒店住宿业和导游服务业。

1. 酒店住宿业

已经有研究证实，Airbnb 对旅游目的地的酒店业存在一定程度的负面影响，尤其是独立经营的低端酒店。2014 年，Airbnb 在全球每晚平均为 42.5 万人次提供住宿，全年有超过 15500 万人次选择在 Airbnb 住宿，这个数字比希尔顿酒店集团同年全球接待人次高出 22%。到 2014 年末，Airbnb 成为全球最大的住宿业供应者。由于低端酒店业服务水平和设施设备相对落后，也没有品牌连锁酒店强大的营销网络可依赖，面对类型丰富、层次多元、价格相对低廉的 Airbnb 房型竞争，自然毫无优势可言。

尚没有明确的数据表明，Airbnb 对中高端大型品牌连锁酒店有影响，酒店业人士对共享经济进入酒店业的反应也不太一致。虽然 Airbnb 估值已经超过国际酒店业巨头之一的万豪国际集团，但该集团亚太区总裁施康瑞认为其对高端酒店行业不构成威胁，因为 Airbnb 并不是酒店的管理者，更像一个预订引擎，帮用户订私人房间。另外，一些酒店业人士认为共享经济将会给酒店业带来巨大冲击，应该引起酒店从业者的足够重视，酒店业不能坐以待毙，应尽快采取措施开始变革，且已有高端酒店开始进入共享经济平台，与之成为合作伙伴。这从侧面说明部分中高端酒店业开始对共享经济带来的影响做出反应。

可以预测，未来几年内，随着共享经济平台继续扩张，中高端酒店业受到实际冲击只是时间问题。第一，Airbnb 等共享经济平台已经开始采用新的全球扩张措施，比如实施客房清洁服务、更便捷的钥匙递交服务等以优化客户体验，从中高端酒店手中争夺市场的可能性正在变大，其发展是不可阻碍的历史潮流；第二，共享经济平台的住宿产品更具多样化特色，城堡、缆车、树屋、游艇、图书馆均能成为住宿产品，非常契合当下个性化旅游体验的发展需要；第三，尽管目前共享经济的市场更多是新千禧旅游者，其选择共享经济平台旅游产品的主要动机是节省开支，似乎跟中高端酒店市场交集并不大，但随着新千禧旅游市场的成长和变化，其选择共享经济平台的消费习惯也许会继续保持。中高端酒店业具体能受到共享经济多大的冲击，还需进一步观察和研究。另外，酒店业也能从共享经济平台模式中受益，尤其是共享经济平台良好的互动评论模式和畅通的移动网络预订体系，让酒店业认识到网络销售和营销渠道对酒店产品销售的重要性，纷纷开始在移动网络预订和在线评价体系方面开始创新。

2. 导游服务业

抛开从业资格和相关政策限制的考虑，共享经济平台让目的地的每个人都可能成为业余导游。Vayable、Trip 4real、丸子地球等共享平台推出的目的地游览接待服务，为游客提供更为真实和深切的旅游体验，其从业人员除专业导游之外，还有目的地的建筑学家、历史学家、语言学家、艺术家、在校大学生等。丸子地球等共享平台更是利用中国留学生遍布世界的现实情况，招募留学生为中国游客出境旅游提供导览服务。他们提供的不再是刻板的、程式化的导游服务，而是利用其语言、专业的优势和对当地的熟悉程度，提供"地道""新奇""独特"的旅游体验。这对部分旅游市场来说，具有极大的吸引力，也给传统导游服务业带来了严峻的挑战。虽然部分共享平台的导游服务者并不具备正式的执业资格，但在相关政策正式出台之前，这种新型服务类型不仅会给现有导游人员的从业模式带来根本性的变化，给传统导游行业带来极大的挑战和竞争，也会带动目的地不同专业领域的人士通过共享平台提供目的地导游服务，扩大导游的从业人群，从而改变"导游"这一行业的现有运行模式。

3. 其他供给行业

交通业、餐饮业、娱乐业、零售业由于其市场并不仅仅是旅游者，行业的发展和变化受到外部经济因素、社会因素和人文环境等诸多因素的影响，共享经济平台对他们的具体冲击，目前仍难以衡量。但从一些现象也不难分析出共享经济平台可能带来的冲击。以交通业为例，目前涌现的私人飞机共享平台，会对中短途航空运输业产生一定程度的冲击。而目的地的陆地交通行业，如传统租车服务，也极有可能部分的被更为便捷的拼车服务和共享租车服务取代。皇包车服务平台就是一家典型的P2P出境旅游目的地交通旅游服务综合平台，其提供的目的地游览在内的增值服务，对出境游客来说极其便捷。对城市出租车行业来说，Uber和滴滴已经对其构成全面冲击，全球多个城市均出现出租车行业的反弹和政府的政策限制。餐饮、娱乐和零售业也会因为共享经济平台类型的不断增加和规模的不断扩大而受到不同程度的冲击。

4. 旅游目的地

旅游共享平台在很大程度上丰富了旅游目的地的游览活动和旅游产品，扩大了供给地的旅游产品供给能量和产品层次，能在旅游旺季为目的地旅游接待业缓解接待压力。目的地的个人和组织作为供给者，通过共享平台与作为旅游者的需求方接触、交流，目的地的社区参与度提高，能够促进东道主与旅游者之间的互动关系，加强文化沟通和交流，增进社区在旅游活动和旅游行业中的参与度。共享经济平台还能有效地扩大目的地小微企业的市场接触空间,培育目的地旅游小微企业的成长,促进就业。共享平台相对低廉的旅游产品价格,客观上会增加旅游者在目的地的逗留时间,从而增加旅游者的花费。笔者认为,从总体上看,共享经济平台对旅游目的地的总体影响是正面的,能够通过丰富目的地旅游供给,扩大旅游者与目的地的接触层面,以更为深刻的目的地文化体验和更为丰满的旅游形象吸引旅游者,进而从整体上增强目的地竞争力。

(二)对旅游需求方的影响

旅游需求方作为共享经济平台的重要主体,其受到的影响必然与共享经济平台的特性紧密相关,因此笔者试图从共享经济平台本身的特征角度切入观察旅游需求方受到的影响,如见图2-2所示。

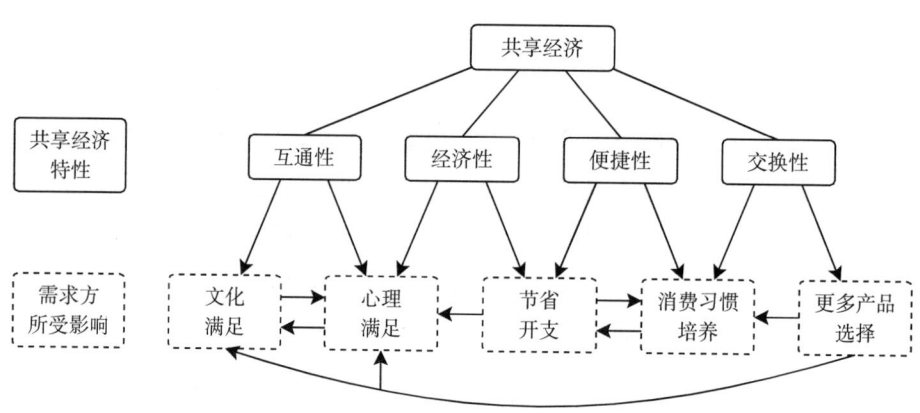

图2-2 共享经济平台对旅游需求方的影响

共享经济具有互通性、经济性、便捷性和交换性的特征。这些特征给需求方带来的影响是多方面的。

首先,共享经济平台使得供需双方能够进行充分的交流和沟通,供给方通过图片、文字等方式展示提供的服务和产品,需求方通过平台自主搜索、选择和订制需要的服务和产品,这赋予需求方极大的自主权。跨文化、跨语言的沟通给消费者带来很强的消费心理满足感和文化满足感,这是需求引导时代，消费者自主权实现的重要途径。

其次，共享经济模式边际成本极低，使得其产品和服务价格具有经济性。有研究指出，旅游者选择使用共享经济平台的首要原因是价格因素。共享经济平台产品和服务的价格，尤其是住宿交通和住宿类产品价格，普遍低于传统旅游产品，而这两类支出常常在旅行支出中占据较大比例。可以说，共享平台的经济性不仅能够让作为需求方的旅游者节约旅行开支，还能给旅游者带来心理满足体验。

再次，便捷性是基于移动互联网技术的共享平台具备的天然属性，为供需双方提供了极大便利。不仅能够节约时间成本和沟通成本，缩短供需双方的交流渠道，还能从客观上引导消费者，培养其使用共享经济平台的消费习惯。

最后，在共享经济平台上闲置资源的流动、服务和产品的互换，让旅游产品和服务达到前所未有的丰富程度，最大程度将旅游产品与旅游市场细分，提供高度定制化、本土化的"微体验"，将个性化做到极致，这是在共享平台出现之前无法达到的旅游产品细分程度。共享经济平台还能够通过高度细分市场，满足小众市场的需求。

以上共享经济平台的四个特性给旅游需求方带来的影响之间又能相互作用，产生叠加的正面影响效应。虽然共享经济平台出现后，由于安全、诚信、政策矛盾等方面的问题给旅游者带来过威胁和不便，但总体讲，共享平台对旅游需求方的影响是利大于弊的，它能将旅游者的需求细分和个性化提升到前所未有的高度，并赋予旅游者极大的自主选择权利。

（三）对传统旅游供需中介平台的影响

共享经济平台扮演的是供给者和需求者的交易平台，从其运行模式可以推测，共享经济平台的发展将对传统旅游业中的旅游中介产生影响。

第一，部分传统旅游代理商、旅行社、在线旅行社的业务将被旅游共享经济平台取代。虽然目前旅游中介机构没有明确的趋势表明受到了共享经济的影响，但一些数据仍然能说明问题。有统计报告显示，2015年，Airbnb的用户在在线旅行社的花费与其他常旅消费相比少了2%；2016年第一季度，Airbnb的用户的人均在线旅行社花费比其他旅行者少了4%；该报告也同时

共享经济、全域旅游与旅游业

指出,用户使用 Airbnb 并不表示他们就会停止或者减少对在线旅行社的使用。

第二,共享经济平台旅游产品的价格优势明显,将会给各类旅游中介的定价机制产生冲击。共享经济平台旅游产品价格相对同类产品更为低廉,为了应对竞争,各类旅游中介机构必然会采用价格策略,这会对旅游中介的定价机制和盈利产生不可避免的影响。

第三,在线旅游旅行社经营模式更为先进,受到的影响将会小于传统旅行社。在线旅行社同共享经济平台一样具有强大的网络分销系统,只是两个分销系统面向的群体有所差异,以在线旅行社为代表的旅游中介体系如果能够变革创新,与共享经济平台展开合作,则这种影响将会趋于良性。此外,在线旅行社的抗风险和抗冲击能力明显高于传统旅行社。可以预言,传统旅行社遭受的冲击将会更大。

五、旅游共享经济,他们有话说

(一)世界旅游业理事会商务拓展总监奈杰尔·戴维:共享经济作用独特

每一个城市都是独特的,在有一个连贯的长期目标和一系列战略目标的情况下,才能实现最好的发展,这当然包括城市需要协调的管理,需要一个长期基础设施的规划和发展,要有品牌的营销计划。

以城市为主的旅游业,一个重要的方面是共享经济的发展,在当今世界上最大城市的居住空间是固定的,共享经济会使得游客有机会获得一个独特的、非传统的旅游和居住的体验。WTCF 非常愿意扩大世界旅游业的扩张,我们期待共享经济合作,各个方面能够共存,尊重彼此的商业模式,尊重当地的税收和市区的影响。我们能够看到共享经济的优势和潜力,共享经济能够在旅游业中有更独特的作用。

（二）雅加达旅游景观管理部主任颂提·潘佳般：架起政府市民沟通桥梁

共享经济在印度尼西亚的发展，特别是在雅加达的发展，甚至世界经济发展的过程中的作用，主要的特点就是电子商务。现在，雅加达以及印度尼西亚的电子商务的一些数据，如手机以及网民的数量在不断地增长，这对于雅加达来说是很大的挑战，也是一个非常重要的机遇。

2014 年，雅加达启动了智慧雅加达城市的项目，打造一个更透明公开的政府。市政府运用更多的信息和更多沟通的工具来高效利用城市的公共资源，以提供一些问题的解决方案，包括污染问题、可持续发展中所遇到的问题，同时利用市政府的平台，鼓励市民创业，特别是在共享经济的平台上进行创业。目前已有 6 个主要的智慧城市指数，包括健康的环境、公司治理、城市生活等，所有这些项目都鼓励绿色发展。

希望把雅加达打造成健康的城市以发展旅游业，借此改善城市的公共设施，整合所有的资源，利用信息科技，为可持续经济发展提供便利。进而促进政府的信息公开，并通过其他渠道，将信息传递到市民中，同时政府和私营部门进行紧密合作进行创新，鼓励大众创造和创新。

（三）巴塞罗那旅游局局长乔迪·威廉·卡尼斯：共享经济要一分为二地看

共享经济有两个方面，就像古典音乐一样，喜欢的人会说是积极的一面，能够提供更多高质量的改善，更多的竞争，改善我们的传统旅游经营，而且带来新的可能性和新的体验。

但正如同也有人不喜欢古典音乐一样，共享经济也存在弊端，容易缺乏控制，包括运输的拥挤，酒店住宿的拥挤，包括其他能力的缺乏，都是挑战所在。

共享经济、全域旅游与旅游业

（四）BBC业务发展部高级副总裁阿利斯泰尔·麦克埃文：让游客参与到规划中

从品牌资源另外一个角度看，过去两天谈得更多的是规范，特别是城市规划的规范。很多人有自己的理解，但这些理解还没有关注到消费者本身。我们的重心一直放在应该干什么？怎么做？为什么这样做？总而言之，应该关注消费者，因为是他们最终完成者，所以，应该想怎么样鼓励这些旅客，让游客来挑战里程。如何鼓励游客，如何吸引他们，让他们参与到规划中去？每次在讨论旅游目的地品牌推广的时候，首先要定义自己，你的目的地是什么？独特的出发点在哪儿？你的优势在什么地方？未来有什么挑战？不仅告诉游客你是什么，还要告诉他们，我们这个城市有什么样的挑战，有什么样的机遇，同时要点燃他们心中的梦想，邀请他们参与到城市中来。

（五）米兰副市长罗伯塔·瓜娜丽：建立更多城市公共空间

意大利的旅游业是一个非常重要的产业，从经济的角度讲也是如此。米兰可能还没有达到这样一个层次，米兰在大家眼中可能就是一个商业之都、购物之都，所以在城市品牌再造的时候，希望有一些新的看法。今天讨论的一个焦点是要有一个长期的基础设施建设的规划，这就是米兰现在正在做的，米兰正在改变的天际线是旅游城市的天际线。未来几年，在公共规划方面，将建立更多的公共空间促进旅游的发展，但现在的资源不足以实现所有目标。所以我们现阶段的目标，就是希望能够和私营部门合作，来开发米兰的区域。比如现在由一个公司负责米兰机场的管理，又比如和全球航线合作转机到罗马的转机服务，与这些公司构成非常紧密的联系，提供相关的服务。

（六）洛阳市副市长魏险峰：资源配置优化全域旅游

目前没有哪一个经济或者哪一个产业是孤立的。洛阳这几年，在围绕国际旅游名城打造上，有思考，也有过困惑。目前探索出如下一些发展的方法：

第一,理念提升。我们的理念:为了谁?服务两种人,一个是游客,一个是市民。

第二,明确定位,洛阳的定位就是国际文化旅游名城。既然定义国际旅游文化名城,就要有一个国际的支点,就要有国际的或者一种惯例,或者一种语言,或者一种标识,我们提出用世界的语言讲洛阳的故事。

第三,提升建设,建什么?基础设施建设。

第四,我们也提升融合,共享经济,包括资源配置和全域旅游,所谓融合从物理空间抓全域旅游,包括领导的管理,政策的支持,人的意识,如旅游和体育、旅游和文物。

第五,提升品位。在原来的基础上,把洛阳更多的故事讲出去,更多地宣传出去。

(七)布宜诺斯艾利斯旅游局局长贡萨洛·罗布雷多:挖掘景观和情感共鸣点

城市的旅游就是提供正确的地点,通过某一个地方进一步加深人们的交流,加深外来游客和本地人的交流,这并不容易。考虑共享经济的大趋势,城市旅游建设不再仅仅是关乎基础设施或者关于运输方面,而关乎知识共享、激情传递,这在随后的几年会产生很大的影响,影响到整个城市的景观和整体的变化。政府开始提供的是这样一个背景和环境。帮助游客认识到不同于过去的旅行方式,不再是把各种各样的经验拼接,而是让游客更多地了解当地的文化。以每处景观背后的文化故事,唤起情感的共鸣,这是具有挑战性的,我们所做的就是设计这种旅游产品。

第三章 共享经济与旅游业的实践

一、出境自助游共享平台

为解决国人出国旅游语言障碍、无法深度体验国外风土人情等问题,一种基于共享经济、连接国外旅游达人和游客的旅游 P2P 业务开始兴起,8 只小猪和丸子地球就是其中的参与者。

(一) 8 只小猪:专业的人做专业的事

8 只小猪成立于 2015 年 3 月,据称,公司覆盖了六大洲 100 多个国家及地区 400 多个城市,目前平台达人约有 5000 人。2016 年 3 月,8 只小猪与途牛达成战略合作,8 只小猪与途牛共享目的地向导资源,途牛则把更多用户导向个性化旅游,进一步推广 8 只小猪提供的定制化向导服务。如图 3-1 所示。

出境旅游,最重要的就是向导。8 只小猪将其分为两类:一类是导游专业的人才;另一类是不同专业领域的人才,如留学生、潜水或者跳伞的爱好者等。而丸子地球的海外地接主要是"非专业人士"——一批兼职导游,他们包括留学生、海外定居的华人等人群。

8 只小猪 CEO 黄卓生表示,共享经济不是乱搭,让留学生去做观光导游,带着游客去美国大峡谷自驾,这个他不擅长,没有很好的技能支撑。留学生应该做知识的共享,因为在校园的层面上,在申请学校、选择学校上,

图 3-1　8 只小猪

他比外面的导游要专业不知多少倍,专业的人应该做专业的事情。

8 只小猪上线的"学长带游"海外名校游学项目就是在这样的理念下诞生的。据称,该项目的达人是通过平台对全球名校留学生的招募筛选而来,分布在哈佛、麻省理工、剑桥、牛津、耶鲁等全球 TOP50 名校,这些留学生要想在平台做向导需要视频认证学生证,通过认证后,留学生会有一个短期的培训,内容包括如何进行校园游览介绍,留学共享,旁听课预约等。

"游学市场鱼龙混杂,一般情况下,家长走马观花玩的很浅,旅游观光就是购物。但如果在父母自由行的行程中,安排一个带着孩子 2~3 天游名校的活动,这样孩子不仅可以深度体验学校,比如华人留学生带游客进入图书馆等学校规定只有学生可以进的地方,还可以和留学生哥哥姐姐做朋友,了解他们申请学校和学习的经验,这也是留学生与向导最大的区别。

(二) 丸子地球:专注做好一件事

丸子地球创立于 2012 年,据了解,目前平台上有超过 3000 名向导,为旅行者提供覆盖全球 60 个国家,600 余座城市的当地人中文向导服务,服务全程由美亚保险承保,丸子地球在 2016 年 1 月完成了数千万元的 A 轮融资,阿里巴巴为战略投资方,其中苏河汇、五岳天下资本和银杏谷资本参与跟投。如图 3-2 所示。

第三章 共享经济与旅游业的实践

图 3-2 丸子地球

丸子地球 CEO 宋海波则表示，他们想做一个纯粹的向导平台，专注性是他们想形成的专业壁垒。所以丸子地球 APP 里没有一日游，也不去做多元化的扩张，就做好达人旅游这一块。我们竞争力就体现在相对其他同行更专注于做一件事情。

丸子地球 60%的达人来自当地留学生，留学生在申请成为达人时会收到一份调查问卷，用来了解申请者的基本信息，然后通过的申请者会有一个视频面试，维度包括对当地的熟悉度（一般要求待过两年以上）、交流能力，以及价值观是否匹配等。

与 8 只小猪安排短期培训不同，丸子地球对游客和达人行程的安排不怎么干涉，只要游客与达人在平台上沟通好就可以了，一天 9 小时的行程，但超过 9 小时，平台会收取相应增加的费用。宋海波表示，这样是为了让游客能玩得尽兴，丸子达人也能在协调商量中找到自己最擅长的点以服务顾客。

在境外垂直旅游红火的当下，专注一个领域可能是因为自身没有精力去发展其他业务，发展多项不同业务也可能是因为在尝试不同的变现方式，这都无可厚非。到底哪种模式可以活下来？让他们用自己的智慧慢慢去实践吧。

二、个性化旅游服务平台

自助游和团队游，你选哪个？自助需要考虑的东西太多，规划路线和预订旅馆已是难题，更别说查资料进行深度游了。团队游固然省事，但天天被导游带着去购物店的你，恐怕也感受不到当地的人文情怀。传统旅行社无法解决人们个性化、深度化的旅游需求，新型平台应运而生。

（一）朋游：共享经济+旅游满足碎片化需求

朋游是怎么解决上述问题的呢？没错，共享经济。供给侧是当地居民和旅游达人，需求侧是短期旅行的游客。这些出租空闲时间和经验的旅游达人，在朋游 APP 上被称为"鱼"。每条"鱼"都是一个兼职导游，入驻成功后即可发布旅游服务信息。小到一家手艺店，大到一个风景区，他们能都自由选择和规划路线。游客经由第三方支付平台下单，就能在规定时间和"鱼"会合。团队一般 3~5 人，既可提高跟团旅游的效率，又能避免两人无话可说的尴尬。如图 3-3 所示。

图 3-3　朋游 APP

与传统跟团旅游不同的是，朋游 APP 上的旅游项目是碎片化和轻量级的。朋游创始人俞建权是连续创业者，曾经做过户外旅游项目。在此前与用户的接触中，他发现年轻人更喜欢"说走就走的旅行"，他们可能并不想在旅游目的地长待，只是心血来潮想去某家文艺小店逛一逛；又或者他们只是出差经过一个城市，想快速了解一个标志性景点；甚至有的人不想去景点，只想找个"行家"带他去他进不了的地方，看他很难见到的场景。传统旅行社景点打包的方式无法满足这种碎片化的需求。

朋游创始人俞建权说，朋游想做的是泛旅游平台。所以你在朋游 APP 上，不只可以找私人导游，还能与他们互动，记录旅途心得。每条"鱼"都有个人主页和粉丝，游客可以跟"它们"即时聊天。"旅图"栏目，就是旅行版的微信朋友圈，标准配置是一张图加一句话。没有长篇大论，更符合短平快的生活方式。

商业模式上，朋游不打算卖广告——尽管创始人俞建权有多年广告从业经验。向入驻的"鱼"抽佣，以及对游客实行会员制，是他目前考虑的盈利方向。后期他也准备和传统旅行社合作，共享导游。在他看来，朋游不会革传统旅行社的命，因为二者方向不同。传统旅行社提供一站式的标准化服务，朋游的切入点则是有格调、有知识的个性化旅游。

（二）领游：打造旅游共享生态平台，用情怀感知世界

"领游"是国内首家将旅游共享经济与专业旅游服务相结合的互联网平台，借助国家开放导游自由执业的契机，让导游在平台上找到新的职业生机。并且，鼓励更多具有旅游服务能力及旅游资源的人，在领游各施所长，帮助更多用户实现旅行梦想，探索这个未知的世界。在这里，服务者不但可以获得相应的劳动报酬，更可以实现自我价值，将自己的经验共享给更多需要的人，让旅行成为人与人之间有温度的一种联结。如图 3-4 所示。

1. 旅游共享经济让消费升级

共享经济两个基本核心："使用而不占有"（Access over Ownership）和"不使用即浪费"（Value Unused is Waste）。

共享经济之所以能够颠覆传统，成为一种趋势，实际上是因为人们生活

共享经济、全域旅游与旅游业

图 3-4　领游

方式和思想观念发生了变化。以往,标准化是一种普遍的消费模式,而当旅游市场有越来越多的年轻人加入后,个性化的消费体验更能引起消费者的兴趣。比如与传统星级酒店相比,主题酒店在近几年流行起来,而随着文艺风和情怀的蔓延,有更多人愿意尝试小型的客栈和民宿。这样看来,旅游六要素"食、住、行、游、购、娱"中的"住、行、娱"都涉及资源共享。在现代互联网技术的催化下,共享经济与旅游产业正发生化学反应,经济效益就是他们的产物。

领游瞄准这一市场机遇,借助共享平台,旅游爱好者在领游可以作为生产者直接生产"内容"(如给出评分、发表评论、提供旅游定制化方案),也可以作为消费者直接消费"内容"(相关产品或服务)。旅游出行消费不再是简单的"去哪儿玩儿",而更多的消费将转向"如何更好的玩儿",走马观花式的旅行方式已经被深度游、主题游所代替,在领游,只要有能力,人人都可以成为服务者帮助他人获得更好的旅行体验,而普通用户也可以在此提升自己的旅行品质。

2. 兼顾专业与个性化才是"对的人"

大千世界,想找可以为你提供旅行帮助的那个"对的人"有多难?专业导游具备专业知识及服务能力,但没有施展的平台;旅游达人知道去哪里怎么玩才会更好玩,可无奈于没有平台供他们共享。当作为游客的我们正在寻

第三章 共享经济与旅游业的实践

找那位"对的人"的时候,其实这些潜在服务者也在寻找游客。而这些问题,在领游都可得到解决。

2016年初,国家旅游局宣布放开导游自由执业。同时取消"导游必须经旅行社委派"的政策规定,拓宽导游执业途径,建立导游服务预约平台;游客既可通过线上平台预约导游,也可线下自主联系,实现交易方式完全放开。

导游不被游客信任,游客不尊重导游的工作,这两点成为旅游行业中存在的主要矛盾。领游与国家旅游局开展合作,建立导游评价体系,构建导游征信平台。而导游群体在领游提供的开放平台中,可以获得更多自主择业的机会。

与此同时,领游将服务者按照标签进行分类,凡是有旅游相关专长的人,无论是摄影达人、滑雪达人、潜水达人、购物达人……在这里,都可以通过个人服务获取相应的报酬,同时以兴趣为出发点,构建社交圈。

将"专业"与"个性化"两者相结合,不同人群的出行需求,在领游都可以找到"对的人"提供出行解决方案,将给游客带来完全不一样的旅行体验。你会感到很安心、舒服,将旅行变为当地人的一种生活状态。在规范化服务的条件下,这样也就能够解决跟团游和自助游两者的弊端,既有旅行社跟团的省心方便,安排好酒店用车,行程规划,又融合自助游的自由、灵活,由"对的人"带你出去玩,体验当地原汁原味的人文风情。

3. 让定制旅行成为情怀服务

任何产品在经济效益面前,都要思考是坚持商业理想还是继续抱着情怀以人为本。

领游,一方面为市场提供了资源,另一方面也为导游自身创建了一种新的创收模式。相对于传统模式而言,在线旅游资源共享平台,使得导游和游客都掌握了更大的主动权和透明度。导游可以展现自己,游客可以提出需求,去除中间环节的干扰,导游和游客之间面对面的商业服务变得更有温度和人情味,这正是共享经济带来的以人为本的商业理念。

领游从私人订制服务打开"以人为本"的市场,为游客提供行程规划等个性化服务。在这场"旅游+互联网"的浪潮中,"领游"并没有随波逐流着

· 63 ·

急变现，而是准备在"信任"的搭建下，将情怀投入其中，让导游和游客更有安全感，让"领游"平台更具吸引力。具体体现在导游接单环节的设置上。比如，游客提了出行需求，导游可以自行接单，在多个导游接单并且提供行程规划后，游客可以选择其中一个进行下单，双方协商后进行支付。这不仅保证了旅游规划的质量，还为游客增添了一种安全感。

共享经济是市场行为，也是个人行为。在旅游大背景的市场下，通过人与人之间的交流和共鸣产生的经济效益，也许会获得额外的惊喜。实际上，这也算是另外一种市场模式下的商业社交，而且社交属性比商业属性更具长期发展价值。那么，这种价值如何在旅游产业链上延伸，领游也在进一步探索。

三、共享经济下的酒店创新

近几年，酒店行业加速洗牌，大型并购交易此起彼伏。在互联网共享经济模式下，以 Airbnb 为代表的线上短租平台的崛起进一步瓜分了酒店客源。面对种种挑战，传统酒店也在逐渐打开脑洞，接二连三推出让人眼前一亮的创新举措。本部分梳理了全球各大酒店十大创新案例，概括为五大类：体验定制化，服务智能化，引入环保理念，投资共享经济，支持创业创新。

（一）体验定制化

1. 可更换上层床垫的定制睡床

从 2014 年起，四季酒店（Four Seasons）联手知名床垫品牌席梦思推出"定制睡床"体验。宾客入住全球任意一家四季酒店，都能根据自己的喜好选择床垫。可供选择的床垫硬度有"软、中、硬"三种，并搭配有不同类型的枕头和床头用品，以使客人的舒适感最大化。体验后，客人还可以通过设在全球的四季酒店网点，购买全套的床垫、枕头和床上用品。

2. 私人飞机环球奢华旅行

四季酒店在业内首推定制私人飞机旅行,让乘客旅行时在空中享受到地面同步的顶级服务。私人飞机由波音757全面改造而成,机舱内设有52张手工皮革豪华躺椅,已于2015年在四季酒店环球之旅中首飞。每一段四季酒店私人飞机体验还包括地面交通接送、目的地规划行程、餐饮以及在世界各地四季酒店的住宿。各行程13.2万美元起。

3. 四季酒店私人飞机环球美食之旅

可以说这是环球旅行的进阶版。四季酒店与世界最佳餐厅丹麦Noma的主厨René Redzepi合作,在2017年为食客带来为期三周的美食探索(Culinary Discoveries)之旅。这趟美食之旅于2017年5月27日启程,6月14日结束。期间,乘坐四季酒店专属私人飞机,乘客将先后前往首尔、东京、中国香港、清迈、孟买、佛罗伦萨、里斯本、哥本哈根、巴黎等九座城市,追溯亚洲和欧洲美食的文化渊源。包括交通和餐饮费用在内,整趟旅程13.5万美元起。

4. W酒店为音乐人打造专属音效套房

喜达屋酒店集团旗下的W度假酒店与可口可乐公司合作,在巴厘岛塞米亚克W水疗度假酒店(W Bali Seminyak)推出了首间W Sound Suite(W音效套房)。这是一间私人音乐工作室,方便专业唱片艺术家、录音室音乐家和制作人记录旅途中的灵感。后期,好莱坞、巴塞罗那和西雅图的W酒店将陆续推出这款套房,之后还会推广到更多W酒店。

(二)服务智能化

1. 喜达屋(Starwood)的SPG Keyless智能入住服务

2014年底,喜达屋SPG优先顾客忠诚计划推出SPG Keyless智能入住服务,宾客可以使用智能手机代替房卡,办理酒店登记和入住。全球范围内的雅乐轩酒店(Aloft)、W酒店和Element酒店都将使用这项服务,具体操作为:通过喜达屋官方渠道或移动端APP提前预订房间,在入住前24小时可查看房间号,"下载"电子客房钥匙;抵达酒店后,打开应用程序,直接走向房间门锁,等待绿色灯光与振动蜂鸣即可进入房间,期间不需要与任何人进行接触。这样一来,宾客不必特意到酒店前台办理入住,避免了排队等候。

其他酒店也相继推出了智能入住服务。希尔顿(Hilton)在旗下10家酒店引入"Digital Key"(智能钥匙)服务。这项服务仅针对希尔顿荣誉客会(Hilton HHonors)会员,会员可通过APP Store、Google Play和Windows Store下载APP。与喜达屋的SPG Keyless不同,希尔顿的Digital Key的"办理入住功能"允许顾客自选房间。希尔顿计划将这项服务覆盖到全球250家酒店。

2015年底,万豪(Marriott)也推出了自家的"智能钥匙",万豪会员只需在手机上下载"Marriott Rewards"(万豪礼赏)APP,即可用手机办理入住和退房。

2. 希尔顿(Hilton)推出VR酒店体验视频

风头正劲的VR(虚拟现实)技术,不仅被众多科技巨头视为下一个爆发点,连酒店、娱乐等行业也开始研究其商业运用,试图利用VR帮助用户获得更直观、全面的信息。

希尔顿推出了一个360度VR全景视频,终极目的是激励顾客通过官方渠道直接预订房间,具体如下:

手机打开主界面,跳转后就是全景互动视频"Destination:Inspiration",用户将置身于希尔顿酒店,获得身临其境的体验。如果旋转手机,视频会切换成不同角度,当这段4分钟的全景视频结束时,点击"Book Now"(现在预订),会引导观众选择喜欢的旅游景点,并直接导向该地区的希尔顿酒店预订系统。通过手机预订的希尔顿荣誉客会(Hilton HHonors)会员,将享受独家折扣,包括免费WiFi,数字化登记入住等服务。希尔顿相信,全新推出的移动视频广告将为集团引入更多客流。

(三)引入环保理念

在城市里种菜已经日益成为一种新风尚,为巩固餐饮业务,雅高迎合当下的都市农业新风潮,在自家酒店种起了菜,颇有"自给自足"之势,也满足了顾客对于环保和健康食物的需求。

法国雅高酒店集团推行了一项减少食物浪费的计划——将食物浪费减少

30%，其中主要措施之一就是尽量使用本地供应的食物。为此，雅高将在旗下酒店建立蔬菜种植园。

这个项目具体为：

记录下被丢弃食物的重量，以更好地规划如何减少浪费；

目前雅高集团的菜单上约有 40 种不同的主菜，未来主菜将减少到 10~20 种，并更多地使用当地原材料；

在总计 3900 家酒店中开展蔬菜种植，到 2020 年之前，建立超过 1000 家蔬菜种植园。

根据联合国粮食和农业组织的估算，全球有多达 1/3 左右的食物被浪费，雅高集团认为他们在减少食物浪费方面还有很大的提升空间。雅高自建蔬菜种植园将为自家餐厅提供更多的本地食材，体现了集团支持城市农业的新主张。

（四）投资共享经济

"共享经济"浪潮下，Airbnb、Homeaway 等线上短租平台使度假租赁对用户和屋主都变得很简单，对商务旅行和休闲旅行都造成了影响，许多传统酒店集团惴惴不安。酒店或是做出新的尝试，或是打入"内部"，直接以收购或投资的形式，成为其他线上短租平台的股东，做 Airbnb 直接竞争对手的盟友。

1. 雅高收购"升级版 Airbnb" Onefinestay

2016 年 4 月，雅高集团以 1.48 亿欧元收购了英国互联网高端房屋短租平台 Onefinestay，在占据互联网阵地的同时，进一步扩展了旗下的高端品牌组合。

Onefinestay 创办于 2010 年，在伦敦、纽约、巴黎、洛杉矶和罗马等城市拥有 2600 处可供出租的房产。与 Airbnb 类似，Onefinestay 的互联网平台方便房东们出租自己的房屋，但 Onefinestay 会负责审查每一笔交易。公司有专人负责迎接客户，并备有一支全天候待命的客服团队。

Onefinestay 目前仍处于亏损。雅高计划在未来两年里，进一步投资 6400 万欧元，并在五年内帮助 Onefinestay 拓展到全球 40 个城市，将总收入从

2015年的1500万英镑增长10倍以上，到2019年达到收支平衡。

而在此前的2月，雅高分别收购了美国线上私人房屋出租平台Oasis Collections 30%的股份，以及法国线上高档房屋出租平台Squarebreak 49%的股份，足见其抢滩互联网业务的决心。

2. 温德姆酒店集团投资Love Home Swap

2015年，Travelodge酒店和Ramada酒店（华美达）的母公司温德姆酒店集团（Wyndham Worldwide）投资线上房屋出租公司Love Home Swap，投资金额约750万英镑，成为Love Home Swap的大股东。

Love Home Swap创建了一套会员住宿交换系统——用户出借自有的闲置房屋赢取积分，交换他人的寓所居住。自2011年成立至今，Love Home Swap上登记了分布在190个国家的超过10万个住房。这个数字还在不断上涨。

（五）支持创业创新

互联网行业各种创业孵化器和天使投资屡见不鲜，针对餐饮行业的创业者，万豪推出了一个货真价实的孵化器。

2014年底，万豪成立了一个"美食美饮概念实验室"Canvas。这是一个针对餐饮行业创业者的孵化器，万豪邀请处于创业中的厨师们在遍布北美、中东、亚洲和欧洲的16家酒店中选取一家进行申请。

如果被选中，这些参与者可以到所申请的万豪酒店的实验室，在那里试验他们关于食物或饮品的商业概念是否可行。万豪将为他们提供场地、资源及近5万美元的天使资金，给予这些创业厨师足够的支持和空间来实现他们的商业理念。

这些想法将由企业家委员会和当地餐饮、营销、财务方面的专家共同评判。评判标准包括创造性、技术、报告质量、商业计划和投资回报率等。

要想获得万豪的支持，厨师需要提交一份完整的在线申请，一个展示个性的视频和一份详细的商业计划书。

Canvas至今已经成功孵化了四个项目，分别为Roofnic、MI+ME、Hashtag Coffee Shop和Marionett Craft Beer House。万豪计划将Canvas扩张到欧洲更多地方。

第三章 共享经济与旅游业的实践

Roofnic：伦敦 Roofnic 是 Canvas 孵化的第一个项目，位于伦敦 Marriott Hotel Park Lane，该酒店前餐厅和酒吧经理 Ashley Dawes 带领团队将一处未使用的屋顶露台改造成一座乡村夏日花园。酒吧每天售出 1000 杯鸡尾酒，开业三个月营收就超过了 50 万英镑。

MI+ME：微型酿酒厂的兴起，以及大众对高品质简餐和酒吧小食的偏好，启发了 Renaissance St Pancras 酒店餐饮部负责人 Andrew Nadin。他在伦敦 St Pancras Renaissance Hotel 开业了一家芝士熟食吧 MI+ME，相关肉制品均取材于本地农场。

Hashtag Coffee Shop：这家咖啡馆开在柏林市中心万怡酒店（Marriott's Courtyard Berlin）内，其供应的午餐成为当地的人气餐食。

Marionett Craft Beer House：位于匈牙利布达佩斯的精酿啤酒屋，由本土企业家 Imre Toth 打造。这家颇具工业气息的啤酒屋，吸引了不少酒店住客。

四、重庆：共享经济下的国际旅游目的地建设

（一）增加旅游产品有效供给迎接大众旅游时代

共享经济已成为推进发展的新力量，正在改变人们的生产和生活方式。这就要求我们遵循旅游经济的发展规律，从提高供给质量出发，优化旅游要素资源配置，增加旅游产品有效供给，更好地满足人们的旅游需求。

一是增加旅游产品有效供给。增加旅游产品有效供给，核心在于提高产品质量。一要创建品牌，通过品牌创建实现服务管理清晰化、景观环境精致化。二要打造精品项目，如涪陵正着力打造武陵山大列谷、涪陵榨菜古镇等旅游拳头产品，加快推进白鹤梁申遗进程，提档升级地下核工程旅游项目，建设 1898 涪陵榨菜文化小镇，积极实施乡村旅游富民工程。三要打造精品路线，如主动融入长江三峡国际旅游带、乌江旅游带、大武陵山经济区建设，共建旅游大环线、旅游大市场，为重庆建设国际旅游目的地贡

共享经济、全域旅游与旅游业

献涪陵力量。

二是完善旅游配套服务体系。一要实施智慧旅游工程，建立完善旅游信息公共服务和在线旅游服务平台，让旅游经营、管理和服务实现信息化、智能化。二要促进旅游跨界融合，构建旅游多业融合体系，加快发展乡村旅游、文化旅游、工业旅游、科普旅游、旅游商品开发、旅游土特产加工、旅游休闲地产等。

三是提升旅游公共服务水平，以旅游交通标识导引系统、游客集散服务中心、旅游停车场和中转站建设为重点，全面提升旅游公共服务能力，塑造便捷舒适的旅游形象。

四是加大旅游政策扶持，创新宣传促销方式，整合旅游产业要素，全面提升旅游产品的美誉度。

（二）优化旅游产品供给拉动经济稳步增长

旅游业作为典型的资源共享型产业，是共享经济的天然形态。在开放背景下，旅游业发展必须打破传统旅游和现代旅游的边界，树立跨界融合灵动的发展理念，优化调整旅游产品供给，加快旅游组织模式和成长路径转变，发挥对经济拉动的效应。

近年来，南川区主动适应共享经济要求，锁定大都市区发展方向，推动全要素融合、全产业互动、全社会共享，着力构建全景、全业、全时、全民的全域旅游发展格局。重庆政府突出目标导向，立足重庆主城，把"城市即旅游、旅游即生活"的理念植入旅游发展全过程，创造"5+2""白+黑"的都市圈生活生态，即5天的大都市生活、2天的生态区休闲、老人在生态区养老、年轻人在大都市创业工作。同时，加快推进全域旅游发展，跳出小旅游，谋划大旅游，推进多规融合，完善城乡联动、要素聚集、功能完备的旅游体系，打造精品旅游线路，以互联网思维引领"旅游+"，形成乡村旅游、休闲农业、森林旅游、度假旅游、旅游地产等新业态、新品牌。旅游业已成为推动经济社会发展的战略性支柱产业。

在共享经济推动下，无数全域旅游中的微行为成为发展的众力量，有效解决了就业需求，大大减少了资源和能源消耗，降低了生态保护的压力。

2015年，重庆旅游从业人数接近3.5万，关联产业从业人数突破7万，旅游产业全域覆盖，旅游要素全域流动，旅游线路全域统筹，旅游产品全面优化，旅游成果全民共享，为重庆建设国际旅游目的地做出了重要贡献。

（三）资源优势转为发展优势探索旅游扶贫新路

过去，武隆很贫困，是典型的西部地区贫困县。今天，武隆因旅游之名，深入贯彻落实五大功能区域发展战略，立足将资源优势转变为发展优势，坚持把旅游作为主导产业和富民产业，紧紧围绕国际山地旅游独家目的地、全国最美乡村旅游目的地、国家旅游扶贫示范区目标，探索走出一条贫困山区旅游扶贫的新路子。

（1）坚持创新发展，推动全域布局。武隆县把旅游作为创新发展的实验场，优化"一心一带四区一网"空间布局。

（2）坚持协调发展，攻坚两大战场。一是抓住仙女山第一战场，实施基础设施提档升级，总投资300多亿元的50个旅游重点项目将在未来5年全面铺开，加快推进天生三桥、芙蓉洞、芙蓉江的提档升级。二是开辟白马山第二战场，5年总投资200亿元，吸引社会投资130亿元，建设全国著名的恋爱圣地、科普基地和全市一流的养生圣地。

（3）坚持融合发展，延伸产业链条。一是推进"旅游+文化"，打造印象武隆、仙女店歌等项目，引进一批重大项目，加快推进文物馆、科技馆和广场公园文化建设。二是"旅游+农业"，重点打造高山生态、有机茶叶、乡村旅游等五个10亿级产业。三是"旅游+商贸"。

（4）坚持共享发展，释放旅游红利。一是廊道带动增收模式，带动白云山等四个旅游扶贫带，建成集交通组织、空间整合、产业集聚、形象展示为一体的扶贫开发示范区。二是探索集镇带动型增收模式，引导高山移民和集镇居民发展家庭公寓、快捷酒店、特色美食等服务。三是探索景区带动型增收模式，引导景区周边农民发展特色农家、特色民俗、农产品销售、旅游商品等。

共享经济、全域旅游与旅游业

（四）深入实施"旅游+"战略推进全域旅游发展

当前，我国已经进入全域旅游、全民旅游时代，旅游已经深入所有人的生活。沙坪坝区根据旅游市场的需求，提出"旅游+X"模式，加快推进"旅游+农业""旅游+教育""旅游+体育""旅游+文化""旅游+医疗"等。

同时，沙坝坪区也面临一些挑战：一是软实力方面，体制机制尚不能适应共享经济的发展需求，语言环境、人才培养等需要进一步与国际接轨；二是硬实力方面，国际化程度不是很高，接待能力有待提升。

（五）发挥企业主体地位提高资源配置效率

城市是旅游的一个基本单元，而旅游是共享经济的天然形态。共享经济可以充分调动旅游城市各种资源，实现资源要素的高效配置。推动世界旅游城市可持续发展，必须充分发挥共享经济的整合作用，促进城市与旅游良性互动。其中，企业是市场的主体，实施共享经济、建设国际一流旅游目的地，关键要靠企业实现。

（六）吸引国际游客建立国际旅游目的地

如何吸引国际游客、建立国际旅游目的地？对重庆而言，一要有一系列独特的旅游吸引物，要有高质量的规划，确保城市发展能够和传统更好地结合。二要提升国外游客对重庆旅游的认知，花时间和精力去了解细分市场，找到最具效率的沟通渠道，有针对性地开展品牌营销与推广。三要开通更多国际航班，争取在航班上进行宣传和推广。四要深化与成都等地方合作，设计不同路线，方便游客游览。五要培养更多外语导游，把最美的东西解释给外国游客。

其中，共享经济带来的机遇体现在：一是能够创造使人们留下来的能力，如以非常低的成本，创造特色民宿和宾馆等；二是能够创造让城市社区受益、让人民群众受益的能力，如交通等基础设施的完善等。

第三章 共享经济与旅游业的实践

五、共享经济下的海南省旅游发展实践

在共享经济背景下,建设"共享农庄",就是要以新发展理念特别是共享发展理念为引领,充分发挥海南"三农"的特色优势,运用共享经济模式,推动共享事业在"最后一公里"落地,探索新形势下解决海南"三农"问题实践载体。顾名思义,"共享农庄"强调"共享",保障农民和利益相关方共享农庄收益。同时,"共享农庄"是共享经济的一种新形态。"共享农庄"的要义是:以充分涵盖农民利益的经济组织形式为主要载体,以各类资源和资本组成的混合所有制合作企业为建设运营主体,以移动互联网、物联网等信息技术为支撑,让农民充分参与和受益,集循环农业、创意农业、农事体验于一体,以农业和民宿共享为主要特征的"三农"新业态。

(一) 共享农庄建设,打造美丽乡村旅游名片

自 2016 年初,"美丽海南百千工程"被写进海南省人民政府工作报告,明确"十三五"时期将重点打造 100 个特色产业小镇、建设 1000 个"宜业宜居宜游"的美丽乡村。目前,海南已初步建成 200 余个美丽乡村,一张张乡村旅游名片飞向各地,广大游客纷至沓来。

海南省委七届三次全会提出,要大力实施乡村振兴战略,高水平建设"美丽海南百镇千村",加快推进农业农村现代化。美丽乡村建设在中央实施乡村振兴战略的大背景下,正迎来前所未有的历史机遇。"山水秀美的农业大省海南,更加大有可为,更加要抢抓机遇,更加要乘势而上。"

据了解,为扎实推进海南美丽乡村建设,海南省政府先后制定了《海南省美丽乡村建设五年行动计划(2016~2020)》《海南省美丽乡村建设三年行动计划(2017~2019 年)》《海南省美丽乡村建设标准》等,把美丽乡村分为产业特色型、滨海渔家型、乡村旅游型、生态保护型、文化传承型、环境整治型、城郊集约型、农村社区型八个类型来建设。

中国土木工程学会名誉理事长谭庆琏认为，海南建成的部分美丽乡村成为国内外具有较高知名度的旅游景点，进一步擦亮了海南国际旅游岛金字招牌。他建议，在美丽乡村建设中要更加注重生态环境保护，注重产业支撑，注重与本土文化、乡风民俗的结合，并注重与农民增产增收结合起来，推动群众致富。

海南省住建厅副厅长在2017年中国（海南）美丽乡村发展大会发表主旨演讲时介绍，海南大力推广"不砍树、不占田、不大拆大建、就地城镇化"的模式，因地制宜推进城镇化，突出特色建设美丽乡村并探索与推行"共享农庄"等模式，推进田园综合体建设。未来，海南将继续完善基础设施建设、推进特色产业发展、大力发展乡村生态旅游、传承乡土耕读文明、加大招商引资，以全面推进海南美丽乡村建设发展。如图3-5所示。

图 3-5　海南省美丽乡村建设

1. "共享农庄"概况

"共享农庄"在这种背景下应运而生，是海南实施乡村振兴战略的重要抓手。具体而言，"共享农庄"就是以现有"三农"为基础，以农业合作社为载体，公司化运作，实现由农民转变成为股民、由农房转变成为客房、由农产品现货转变成为期货、由消费者转变成为投资者，最终实现农民增收、农业增效、农村增美。"共享农庄"就是将有条件的村庄、农场、基地通过基础设施、产业支撑、公共服务、环境风貌等建设，实现农村生产生活生态

"三生同步"、一二三产业"三产融合"、农业文化旅游"三位一体"的一种新型产业模式。"共享农庄"的主要特征就是以农业合作社为主要载体;以企业经营为主,让农民参与生产、经营和受益,集生态农业、循环农业、创意农业、订单农业、体验农业于一体;以移动互联网、物联网等信息技术为支撑,以现代农业和民宿共享为主要业态,最终实现共建共享共赢。

"共享农庄"是以共享经济为理论支撑,互联网为技术支撑,中高收入家庭及"候鸟"群体需求为市场支撑,以私人定制服务为核心,联合政府、企业、农户等多元力量,培育的农旅融合发展新业态。共享农庄让用户可以在短期内以低价承包菜地进行体验,从而让更多中等收入群体吃上自己种植的有机蔬菜。另外,向用户开放农庄所有蔬菜从播种到运输的整个过程,让家长和孩子可以参与农业种植、体验田园休闲并亲口品尝新鲜。

"共享农庄"让游客得到更大的实惠、让农庄主坐拥更多的客流、让农庄经理人获取更足的利润、让农庄推荐人拥有更广的商机。"共享农庄"精准的定位,独特的视点,娱乐的玩法,让您"掌握"休闲农庄民宿、家庭农场、茶场、果园、渔场、农业生态园、旅游度假村、农家乐、古村、古镇等目的地。享受度假住宿,农家土菜,特色农产品、土特产等活动拼团带来的大额返利,让您的乡村之旅充满惊喜与乐趣。"共享农庄"让旅游更便捷、让生意更好做。

"共享农庄"以农民专业合作社、农村集体经济组织等为主要载体,以混合所有制企业为建设运营主体,以农业和民宿共享为主要特征,集循环农业、创意农业、农事体验、服务功能于一体。将推动农民转变成为股民、农房转变成为客房、农产品现货转变成为期货、消费者转变成为投资者,实现农民增收、农业增效、农村增美,是海南实施乡村振兴战略的重要抓手。

2. "共享农庄"的共享及发展模式

(1) 共享形式。农庄的共享主要在农户与旅游者之间得以实现,体现在游客共享民宿、共享农村的餐饮及生活方式、共享农户的生产资料(包括农田、农具、果蔬种植等)以及共享农产品等主要结构上。消费者共享农庄资源,形成农庄的共享结构模式,农庄共享主要体现在:股权共享、资产共享、生产资料共享和生活资料共享。

共享房屋：旅游者通过购买房屋一定比例的使用权，从而实现一定期限内一段时间的使用权，同时还享有转让、馈赠、继承等系列权益。通过时权交换公司这个平台还可以实现分地域实权的交换。

共享田园：这种共享可以是时权共享、产品共享、生活共享、股权共享（农民、合作社、投资人、消费者的股权三结合）、资产共享和生产生活资料共享等。通过这种共享模式可以实现土地的流转、土地品种选择权、土地种植权、农产品采摘权及处置权。

共享交易平台作为一种媒介，主要对接的是乡村闲置资源与消费者需求，从而实现闲置资源的社会共享，具体说，就是乡村提供土地、房屋、食品等，消费者通过这个平台实现这些资源、产品的共享。而共享农庄提供的就是这样一个平台，通过协调农户、企业、政府的不同角色，整合资源，构建交易平台，实现乡村与消费者之间的共享。共享农庄是在农户、企业和政府共同支持下建立的，其中农户提供资源支持，企业对共享农庄进行顶级的规划设计和开发运营，政府支持引导共享农庄建立并提供保障。

(2)"共享农庄"发展模式。

1) 订单农业模式。以个人订制和团购订制等形式，为消费者提供农庄的特色农产品认养、直供等订制服务。对消费者认养的农作物建立档案，打码，制作防伪识别体系，标注安全食品标准。严格按照约定标准进行生产，并确保消费者可现场或以远程监控等方式实时查看生产和生长情况。产品成熟后，按照消费者的要求进行个性化包装、处置，既可以配送到指定地点，也可以进行代销，将销售收入按比返还消费者。这种模式适合水果、蔬菜、肉禽类批发市场经营户、超市、酒店、企业、机关学校等机构合作或直接投资"共享农庄"。以 VIP 会员的方式，建立农庄生产基地与消费者之间长期、稳定的直销关系，产供销一体化，由消费者决定种什么、种多少、怎么种，最大限度地减少无效供给，扩大有效供给。从根本上解决农庄生产基地产不愁销，消费者购不愁食品安全等问题。

2) 文化创意模式。文化创意和旅游的有机融合，20世纪90年代以来，在体验经济成熟、知识经济发展、文化和创新得到全球重视的时代背景条件下，创意产业迅速发展起来，其发展前景得到了世界旅游组织、欧盟旅行委员会等有关国际组织的重视。中国的旅游业，过去的发展模式主要以景区为依托，以旅行社团队旅游为运行方式，旅游景区大体分三类：一类是自然景区；二类是近代和古代景区；三类是人造景区。但目前，随着人民生活水平的不断提高，特别是"全域旅游"兴起，人民对旅游的需求也在改变。中国由点线旅游体系转变成板块旅游体系，旅游载体变成一个城市、一个特色镇、一个村等特定的旅游目的地。以景区开发为主转向旅游目的地开发，离不开相关产业的配合，所以乡村旅游和文化创意融合后形成的文化创意旅游产业的发展是大势所趋。立足特色资源，树立文创理念，引导包括本土在内的各类艺术家、草根艺人、非物质文化遗产艺术、创客利用品牌设计、故事挖掘、艺术再造、农业科普、地方曲艺等文创艺术方式，打造集人文要素、生态要素、科技要素、艺术要素、创意要素于一体的特色"共享农庄"，增强乡村旅游的文化性、艺术性、趣味性、参与性、互动性。

3）休闲养生模式。鼓励农村集体组织和农民以出租、合作等方式发展特色民宿客栈，吸引消费者特别是"候鸟"前往农庄休闲养生度假。打造"民宿+农地"休闲养生产品，把经营权租赁给"候鸟"人群、城市居民，用于农业生产或农事体验。

农民或集体经济组织以出租、合作等方式盘活利用空闲农房和宅基地，规划发展养生养老、民宿客栈、特色膳食、禅修辟谷、登山运动等项目，吸引消费者前往农庄投资和消费。随着美丽乡村纵深推进，乡村环境和基础设施建设不断优化，旅游"六要素"的融入显得尤为重要。只有这样才能为美丽乡村提供产业支撑，使农庄和美丽乡村成为既有"面子"又有"里子"的休闲度假田园综合体。打造"民宿+农产"休闲养生产品，将农庄农地按一定面积或农作物按一定数量分块，把经营权租赁给城市居民和返乡农民租赁经营，用于"共享农庄"的农业生产、休闲养生或农事体验项目。

4）众筹及合作社模式。消费者及投资主体通过众筹方式募集资金发展"共享农庄"或者农民利用自身资源优势自愿组合发展"共享农庄"。农庄为消费者及投资者提供农资供应、技术指导、托管代种代养、产品销售等配套服务，消费者及投资者按约定分红、获得实物或获得其他投资收益回报等。

众筹不仅仅是筹资,还在于筹人、筹智、筹渠道,多途径发展优质会员和合作伙伴,扩大品牌知名度和影响力。同时积极开展线上、线下推广活动,利用门户网站、微信公众号等自媒体以及电视、报刊开展线上线下宣传,与知名电商平台合作推广,形成"爆炸式"传播效应,吸引广大消费者参与。

5)扶贫帮困模式。引导消费者及投资主体与贫困村或贫困户直接对接,消费者认养贫困户的农作物或者承租贫困户的农地、农房,贫困户通过出租土地、房产或以土地、房产入股获得财产性收入以及通过打理农庄获得务工收入,打造贫困户和消费者利益共同体式的"共享农庄",实现贫困户持续稳定增收。投资主体和发动社会力量,依托当地资源优势,共同打造"慈善村""爱心家园""扶贫基地"等,使"共享庄园"升华为全社会共同参与的社会福利慈善基地。"消费即扶贫,购买即帮困"。扶贫帮困模式的"共享农庄",远远超出了农庄本身的经营意义,它经营的是爱心、社会责任和传统美德,其意义重大而深远。

3. "共享农庄"案例

海南海口兰花谷休闲农庄成为海南省第一个试点"共享农庄"。依托海南独特的热带农业资源,通过"互联网+农业"技术,以新型农业经营主体为载体,打造集循环农业、创意农业、农艺体验于一体的田园综合体。如图3-6所示。

图3-6 兰花谷共享农庄

第三章　共享经济与旅游业的实践

兰花谷共享农园是在海口市委、市政府和琼山区委、区政府领导的高度重视下，由海南兰花谷生态农业观光有限公司投资 8000 余万元兴建，始建于 2013 年，园区占地 100 余亩，紧邻琼州风情街国家 3A 级旅游景区。是海南首家以兰花为主题的青少年科普教育基地、集休闲、体验、养生、度假为一体的休闲农庄。

目前规划的主要内容有水果种植区、嘉宝果、神秘果、长果桑等各色优良品种、精品兰花展示馆、椰子研究基地、生态有机中药野菜食材种植区、珍禽动物养殖观赏区、水系拓展、科普教育基地、会务接待（有大型 LED 显示屏、舞台音响等配套设施）、休闲活动区、兰花餐厅、度假民舍木屋等多个子项目。主要以江南休闲农园及热带水果和休闲度假为核心特色，是一家集兰花观赏、特色农家饭、海南农副土特产展销、休闲度假等项目为一体，集吃、住、玩为一身的高端精品园林式现代休闲农业观光园区。

共享农庄建设发展以全面实施乡村振兴为总战略，开启美丽乡村建设新征程；以五大发展理念为总引领，推动美丽乡村建设迈上新台阶；以体制机制创新为总动力，开创美丽乡村建设新格局；以搭建交流合作平台为重要抓手，打造美丽乡村发展共建共赢新局面。

（二）海南民宿发展

"民宿是一道门，也是一扇窗。"台湾民宿研究专家郑敏庆在海口的几堂讲座，让民宿成为全市上下关注的热词。民宿其本意是利用自用住宅空闲房间、提供旅客乡野生活之住宿，如今却成为繁衍旅游新形态的温床，对于还处于初级发展阶段的海口民宿业来说，做好民宿这篇大文章，前路有荆棘，更有光明。

1. 返乡潮催生民宿源动力

海口民宿业起步晚，发展到现在也仅仅几年时间。出生于海口秀英区永兴镇雷虎村委会博学村的陈统奎，大学毕业后到广州就业。2009 年到台湾访问时体验了当地的民宿后，他觉得民宿是一条很好的出路，于是他回到老家做起了民宿。2011 年，陈统奎在当年和父亲挖树坑的那片荔枝园盖了一套民宿，叫"花梨之家"，这是海南首家真正意义上的民宿。

共享经济、全域旅游与旅游业

"民宿业能够拉长乡村旅游的消费和产业链,同时也更加环保绿色,能够让本地村民不出门即可盈利,可改变一个地区的面貌。"秀英区民宿协会秘书长王杰说,"发展民宿业,其主体是农民,关键是要打消农民的顾虑,借助'互联网+'为民宿吸引客源"。

2. 民宿要找核心吸引力

台湾民宿业已经创造了一个风向标,对于起步晚、底子薄的海口民宿业来说,提供了学习的样本。

"一个优秀的民宿经营者必须具备良好的理念与热情,才能将民宿经营得有魅力、有内容、有特色、有价值。"台湾民宿规划运营专家吕人凤说,民宿经营者必须对当地投入更多的关怀,对地方资源要充分了解,才能扮演好民宿经营者的角色,才能让做客的朋友,体验当地生活、了解当地文化、认识当地产业、感受当地人情。还需要明白所经营的民宿的客户群体,要有自己的特色与坚持。

在台湾,民宿包含在旅宿业范畴内,99%的民宿老板用自家房子开民宿,不用租金,非常轻松。管理学博士、台湾亚太智库执行长郑敏庆说,台湾旅宿业的打造,追求"把复杂的变简单,简单的变有趣,有趣的变吸引力",要做民宿,首先要挖掘核心吸引力,做民宿没有核心吸引力做不起来。

3. "候鸟"提供源源不断的客源

极大的气候反差吸引着大批"候鸟"来海南猫冬,根据相关统计,仅在海南的"候鸟"老人,大约有45万人。但实际数字远远不止这些,并且近年越来越呈现爆发性增长态势。仅黑龙江、吉林、北京市以及辽宁四省市的候鸟老人就占总人数的53.9%。业界人士指出,每年海南冬天都迎来大批的"候鸟"老人,而这些人就是民宿业潜在的客源。

近年来,民宿成为国内很多地区的热点。民宿可以成为既体现传统又体现时尚的休闲载体,在海口大有潜力。省社科联副主席陈耀说,在全域旅游背景下,海口发展民宿有供给和消费两方面需求,有区位、环境、气候、设施、文化、城市配套和市场等方面的优势。发展民宿,既能助力乡村脱贫致富和城镇就业,又可促进城市空余住房发挥作用,还能吸引旅居型特色人才参与休闲旅游的开发。海口城乡发展特色民宿,将丰富休闲旅

4. 民宿推动旅游提质增容

"民宿经济是大有可为的产业,不能仅追求民宿美观,还要围绕民生来发展民宿,比如可以将种植经济作物与景观建设结合起来。"海南文化专家蒙乐生建议,在对海口民宿进行景观建设时,就可以种植一些香蕉、鸡屎藤、鹧鸪茶等,既能美化环境、增添特色,也能当作商品卖给游客。

"海口可以通过民宿业为抓手,来推进传统村落和建筑的保护。"海南华都城市规划院院长吴小平说,传统村落是中国农耕文明留下的最大遗产。将传统村落和民宿发展相结合,有利于民宿经济的优化发展,也有利于推进海口城镇化的发展。

"海口近年来通过发展乡村旅游,在探索旅游发展新业态、丰富提升多元经济业态方面虽然取得了一定的成绩,然而同国内乡村旅游发达地区如四川、浙江相比,可以说才刚刚起步,发展慢、规模小、类型少,农民从中获益有限。"海口市旅游发展委员会主任廖小平说,海口环境优美,具有得天独厚的生态文化优势,把文化旅游、乡村休闲旅游、民宿经济等作为发展重点来抓,通过政策扶持,实行产业带动,产业扶贫,做到精准扶持、增强低收入农户自身增收能力,进一步加快推进海口旅游业的转型升级和提质增容。

(三)海南旅游共享经济发展建议

近年来,我国共享经济创新创业活跃、发展迅速,利用"互联网+"创造了众多新业态,在化解过剩产能、带动就业方面,显示出巨大发展活力与潜力,已成为我国经济社会发展的"生力军"。海南应充分利用自身得天独厚的旅游资源,借鉴国内外旅游共享经济模式,大力发展旅游共享经济。

共享经济作为全球新一轮科技革命和产业变革下涌现的新业态新模式,正在加快驱动资产权属、组织形态、就业模式和消费方式的革新。2017年7月,国家发改委等八部门联合印发《关于促进共享经济发展的指导性意见》强调,推动共享经济发展,将有效提高社会资源利用效率,便利人民群众生活,对推进供给侧结构性改革,落实创新驱动发展战略,进一步促进大众创业万众创新,培育经济发展新动能,具有重要意义。海南省应充分利用自身得天独厚的自然生态环境优势、建设国际旅游岛的战略优势、创建全域旅游示范省的政策优势、实行"多规合一""一张蓝图绘到底"的体制机制优势,借鉴国内外旅游共享经济模式,大力发展旅游共享经济。

当前,旅游共享经济的典型模式有住宿共享模式、交通共享模式、个人服务共享模式和共享休闲农庄等。发展旅游共享经济,笔者认为,海南可从以下几个方面入手:

一是各级政府要坚持推进供给侧结构性改革,大力支持旅游共享经济的创新创业,全面深化简政放权、放管结合、优化服务改革,充分发挥各职能部门的积极性、主动性,支持和引导旅游共享经济市场主体积极探索新业态新模式,促进旅游共享经济更好更快发展。

二是合理界定旅游共享经济的业态属性,分类细化管理。加快制定出台准入政策、开展旅游共享经济行业指导的衔接协调。拟出台各项市场准入、监管措施,须事先公开征求公众意见,充分开展咨询评估,提高政策透明度。坚持底线思维,增强安全意识,严格规范准入条件。

三是引导旅游共享经济平台企业建立健全消费者投诉和纠纷解决机制,鼓励旅游行业组织依法合规探索设立旅游共享经济用户投诉和维权的第三方平台。研究制定适应旅游共享经济特点的信息安全、知识产权保护及金融保险政策,保障资源提供者、消费者和旅游平台企业的合法权益。

四是鼓励和引导企业开展有效有序竞争。切实加强对旅游共享经济领域平台企业垄断行为的监管与防控,维护消费者利益、资源提供者和社会公共利益,营造新旧业态、各类市场主体公平竞争的环境。严禁以违法手段开展竞争,严厉打击扰乱正常经营秩序的行为。

五是大力推进政府各部门数据共享、公共数据资源开放、公共服务资源共享,增加旅游共享经济公共服务供给,提升旅游共享经济服务效率,降低旅游共享经济服务成本。完善相关配套政策,加大政府部门对旅游共享经济产品和服务的购买力度,扩大旅游共享经济公共服务需求。在城乡用地布局和公共基础设施规划建设中,充分考虑旅游共享经济发展需求。

六是积极发挥旅游共享经济促进就业的作用,研究完善适应旅游共享经济特点的灵活的就业人员社会保险参保缴费措施，切实加强旅游共享经济从业者权益保障。加大宣传力度，提升旅游共享经济从业者的自我保护意识。对与旅游共享经济从业者签订劳动合同的平台企业，以及依托平台企业灵活就业、自主创业的旅游共享经济从业人员，按规定落实相关就业创业扶持政策。

七是加快推进信用体系建设，大力宣传共享文化。信用是共享经济的基础。应结合征信体系建设、旅游统计办法改革和大数据战略实施、旅游行业失信惩戒机制构建及品牌旅游企业打造，加强网络技术研发，不断完善旅游信用体系。同时，通过网络、手机、电视、广播、报纸等全媒体营销渠道宣传共享经济，倡导共享消费理念，为发展旅游共享经济奠定坚实的思想意识基础。

八是不断优化法律服务。在相关立法工作中，根据国家有关国际旅游岛建设、创建全域旅游示范省等战略部署和共享经济发展特点进行设计，加强制度与监管的适应性。根据需要及时研究制定旅游共享经济管理办法。

九是加大基础设施配套和经营服务投资，帮助解决农庄经营中的服务、人才、营销推广甚至土地使用问题，让分布在一个相对集中区域内的"休闲农庄""文化创意农庄"等不同类型农庄能联合运营、相互衬托、互为助力，形成一个业态丰富、产业集中、功能齐全的"共享农庄小镇"。

十是大力宣传和深度开发本土古村落文化、耕读文化、民俗文化、宗祠文化、少数民族文化、海洋文化、历史文化等文史资源，促进当地旅游和文化的深度融合；挖掘、保护和传承古建筑村落、自然生态村落和民俗风情村落，增强古镇古村、黎村苗寨、火山村落民居、南洋风格民居等旅游功能，形成"一村一品""一村一景""一村一韵"的建设主题，为旅游共享经济添加海南文化元素，注入海南历史基因。

第四章 全域旅游

　　全域旅游起源于我国 20 世纪 90 年代全国优秀旅游城市的创建。同时，它还得益于全国生态、卫生、环保、休闲、幸福、智慧、文明等综合性、示范性创建"外力"配套设施的推动以及国家提出"把旅游业培育为国民经济战略性支柱产业和人民群众更加满意的现代服务业"的战略定位和实践，得益于新型城镇化、旅游扶贫、旅游惠民、"美丽中国"整体形象宣传等民生工程的政策支持，得益于国家《国民旅游休闲纲要（2013~2020 年）》的颁布和实施。特别是 2015 下半年国家旅游局提出创建"国家全域旅游示范区""全域旅游示范县（区）"以来，全域旅游的概念被正式提出，其发展理念被上升为自觉实践，地方探索才被上升为国家层面的全面推动实施。特别是 2016 年全国旅游工作会议明确提出全域旅游发展战略，《中国旅游报》刊登了国家旅游局局长关于《全域旅游大有可为》的专题书名文章之后，在全国旅游界产生了强烈反响，掀起新时期旅游发展的新热潮。

　　可以说，全域旅游是政府主导旅游发展、旅游目的地发展、旅游经济发展和提升居民生活质量并举，本地居民与外地游客主客共享文明成果的一种全新的、大旅游格局的新业态。这种新业态，呈现在人们眼前的是一个宜居、宜业、宜游的城乡一体化的现代化生态城市新格局。在这样的城市里，人们看到的是生态与人文和谐发展、现代文明发展与文化遗产保护并举、产城融合、景城一体及旅居一体的文明现象。

共享经济、全域旅游与旅游业

一、全域旅游提出的背景

2015年8月,国家旅游局局长在全国旅游工作研讨会上首次明确提出全面推动全域旅游发展的战略部署。2016年初,国家旅游局发布首批"国家全域旅游示范区"创建名单。一时间,开展全域旅游工作成为全国各省、市旅游主管部口的重要任务,广泛的媒体报道也使得"全域旅游"这一词汇成为旅游业界的新概念和新方向。"全域旅游"并不是一个新名词,早在2013年北京第二外国语学院的厉新建就曾提出这一概念,此次旅游局局长将"全域旅游"提高到了全新的高度。"全域旅游"的提出源自现今独有的时代背景。

(一)景区泛化的"大旅游"

进入21世纪后,随着生活水平的提高,旅游者兴趣更加多样化,很多人选择到城市、乡村等地休闲度假,私家车的普及和带薪休假制度的完善更使得旅游者改变了传统的景点旅游方式,从而突破了景区围墙界限,形成了无围墙的大旅游趋势。城市人们盼望现代化的生态城市,农村人们期望"望得见山、看得见水、留得住乡愁"的家园,在城乡一体化统筹发展过程中,人们越来越坚信一个共识,那就是"绿水青山就是金山银山"。在这种期盼生态文明新形势下,一切以旅游业发展为核心的景区泛化的"大旅游"新格局,都在呼唤全域旅游新业态的诞生。发展全域旅游是一个实现区域"宜居、宜业、宜游"的综合解决方案。另外,近年来人们外出旅游的条件得到了大大的提高,但屡屡出现传统景区旺季人满为患的现象,大大降低了旅游者的舒适度,于是形成了人们在旅游旺季选择不去传统景区而到休闲城市、乡村、商业街等进行旅游休闲的趋势。这也说明,过去那种以单纯旅游景点为核心的传统旅游发展模式,已经不适应新形势发展的需要了。同时,由于旅游者兴趣的多样化、时间的碎片化以及交通的便捷化,人们对大的旅游平台和空间的需求更加迫切,因而在旅游发展创新模式上也要求突破传统景区的界限、突破传统的观光旅游方式。人们这种对旅游互动内容更加丰富、旅游空间更大、旅游资讯更便捷的巨大要求,也使区域空间的全景化、消费的全时化等成为"大旅游"时代的一种新趋势。全域旅游,不仅在空间上强调立体化、全景化打造,还在时间上注重全时化体验,能有效地拓展旅游发展空间。发展全域旅游对于上升为国民经济的战略性支柱产业的大旅游业来说,是十分必要的。

(二)国民休闲的"大市场"

大众休闲旅游时代的来临,特别是国务院颁布的《国民旅游休闲纲要(2013~2020年)》,使传统出游两个基本条件——"两个有闲"(有闲时、有闲钱)中的"有闲时"将更加有保障。而随着游客的旅游需求正逐渐由游览广度向体验深度转变,对旅游产品和服务的要求越来越高,传统景区的发展模式显然难以满足游客多元化的需求,这就需要创新旅游活动空间和内容,促进空间全景化、体验全时化、休闲全民化的全域旅游发展,以满足休闲大市场的需求。如此深厚的文化底蕴,如何充分地展示出来?如何让游客感知与体验?全域旅游,通过文化全域化渗透到旅游中,旅游全域化体现文化底蕴,激活沉睡的文化,传播丰厚的文化。国民假日增多,带薪休假成为常态,汽车产业发展,小康社会建设全面推进,加上人们物质生活和精神生活水平的提高,人口的大流动等因素,造就了庞大的休闲旅游大军,尤其是在"黄金周"和周末形成了国民休闲旅游的买方"大市场"。据《中国旅游报》资料显示,当前我国年人均出游率为2.5次,一般城市年接待旅游者的数量为常住人口的4~5倍。到2020年,我国全面建成小康社会,带薪休假全面落实,人均年出游率将达到4.5~5次,城市年接待游客数量将达到常住人口的8~10倍,外来游客对城市服务的需求将大幅度增加。[①]因此,休闲旅游的"大市场",呼唤着全域旅游目的地新业态的快速发展。

---

① 资料来源:《中国旅游报》2015年10月26日,第4版。

共享经济、全域旅游与旅游业

（三）产业升级的"大产业"

国家统计局发布的《国家旅游及相关产业统计分类（2015）》，把旅游业绩其相关产业分为 11 大类，27 个中类，67 个小类，顺应了大旅游发展趋势，促进了全域旅游业地位的确立。另据国家统计局发布的数据显示，2013年中国产业结构调整取得了历史性变化，第三产业（服务业）增加值占国内生产总值（GDP）比重为 46.1%，首次超过第二产业，从而进入后工业时代。旅游业，作为现代服务业的龙头产业模具有生产性服务业和生活服务业的双重属性，在产业升级的大产业发展进程中理应发挥更大的作用。因此，以出游型消费经济进行全域产业融合，发展泛旅游产业，能有效提升产业附加值，促进产业升级。由此可见，全域旅游发展对社会各项事业的贡献率会更高。旅游产业作为全球最大的综合性产业、朝阳产业、低碳产业，其发展呼唤与之相适应的全域旅游新业态的成长。

二、全域旅游的相关理论

（一）全域旅游的概念

全域旅游是指在一定区域内，以旅游业为优势产业，通过对区域内经济社会资源尤其是旅游资源、相关产业、生态环境、公共服务、体制机制、政策法规、文明素质等进行全方位、系统化的优化提升，实现区域资源有机整合、产业融合发展、社会共建共享，以旅游业带动和促进经济社会协调发展的一种新的区域协调发展理念和模式。

从全域旅游的定义可以看出，全域旅游是把旅游业作为一个整体，而且是与社会经济密切联系的一个整体。因此，大力推进全域旅游是实现旅游业全面带动社会经济深化改革的重要抓手。全域旅游绝不仅仅是全空间的概念，也不仅仅是全要素的概念，理解全域旅游必须站在国家全面深化改革的视角。

第一，全域旅游是一种理念，是把旅游业作为一个能够带动社会经济全面发展的优势产业的理念，而不是仅仅把旅游业作为第三产业中的一个一般产业看待；第二，全域旅游是一种发展模式，是以旅游业为优势产业，通过旅游业这个优势产业的关联带动作用，促进经济社会全面协调发展的发展模式；第三，全域旅游是体制机制的全面创新，即通过围绕旅游市场进行资源配置与管理的体制机制的全面创新，以建立适应社会主义市场经济的管理体制机制，从而促进全社会市场管理体制机制的全面深化改革；第四，全域旅游是动员社会各个层面全面参与到旅游发展中，形成你中有我、我中有你、相互促进发展的局面，而不是旅游业孤军深入地发展，在管理方式上要形成全社会齐抓共管，而不是相互掣肘制约的管理方式；第五，全域旅游的目的是文明的全面提升，即通过旅游业的发展，不仅仅使生态环境得到复原，而且促进社会生态的进一步好转，以及人的文明程度的全面提升；第六，全域旅游才是一定区域内的全空间旅游、全要素旅游，而不是囿于景点内部的旅游或某一要素的限制。

全域旅游强调居民与游客的融合，目标是让旅游目的地真正成为居民的家园、游客的"家园"，而不是成为游客的"主题公园"，居民更不是"主题公园"中的演员。在全域旅游战略中，居民是"家园"的主人，游客也是这个"家园"中本来的一分子。主题公园只能短暂停留，只有家园才是可以永远值得挂念的地方。在全域旅游目的地空间中，各个产业通过适当的方式进行有效的融合，使旅游业成为该区域空间内的产业融合的"触媒"和"融头"。

简而言之，全域旅游目的地指的是一个旅游相关要素配置完备、能够全面满足游客体验需求的综合性旅游目的地、开放式旅游目的地，是一个能够全面动员（资源）、立足全面创新（产品）、可以全面满足（需求）的旅游目的地。从实践的角度，以城市（镇）为全域旅游目的地的空间尺度最为适宜。

(二)全域旅游的核心

全域旅游以"全新的资源观""全新的产品观""全新的产业观""全新的市场观"为核心打造全新的旅游理念,如图 4-1 所示。

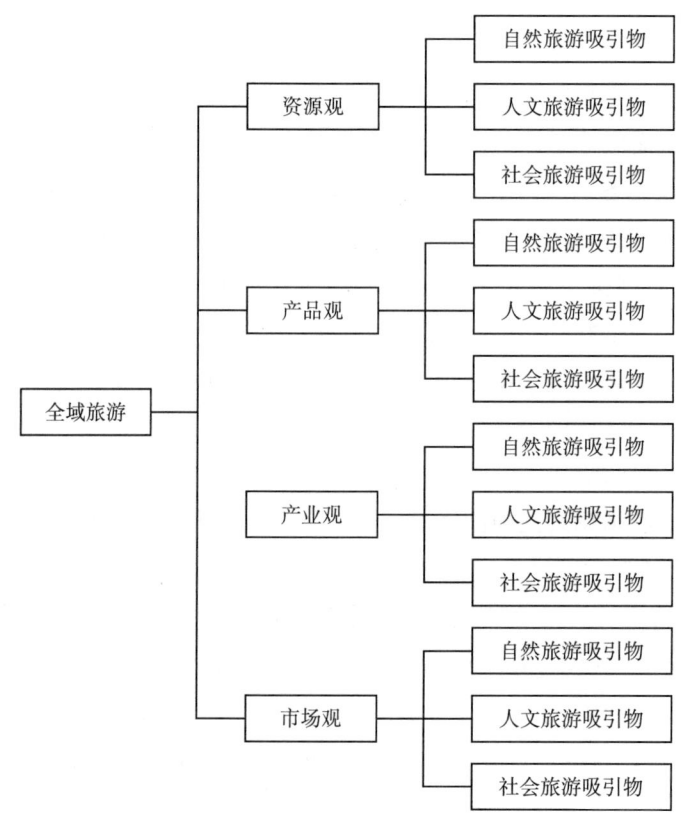

图 4-1 全域旅游核心理念

1. 全新的资源观

全新的资源观:不仅注重自然资源,还强调人文资源,并在特定的时空内将资源与环境有机结合,塑造有血有肉的人文自然景观。

在全新的资源观方面,不仅是旅游吸引物的类型需要从自然的、人文的类型进一步扩张到社会的旅游吸引物,还需要将吸引物自身与吸引物所处环境结合在一起,否则孤立的吸引物就如同博物馆中的展品,很容易丧失其鲜活的生命力和吸引力。对于中国多数具有文化底蕴的旅游目的地而言，都需要进一步厘清自身的文化特质，需要加快进行自身文化的整理和重建，而文化的整理和重建同样离不开生发出文化的地域背景及其存在环境。

2. 全新的产品观

全新的产品观：将旅游焦点扩展到当地居民，与当地居民长期接触，身心承载了城市和当地风俗的记忆，同时在旅游过程中体验着对当地居民生活态度、行为方式、精神面貌的感悟。

全域旅游的产品观不仅仅包括吸引物、吸引物所在的环境，还包括吸引物所处环境中的居民，目的地的文化不仅体现在建筑上、文物上，同时也体现在当地居民的交流语言、生活态度、行为方式、文化取向上，居民的参与是全新产品观的重要体现，居民对所居城市的记忆和体验是游客感受目的地的重要媒介及信息来源。

3. 全新的产业观

全新的产业观：重在三次产业（农业、工业、服务业）相互渗透、相互融合，通过产业之间的聚变反应创造全新的产业。

全域旅游概念中，旅游的发展不是孤军奋战，而是在产业融合中共同发展，有些形成了产业之间的交叉，有些形成了产业之间的互相渗透，有些则通过产业之间的聚变反应创造形成了全新的产业，比如旅游与农业的交叉融合形成的观光农业，文化与旅游的渗透融合形成的主题文化酒店，旅游与食品饮料行业中的酿酒业的聚变融合形成的情感产业。

4. 全新的市场观

全新的市场观：传统市场观是以游客为主体，当地居民是为游客服务的载体，而全新的市场观是以游客和本地居民共同作为旅游消费的主体，为游客及当地居民提供良好舒适的休闲环境。

全域旅游概念中，游客与居民并不是非此即彼的关系，其市场主体也不局限于外来的基于旅游目的的游客，也包括内在的基于休闲需求的居民。居民可以从休闲中享受高品质的生活，休闲中的居民本身也是游客体验的兴趣点。全域旅游不仅要为外来游客提供优质的服务，同时也要充分考虑"生于斯、长于斯"的本地居民的利益。

共享经济、全域旅游与旅游业

（三）全域旅游的特征

1. 全域景区化的体验

全域旅游是将一个区域作为一个旅游景区来打造，全覆盖整合旅游资源，形成众多"旅游+"的组合产品，通过整体科学规划、建设和营销，实现当地居民和游客的全域景区化的广泛性、系统性、深度性体验，甚至是触及心灵的体验。

在具体操作上，通过全域绿化、亮化、美化、净化、艺术化的大视野，利用中国造园技艺的本土手法，挖掘和激活全区域特色文化，整合优化全区域社会资源，促进旅游资源利用的无限化和创意化，推进旅游业的全景化、全覆盖，形成全域资源优化、空间有序、产品丰富、产业发达的科学的系统旅游格局。全域旅游所追求的，不再是某一个或几个旅游景点的打造，而是追求全区域社会参与、全民参与的景点、景线、景域相结合的旅游空间发展结构，通过完善旅游基础设施建设，推进全区域旅游目的地的整体规划和建设。按照优化城乡二元结构的思路，推进城乡一体全域旅游化进程，从而全面推动旅游产业建设和旅游经济的科学发展。

全域旅游是无景区旅游，游客不依赖于传统的景区景点，不以观光为目的。游客崇尚或渴求到处都是景点，随时都能成行。旅游的组织者尤其是在亲子旅游、科普旅游、户外运动上，更多地注重旅游体验，多以旅游活动为中心，强调场景营造、创意引领、挖掘和提炼，甚至通过服饰化装旅游、历史穿越旅游、微视微影故事旅游等丰富多彩的方式，用"玩儿的心态"，提供一种令人惊艳的场景，并让游客在互联网等新媒体上形成旅游热点、时景直播亮点，实质上是一次开心之旅。实际上，在全域旅游背景下，城镇与乡村本身就是如诗如画的风景，山水田园就是如梦如幻的景观，村庄、社区就是有故事的亮丽景区，生产生活就是文化生活化的、读不完的"百科全书"。可以说，体验式的旅游产品来自对生产生活的提炼解读，旅游行为是对生产生活的深度体验，旅游结果可以成就新的时尚生活。

全域旅游提倡活化、活态、活色、活动，强调参与、联动、互动，强调休闲旅游、提倡解压、放松、轻快旅游、探索深度、反复、体验旅游。其实,去旅游就是去寻找幸福,不仅要快乐、愉悦,还要获得健康、学养、智慧、身心和谐。从这个角度说,全域旅游中人们所瞄准的资源会越来越多样,产品会越来越多元,在全时、全景、全产业链上会得到更好的发展。在全域旅游情况下,每一个做旅游服务的人,本身既是一个旅游者,又是一个目的地的居民。推动全域旅游的发展,要组织全过程的体验,与游客互动起来,用一颗同样的心去发展旅游,以人为核心去设计体验旅游产品,以幸福感为准绳去衡量产品的精度,以共享、共生为依据去追求体验式旅游的效果。

用全域旅游的发展思想和建设手段,为居民和游客创造富有体验和想象空间的高品质休闲生活,以达到全域旅游追求的全景区化旅游体验经济发展的新境界。

2. 全域行业与旅游融合

全域旅游的核心理念是以旅游业为引导或主导,在全区域合理、高效配置生产要素,促进关联产业耦合,进而促进区域经济的发展。发展全域旅游需要党政统筹、资源整合以及行业和产业的耦合。也就是全面做好"旅游+"的工作,以旅游业为核心,进行产业纵向脊骨结构式延伸和横向圈层结构式拓展,实现全行业与旅游业的融合发展,提升各行业的旅游业附加值,同时增强区域发展活力,促进产业升级,使旅游业成为辖区国民经济中的支柱产业。在辖区内,开始是相关行业密切渗透、融合,进而市各部门齐抓共管、共同参与,充分发挥各自优势,利用全域旅游目的地全部的吸引物要素,为游客提供全过程、全时空的体验产品,满足游客的全方位体验需求。

全域旅游所追求的、不再停留于旅游人次增长,而是旅游质量的全面提升,旅游对人们生活品质提升的意义,以及旅游在人们时尚生活方式中的价值体现。实现全域行业与旅游融合发展,必须从旅游的单一部门统筹行为向区域党政统筹推进转变,形成"综合产业综合抓""全域旅游党政一把手亲自抓"的良好局面。真正抓好全区域、全领域旅游,从战略上用旅游业这个终端产业做抓手,最大广度、最大深度地整合社会资源,尽快把旅游业办成国民经济和社会发展中的战略性支柱产业,形成当地居民和游客"主客共享"的新型生活方式,进而把旅游业作为消费经济的新引擎,因此必须得到区域"党政一把手"的大力支持、深度理解和全力帮助,这是发展全域旅游最重要的一步。例如,"多规合一"的旅游项目规划编制、旅游用地的落地保障、财政资金的"四两拨千斤"、巧用社会资源形成合力、重大旅游项目的培育和引进等,都需要"一把手"的支持。同时,还要通过对旅游综合体制的创新做制度保障,例如组建区域旅游发展委员会或区域旅游产业发展领导协调机构等,强化旅游综合协调功能。要通过市场化引导,善于牵线搭台、有效整合资源,发动社会力量广泛参与、支持大旅游产业发展;旅游部门作为行业主管部门,在全域旅游的发展过程中,要敢于作为、善于担当。旅游部门要积极、认真地加强行业指导和业务培训;要主动提高自身业务素质,发动旅游专业人员做精做细旅游专业技术的事务。只有全域行为与旅游融合发展,形成"一张图、一盘棋、一个平台、一个数据中心"的格局,发展全域旅游才会有显著效果。

3. 全域旅游目的地整体建设和运营

全域旅游的落地形态是建设区域旅游目的地,是把整个全域作为功能完整的旅游目的地来建设、运作。这种整体区域旅游目的地建设,要求区域旅游资源丰富而集聚,工业发展薄弱或受限制,又或有严格的生态环保门槛,有严格的生态保护底线。旅游目的地的建设强调旅游要素的规模化发展和旅游产业链条的延伸,其关键支撑是核心吸引物的竞争力、旅游业态配置、游客接待容量和公共服务能力。一般来讲,旅游目的地的评价指标包括:国内外认知度,一定范围内独一无二的吸引物,丰富多彩的游客体验活动,较高水准的旅游设施,周密细致的安全保障,便捷的可进入性,较高的游客满意度,科学的旅游整体营销,用心管理、有效的资源环境保护措施,合作发展的旅游业潜力,当地居民获益、满意和参与度等。在全区域内以全域旅游理念进行统筹,保证全要素投入、全产业参与和全社会受惠,具体以旅游功能区为平台加以统筹。全域旅游是一项区域旅游目的地建设和运营的系统工程。

发展全域旅游是一个需要长期工作的系统性工程,需要旅游发展保障要素如信息、资金、人才、装备、土地、环境等方面的支撑,并实现重点突破,逐年实施。举例来说,规划要落地引导,实行"多规合一";城乡居民住房、小区建设、古村落活化等建筑外立面，要在满足实用性的前提下高度重视旅游景观的需要；水利建设，不仅要考虑防洪、排涝、抗旱、蓄水等必要功能，还应顾及旅游用途与需求；公路路桥规划建设，不仅要满足交通功能，还应考虑区域旅游目的地打造的景观协调和增加旅游亮点的要求，做到"一路一景、一桥一景"；在封闭性景点景区建设、经营中，应考虑改变景点景区内外被割裂、孤立甚至冲突的"两张皮"状况，使核心景区与社会和谐以更好地带动周边发展等。

全域旅游要求在一定的区域内，由点成线、由线成面，形成全域旅游发展新格局。从全要素、全行业、全过程、全方位、全时空、全社会、全部门、全游客等角度推进旅游目的地的规模发展，在要素利用上要重视当地居民作为吸引力载体的作用。全域旅游强调休闲度假旅游产品的品牌建设，真正做到在建设国家度假区的同时重视国民休闲度假地的建设，从而既满足外来游客的休闲度假旅游需要，又满足当地居民的休闲度假诉求。

全域旅游要求建设旅游相关要素配置完备，能够全面满足游客体验需求的综合性、开放式、便利化的旅游目的地，是一个能够全面整合资源、立足全面创新产品、可以全面满足需求的区域性旅游目的地。通过全天候旅游体验和全感官项目设计，变观光旅游为观光与休闲度假旅游并举，变一日游为两日游、三日游甚至平日游或长短期度假，变"8小时经济""周末经济"为"24小时经济"或平日经济+周末经济，提升同一空间不同时间的体验性，延长游客逗留时间，拉长夜间休闲旅游的产业链，建设宜居、宜业、宜游的休闲度假旅游城市。

从实践的角度，以城市（镇）为全域旅游目的地的空间尺度最为适宜。全域旅游追求的境界是不断提升区域内城乡居民的幸福指数、游客的快乐指数。通过"全民共建+全民营销+全民共享"机制，构建主客共享的旅游目的地，实现旅游精准扶贫、旅游惠民、旅游便民、旅游富民的目的。

(四) 全域旅游的理论基础

全域旅游的实践不仅要结合现实情况开拓思路，更需要完善、成熟的相关理论进行支撑，以真正实现全域旅游理念的落地。

1. 旅游空间结构理论

根据地理学对区域空间的理解，一定的区域可以通过最佳组织，形成最佳空间结构，达到最佳发展。同样，对区域旅游目的地空间组织结构的研究成为认识区域旅游资源组合、合理组织区域旅游产品线路、综合安排区域旅游开发的基础和核心。旅游空间结构理论主要由以下几个方面构成：

（1）增长极理论。增长极理论最初由法国经济学家佩鲁提出，后来经济学家布代维尔、弗里德曼、缪尔达尔、赫希曼分别在不同程度上进一步丰富和发展了这一理论。该理论的主要观点是，一个国家或地区要实现平衡发展只是一种理想，在现实中是不可能的，经济增长通常是从一个或数个"增长中心"逐渐向其他部门或地区传导。增长极具有计划和辐射效应，一般来说，在区域发展的初级阶段，极化效应是主要的，当增长极发展到一定程度后，极化效应削弱，辐射作用加强。

（2）核心—边缘理论。弗里德曼将增长极理论向动态化、系统化发展，提出了"核心—边缘"理论模式。该理论试图解释一个区域如何由互不关联、孤立发展，变成彼此联系，发展不平衡，又由极不平衡发展变为相互关联的平衡发展的区域系统。区域旅游基本上具有核心和外围部分，而且旅游地域规模级别和层次越高越明显，这是由旅游资源地域分异规律所决定的。显示了旅游区域的旅游资源得以优先开发，旅游基础设施优先建设，旅游客源基础比其他区域良好，该区域往往形成旅游空间集聚态势。随着旅游空间集聚的累计发展，这类地区旅游经济发展会比其外围区域强大且具有明显的竞争优势，即形成一定旅游地域空间上的旅游中心。由于旅游中心的存在，外围地区的旅游集聚发展受到了抑制，其旅游发展相对滞后，而不得不依赖于它的旅游中心。旅游中心之间空间竞争的存在形成了旅游外围腹地的空间层次，进而形成旅游核心—边缘的空间结构。

（3）"点—轴系统"理论。"点—轴系统"是陆大道先生以克里斯塔勒的中心地理论、哈格斯特朗的空间扩散理论和佩罗克斯的增长极理论为基础，通过对宏观区域发展战略的深入研究于1984年首次提出。这里的"点"是各级中心地，即各级中心城镇，是各级中心区域的集聚点，也是带动各级区域发展的中心城镇。"轴"是由交通干线、通信干线、能源输送线和水源干线连结起来的"基础设施束",对附近区域有很强的经济吸引力和凝聚力,而轴线上集中的社会经济设施通过物质流和信息流对附近区域有空间扩散作用。空间扩散是由社会经济空间结构不均衡引起的,由于存在着"梯度"和"压力差"就会形成空间扩散,扩散的物质要素和非物质要素作用于附近区域,与区域生产力要素相结合形成新的生产力,推动社会经济发展,最终导致区域空间结构均衡化。

旅游空间"点—轴系统"理论的核心是:旅游经济客体大都在旅游节点上集聚,通过旅游交通线路与旅游线路而连成一个有机的旅游空间结构体系。旅游"点—轴"渐进扩散的结果,将形成旅游点—旅游轴—旅游集聚区的空间结构。

(4) 旅游中心地理论。克里斯塔勒的中心地理论认为,旅游中心地是供给中心吸引物职能的布局场所,以旅游中心地为中心的市场分布区域称为中心地的市场腹地,也可称为市场区域或中心地区域。在中心地,中心吸引物的供给容量有剩余,而在中心地的周围区域则缺少可替代的吸引物,中心地中心吸引物的剩余部分便用于提供给周围区域的中心吸引物的短缺,供给与需求均衡时的区域范围成为市场腹地的范围。

旅游中心地是供给中心吸引物职能分布的场所,中心地是旅游活动的重要节点,呈现等级规模差异。根据中心吸引物服务范围的大小,可将其分为高级中心吸引物和低级中心吸引物。具有高级中心地职能布局的中心地称为高级中心地,反之为低级中心地,二者之间还存在着一些中级中心地,其供应的吸引物和服务范围介于两者之间。旅游中心地的等级性表现在每个高级中心地都属领几个中级中心地和更多的低级中心地。当地居民的文化休闲活动在低级中心地就能基本满足,但如需获得较高级的文化旅游体验则需前往中级或高级中心地。决定各级旅游中心地产品和服务供给范围的重要因子是经济距离,主要由旅行费用、旅行时间、体力的消耗、旅游者的行为特征等因素决定,因此交通发达程度对中心地的形成与发展意义重大。

2. 区域协同发展理论

协同发展理论源于协同学,由德国著名理论物理学家赫尔曼·哈肯提出。协同学是研究开放系统通过内部的子系统间的协同合作形成宏观有序结构的机理和规律的学科,是组织理论的重要组成部分。哈肯认为,通过子系统之间的相互作用,整个系统将形成一个整体效应或者一种新型结构,这个整体效应具有某种全新的性质,而这种性质可能在子系统层次是不具备的。哈肯指出,系统内部各变量之间的支配关系是协同学的基本原理。对一切系统都使用的旅游系统是一种特定的系统,旅游发展的宗旨是可持续发展,其关键是旅游系统内部各子系统之间的协调、合作、互补和同步,因此它们的相互作用和协同运动可以推动旅游地域系统的一体化进程,促进旅游地旅游协调、快速、持续发展。

区域文化旅游协同发展是从旅游的经营规律和特点出发,跨越行政区划的限制,充分发挥各地区文化旅游的优势、特色,精心组织旅游线路和产品组合,共享客源市场,逐步形成相对发达的旅游区域。它一般有两种方式:一种是邻近区域的结合,共同形成一个旅游区域;另一种是以产品及线路的组合形成旅游区域。而"组团发展模式"是区域旅游协同发展的两种发展方式的有机结合,是都市圈各地方旅游业参与市场竞争、实现联动发展的有效途径。因为这种发展模式有利于造成一个良好的发展局面,便于形成全区域统一大市场。

3. 系统论

美国著名的生物学家贝塔朗菲发表了著名的《一般系统理论基础、发展和应用》,标志着系统论真正作为一门学科的成立。贝塔朗菲指出,一个系统是各个部分的有机组合,而不是简单叠加,因此,一个系统除了包含各个部分之外,还具有其他系统所不具备的性质,这种性质的生成就是有机组合的结果,也是该系统区别于其他系统的最主要特性。另外,也正是由于系统是在一定条件下形成的,因而其具有单个部分所不具备的性质。系统论认为,整体与部分之间是辩证统一的关系:系统离不开部分,系统由每一个部分构成,缺少任何一部分都不足以形成原系统,缺少部分后其表现的特性也会产生差异,甚至出现相反的特性;同时,部分也不能脱离整体,部分包含于整体之中,其隶属于整体,因而不可分离于整体而存在。系统论立论的出发点是"整体"性思想,其强调的是整体特性的存在所具有的优越性,系统论以一定的科学技术方法定量描述整体性功能,形成一定的理论分析与模型构建的基础。

全域旅游的发展必须突出整体性概念，系统内部子系统之间关系的好坏直接影响到整个区域旅游效益的发挥，因此在系统论指导下的全域化旅游建设，首先要在区域内部协调好各个环节间的关系，站在区域整体性的角度对区域旅游进行整体谋划，保证区域旅游发展的开放性与科学性。

4. 旅游产业相关理论

（1）产业关联理论。产业关联是指产业之间以各种投入品和产出品为纽带的经济技术联系及其联系方式。产业关联理论是从量的角度对产业之间联系的考察，多利用投入产出表及建立在此基础上的各种指标和分析工具，对产业之间的结构比例、关联效应和波及问题进行分析的重要理论。产业关联理论侧重于研究产业之间的中间投入和中间产出之间的关系，能很好地反映各产业的中间投入和中间需求，这是产业关联理论区别于产业结构和产业组织理论的一个主要特征。在此基础上，还可以分析各相关产业的关联关系，产业的波及效果等。

旅游产业的经济关联由旅游产业关联方式、关联分析和关联度等内容构成。旅游产业关联方法是指旅游产业与相关产业或部门发生联系的依托或基础，以及产业之间相互依存的不同类型，是分析产业关联程度的切入点或分析依据之一。旅游产业关联度较高，通过旅游产业的辐射效应与乘数效应，可以带动其他相关产业发展，使其成为核心产业并具有重要作用。根据国际上的研究，旅游涉及国民经济的109个产业，按国内的实际操作，旅游涉及39个部门，对与之关联的建筑、交通、饭店、餐饮、娱乐、商贸、工艺美术以及工农业的许多行业都具有直接或间接的带动作用。同时，旅游产业具有创造增量的特性，使其发展主要依靠创造增量，而不是争夺存量，可使旅游业的各个相关部门、相关行业锦上添花，成为构建和谐社会的融合点。

（2）旅游产业整合理论。整合是将两个或两个以上的要素通过相同点或相异点的有效组合、重组直至融合、共生，使现存共有资源达到良性组合的最优化状态，即通过动态的综合使其系统更加完整与和谐。因此，整合的过程和结果是现代市场资源的充分发挥与合理配置。产业整合实际是产业链的并购重组，产业整合的本质是以企业为主体，以产业为构架，促进产业优化发展。旅游产业整合是指以旅游企业为主体、以产业为框架的市场整合，对旅游产业和相关配套支持产业进行资源的合理配置、优势互补，使其相互协作，创造出比单一产业更大的协同效应。其目标是获取更好的经济效益、社会效益、环境效益，提高旅游产业竞争力，推动旅游产业健康发展。

旅游产业整合路径包括前向整合与后向整合。旅游产业的前向整合既包括对上游产业的整合，也包括对外部环境的整合。旅游产业对上游产业的整合主要通过市场机制的自组织行为完成。旅游产业外部环境整合重点关注旅游产业的运行环境，主要包括法制环境、政策环境、认知环境等，这些环境属于旅游产业不可自主的外生变量，需要借助政府的力量进行整合。旅游产业的后向整合也是旅游产业的内部整合，旅游产业内部整合主要包括旅游产业结构整合、旅游产业内各主要行业内部结构整合、旅游产品整合、旅游区域布局整合、旅游营销整合、旅游信息资源整合等。

（3）旅游产业集群理论。产业集群是美国学者迈克尔·波特1990年在《国家竞争优势》一书中正式提出的。其定义为：在特定领域中，一群在地理上邻近、有交互关联性的企业和相关法人机构，并以彼此共通性和互补性相联结。但波特同时也认为，产业集群的适当定义要视该产业所处的竞争区间以及所应用的战略而定。旅游产业集群（Tourism Industry Clusters）是指以旅游为主导，由旅游带动或与旅游活动相关的上下游产业和横向相关产业组成的产业体系与产业群体的聚集及集成，这个集群由旅游核心产业（旅游产业本身）、旅游相关产业（为旅游产业提供基础支持主要体现为纵向联系的产业）和旅游支持产业（为旅游增加体验消费型产品主要体现为横向联系的产业）三部分构成。简言之，旅游产业集群是以旅游业为龙头，以旅游消费需求为驱动力形成的产业集群。

旅游产业本身的强关联是形成产业集群的内在动力，其作为一个连接旅游主体（旅游者）和旅游客体（旅游对象）的产业，涉及众多行业和部门，这些相关联的行业、部门的共性使它们在同一的地理区域范围内聚集，由此促进旅游产业集群的形成。旅游产业集群是由围绕特定区域的旅游核心吸引物而聚集的与旅游市场和旅游活动密切相关的旅游核心产业、旅游依托产业及各种旅游组织和相关辅助机构等形成的。一般来说，旅游产业集群的构成要素可以分成三个层次：第一层是旅游产业集群的核心层，即旅游核心吸引物；第二层是旅游要素供应层，在旅游资源外围聚集着旅游行舍、饭店、宾馆、交通运输、商品零售、娱乐设施等服务性质的旅游相关产业；第三层是相关辅助层，由旅游支持产业及各种旅游组织和相关辅助机构组成，包括目的地基础设施和公共服务。

三、全域旅游发展逻辑及重点

（一）全域旅游发展的市场逻辑

实施全域旅游发展战略是资源优化、服务优化、平台优化、管理优化和利益优化的需要；在中国的发展环境下，全域旅游从地方探索和学术研究中走出来，成为一项全国性的战略部署，并非地方官员或院校学者的功劳，而是有赖于我国的行政动员与管理机制。没有这套机制，大抵很难出现学术概念和战略对策成为全国性实践的可能。同时，如果完全依赖这套行政机制，完全借助行政资源甚至压力推行全域旅游战略，其前途命运也令人担忧。因此，从研究的角度看，我们有必要从市场逻辑的视角来更客观地看待全域旅游发展的问题。只有在市场内生动力的支撑下，全域旅游发展战略才有美好的未来。

1. 全域旅游发展战略是资源优化的需要

在旅游业转型发展的新阶段，最经常被提及的就是旅游业所面临的需求变化，这既包括旅游需求急剧膨胀，大众旅游时代正在到来，也包括旅游需求的个性化特征凸显，"萝卜青菜各有所爱"的现象比比皆是，每一个目的地的要素都可能成为旅游者的兴趣点。这种发展态势要求我们寻求更多的资源以满足市场的需求，重新发现要素的价值并适应个性的需求，这迫使我们去不断突破资源的框架限制和资源的价值限制，资源无框架的结果是资源的

共享经济、全域旅游与旅游业

全域化,就是全域旅游发展的全要素基础。在旅游业转型发展过程中,在休闲度假需求不断涌现的过程中,我们可以清晰地发现,能够吸引游客的已经不再是单纯的具有震撼力的景观,还包含那些独具浸润力的环境。当气候、空气、生态等成为人们向往的差异化存在,甚至异质空间的宁静也成了一种吸引,当人们为了感受异于城市喧嚣的那份宁静来到乡村并推动着乡村社会经济变革的时候,当乡村的风水田园、鸟叫虫鸣、荒废民居都成了城里人追捧的对象时,我们有什么理由怀疑,任何放对了位置的要素都可以成为旅游发展的资源?资源遍在性(Universalitas)不正是全域旅游的重要组成部分吗?

2. 全域旅游发展战略是服务优化的需要

旅游消费转型的重要特征就是出行模式从团队出行更多地转向散客出行。与团队游客被规范在典型节点和线路上的空间分布特征不同的是,散客出行的路径和空间分布更多地跳出了传统的节点和线路,更广泛地展开。在旅游产业实践中,很多传统旅游环境下默默无闻的旅游目的地之所以能够一夜爆红、广为人知,就是因为那些"不走寻常路"的驴友、散客的探索与发现。旅游空间的无框架必然要求旅游服务供给的遍在性,与传统上围绕团队游客点线旅游相适应的节点式服务供给模式也必然要让位于与散客化广域旅游相适应的全空间式服务供给模式。这种全空间、遍在性的旅游服务供给也不能依赖传统的物化的、以物理空间为载体的供给模式,而是需要通过不断创新,突破物理空间约束,尝试着更多地通过虚拟空间尤其是借助移动智能终端设备提供各种各样的服务;不能依赖于传统的公共化的服务供给模式,而需要通过不断创新,尝试着更多地通过公益供给与商业供给相协同的目的地公共服务供给。空间无框架、服务遍在性难道不正是全域旅游的要求吗?

3. 全域旅游发展战略有平台优化支撑

无处不在的需求和无孔不入的供给之间如果不能得到有效的供求匹配机制的支撑,那么供求双方都无法在市场上找到对方,旅游市场的交易也无法达成,全域旅游发展战略就成了一句空话。伴随资源遍在性的一定是旅游消费的遍在性,旅游消费的遍在性必然要求交易实现的遍在性。这种遍在性就要求有更多更扎实更接地气的交易平台的支撑，而互联网尤其是移动互联网的发展为交易平台的出现和良性发展提供了很好的技术基础，在线消费习惯的形成为平台的创新与优化提供了良好的市场基础。未来的旅游消费必将更加频繁和广泛地受到技术变迁的影响，尽管我国当前旅游消费的在线渗透率与发达国家相比仍有较大差距，但通过在线旅游平台购买完成旅游行程必将成为重要的市场趋势。

4. 全域旅游发展战略是管理优化和利益优化的必然

从管理上看，由于旅游的综合消费特征以及大众化旅游时代的到来，促使面向巨量流动的旅游市场的监管系统机制进行调整，游客不可能都在传统的行政管辖范围内流动，行政无框架必然带来管理遍在化的要求，需要基于游客流动规律和要求，融合与改善更多的行政管理资源。这自然衍生出了全域旅游在管理体制改革方面的要求。从利益上看，由于旅游者流动范围的扩散和"无序"，使得旅游业的发展涉及更多的利益相关方，利益相关主体的多元化、复杂化必然体现在对旅游业发展的利益诉求的变化。在这个过程中，我们不仅要保证旅游者的利益，同时也要采取切实可行的措施保障包括旅游地居民在内的各个利益主体的相关利益，需要在旅游业发展过程中提升和配置更多利益，在做大旅游业"蛋糕"的过程中保证各利益主体的利益共享与增长。这也是当前全域旅游发展倡导主客共享理念的背后逻辑。

（二）全域旅游发展重点

1. 休闲化发展

全域休闲是全域旅游的应有之意。如果没有休闲度假，而是停留在观光旅游一枝独秀的阶段，就不可能有真正的全域旅游，我们也不能希望处处都是景点。实际上，全域旅游的战略正是在休闲度假需求迅速崛起、大众旅游时代蓬勃发展的大背景下提出来的。当然，不可能处处是景点并不意味着这些地方不能搞休闲性开发。相较于观光资源强调震撼力，休闲更多强调舒适性、浸润力，而这种休闲度假所依托的往往是目的地的自然环境、社会氛围、宜人气候和优良生态。这些休闲度假最重要的本底恰恰具有无处不在的特性，这为全域旅游发展战略提供了空间性支撑。

共享经济、全域旅游与旅游业

在全域旅游的休闲化发展过程中，可以考虑着力处理好三个方面的问题：

第一，要坚持休闲发展的规模化、体系化、氛围化和共生化。休闲度假设施往往强调差异化、小尺度，因此需要推动休闲度假设施在空间上的相对集中，以空间集聚的方式提升市场吸引力；要逐步形成包括休闲社区、度假区、中央休闲区、休闲城市等在内的休闲体系；从休闲度假空间感知而言，需要用特色符号来增加空间的界限感，让人们可以非常方便地将非休闲度假空间与休闲度假空间进行感知上的区分；要通过高素质服务人员的配置、高科技服务手段的使用以及人性化服务项目的供给，提供各种便利的休闲消费服务；需要从服务质量、服务态度、服务效率、服务意识方面进行全方位规划，突出休闲服务中的用心服务、专业服务，从而提供一个具有家园感、自由、无拘束、无障碍的休闲环境。

第二，要积极推进休闲发展的综合标准化。标准是一种重要的信号机制，会在很大程度上影响消费者的选择。我国已经出台了一系列与休闲相关的国家标准，如果能够积极推动休闲标准在目的地空间的落地，将对全域旅游战略的地方实践产生积极的作用和影响。

第三，要处理好休闲形式与休闲内容之间的关系。现在很多地方在发展休闲度假时，关注的焦点和工作的重点往往在休闲形式上，对内容的把握并不完善。比如现在各地都非常重视自驾游，没有很好理解自驾游核心在于"游"，而不是"自驾"；如果自驾游缺失了"游"的氛围、要素和设施，那就是"开车"而已，只是交通工具的调整，而不是自驾游；如何完善自驾游相关的辅助供给与服务，让游客别着急"赶路"，学会"感受路上的风景"，是一个需要深入思考的话题。

2. 网络化发展

全域旅游发展一个很重要的工作就是"串珠子"，通过合适的路径将分散在目的地空间内的各种资源、设施、服务、产品串联起来，形成目的地旅游的网状整体。其中，最重要的"串珠子"的"线"就是道路交通网络和信息通信网络。只有建成四通八达的道路网络才能解决全域旅游游客的进入问题、进入目的地后的空间分散问题，只有通过发达的道路网络才能保证每一个游客能够到达目的地的每一个供给空间和目的地空间的每一个供给主体。

只有建成互联互通、移动高效的网络系统，才能真正通过共享经济模式重新配置、整合目的地的闲置资源，提升目的地的资源配置效率；只有通过发达的互联网络系统，才能借助线上旅游交易平台，更有效地解决好全域旅游发展中每一个产品的销售和每一个需求的实现问题。

同时需要引起注意的是，全域旅游发展战略绝不仅仅是增量问题，不仅仅是为了满足市场需求、增加新的旅游供给，更重要的是处理好存量问题，比如通过共享经济模式优化旧的旅游供给，让旧的旅游供给能够在新的需求市场找到价值实现的新空间、新路径。既要用大数据优化增量的针对性，也要用大数据优化存量的价值实现，从整体上提升资源供给与资源需求之间的匹配效率。从这个角度看，当前广受政府部门重视的自驾车旅游的发展，所要做的工作就不能局限在自驾车营地、房车营地等项目的建设上，而是需要更多地考虑如何将自驾游廊道辐射范围内的已有资源充分利用起来，包括通过自驾游的发展重新激活农民屋的价值，为乡村丰富的物产输入新增的市场需求等。

3. 平台化发展

全域旅游战略是我国旅游业发展转型升级的重要举措，同时也将推动旅游景区、住宿企业等旅游企业的转型发展。在这个过程中，我们必须客观冷静地思考：在休闲化、全域化时代，旅游景区的位置会不会有被边缘化的危险？标志性景区与非标志性景区的命运会如何分化？未来的所谓景区跟现在的景区形态会有什么差异和变化？

全域旅游显然不是一盘散沙，而是貌似无序中的有序，貌似无中心的中心化，那么旅游景区也好、住宿企业也好，应该如何实现再中心化的目标？在速度经济时代，讲究的是通过快速迭代来适应市场、赢得竞争，轻资产化、构建网状的企业生态和价值网络就成了企业运营的重要选项。在这种情况下，企业很容易形成分化，有一部分需要成长为平台型企业，有一部分需要向演员式企业方向发展。同时，在企业发展分化的过程中，如何处理好价值网络中的模块化形式存在的产业供给与市场网络中的整体性体验存在的产品需求之间的矛盾，也是全域旅游发展战略需要面对的课题。

4. 二元化发展

全域旅游不仅要重视物化资源所有权,还要重视非物化资源所有权及其所有权益的实现,需要开放更多的旅游空间、经营空间,开放更自由的经营权限和工商管制。这使得全域旅游需要重视景和境二元发展问题。景是全域旅游发展所需要的,因为全域旅游依然有观光旅游,震撼力的景观依然是市场所需要的;境更是全域旅游发展所需要的,因为全域旅游将突出休闲度假,浸润力的环境更是市场所追求的。曾引起广泛关注的"草原天路"收费事件所折射的深层次问题也与此密切相关:旅游者所需要的不是简单的交通道路,而是两边有着迷人风景的道路,而路边的风景是有主人的,如果不考虑这些主人的利益,那这些风景的主人完全可以自主处置这些风景而不需要顾及道路的主人(即政府)的政策考虑,那样的话,"草原天路"还会有吸引力吗?反过来,只有在"草原天路"开发过程中,充分利用好沿线村落、乡村古建、乡村民俗风情、乡村的乡愁意境,才是"景境双全"的全域旅游。

在坚持全域旅游"一盘棋"规划建设中,还必须重视以下几点:

第一,坚持旅游资源的公共属性。扭转对山系、水系等地理单元进行的封闭式、碎片化景区开发,逐步实现公共旅游资源的整合化、开放式管理,集中供给公共旅游休闲产品,以此加强旅游目的地的吸引力,扩大有效旅游容量和增进国民旅游休闲福利。

第二,落实旅游产业差别化用地。将旅游基础设施和重大项目发展用地作为专项类目,列入土地利用总体规划。积极利用低丘缓坡、滨水地带、矿产采空区、滩涂用地等,鼓励对其他产业门类的发展用地进行旅游增殖符合利用,充分盘活土地资源。

第三,强化旅游产业的带动效应。通过"旅游+产业融合探索,引导旅游业与其他产业门类联动,实现对土地、资金、技术、人才等生产要素的高效集聚与共享利用,推动更具可操作性和可持续性的旅游业态、产品与服务创新。

第四,实现公共设施和服务体系均质化。为全域旅游景区和城乡社区配置均质化的旅游公共设施、服务乃至景观体系,在保障游客享受品质如一的旅游接待服务的同时，兼顾改善旅游目的地的宜居环境，特别是提升农村旅游社区的发展能力。

第五，统筹规划和管理以保障实效。全域旅游是对给定行政区划内旅游发展时空体系的统筹安排，必须构建层次清晰、承接有序的规划和管理体系。应以全域旅游为契机，进行旅游主导下的"多规合一"与"部门协作"的有益探索。

全域旅游的本质是泛旅游产业的差异开发和集聚落地。在全域旅游的开发中，要达到能和都市旅游并举、全面发展的发展目标，必然要求是以特色旅游为核心的现代服务业的集聚发展。通过旅游业的催化，促进本地旅游规划资源和特色产业的市场化开发，促进地方农业和工业的现代化转型与升级，促进第三产业的迅速发展，最终形成泛旅游产业的集聚化、规模化和特色化建设。

特别需要说明的是，对"全域"两个字必须有一个正确认识和理解。"全"不是指全部，"域"不只是空间，"全域"不是"全能"，全域旅游不是全面开花，更不是"村村点火、户户冒烟"，而是一种在旅游发展过程中，在新时代面临诸多旅游问题的时候，应该采取的一种新的发展理念。正确理解全域旅游，应避免陷入一些认识误区。正如国家旅游局局长指出的那样：

第一，推进全域旅游并不是到处建景点景区、到处建宾馆酒店，恰恰相反，全域旅游更加关注景点景区、宾馆酒店等建设的系统性和规划布局的合理性。

第二，推进全域旅游并不是到处进行旅游开发，而是强调旅游发展与资源环境承载力相适应，通过全面优化旅游资源、基础设施、旅游功能、旅游要素和产业布局，更好地疏解和减轻核心景点景区的承载压力，更好地保护核心资源和生态环境，实现设施、要素、功能在空间上的合理布局和优化配置。

第三，不是所有地区都有条件在近期实行全域旅游，全域旅游要分步推进，切不能"搞运动"，不能"刮风"。有条件建设全域旅游示范区的地区，一般应具有几个"主"的特点：区域内有明显的旅游主打产品，旅游资源禀赋高，旅游产业覆盖面广，旅游业有优势成为该区域的主导产业、主体功能、主打品牌。

第四，推进全域旅游要因地制宜，突出特色，不可简单复制、粗暴克隆。百花齐放、丰富多彩是全域旅游的魅力所在。既要进行顶层设计，出台创建标准，更要鼓励各地的首创精神，避免千城一面、千景一格、千点一味、千域一样的呆滞状况，要形成色彩斑斓、百花争艳、各具特色、生动活泼的现代大旅游格局。

第五，全域旅游不可无序而为，一哄而起。要通过重点创建全域旅游示范县（市、区）、全域旅游示范市（州）、全域旅游示范省（区、市）进行示范引导。理论上讲，全域旅游在空间上不应局限于行政区划，既可以是省、市、县、镇、村，也可以是跨行政区划的旅游区域、经济区域。但为了更有效地整合资源推进发展，这个阶段有必要鼓励重点创建旅游示范省（区、市）。

四、全域旅游发展模式

（一）全新的休闲旅游模式

传统旅游模式以景区景点为依托，分布相对分散，内容特质不集中，游客疲于奔波，旅游成为游客的一大生理负担；而全域旅游弱化景区概念，强调休闲品质。休闲自古有之，其含义有两个方面：一是消除生理疲劳，二是获得精神的慰藉；休闲上升到文化范畴则是指人的闲情所致，人们在休闲过程中享受到的文化创造、文化欣赏、文化建构是人们生存状态或生命状态的一种体现（见图4-2）。全新的休闲旅游模式是与人们工作生活压力大，满足更多的精神需求紧密相关。所以，全域旅游是有效地把生态休闲和文化享受融为一体。

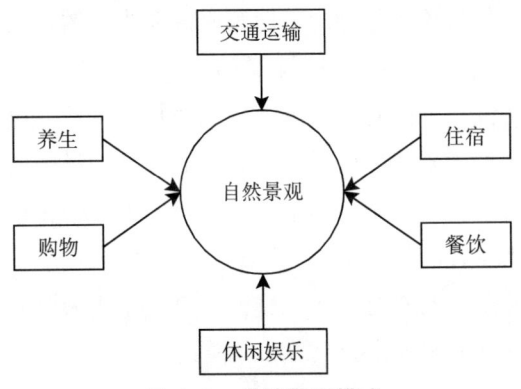

图 4-2 传统景观模式

(二) 全新的旅游景观模式

根据国家旅游局 2003 年颁布的《旅游规划通则》，旅游资源是人类社会活动的场所和旅游活动的吸引物。凡对旅游者产生吸引力的自然物，都可以被旅游业开发利用，并成为经济效益、社会效益和环境效益的各种事物现象和因素；西方国家把旅游资源称为旅游吸引物。与我国普遍的认识不同，它不仅包括旅游地的旅游资源，还包括接待设施和优良的服务，以及舒适快捷的交通条件。全新旅游景观模式是借鉴了西方的观点，同时结合中国的景观特色，打造资源全域化发展的新路径，体现吃、住、行、游、娱、购等全方位发展基础上满足人们多方位的需要。如图 4-3 所示。

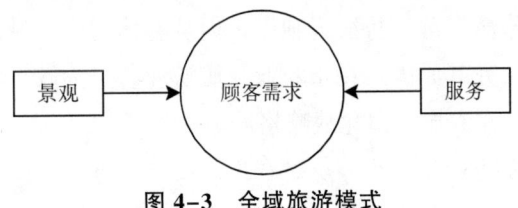

图 4-3 全域旅游模式

(三) 城镇化的旅游产业模式

城镇化是城市化发展的结果，城镇化是城乡创造性发展的途径，是随着一个国家或地区社会生产力的发展、科学技术的进步以及产业结构的调整，其社会以农业为主的传统乡村型向工业和服务业为主的现代城市型转变的历史过程。根据中国统计局数据，我国2013年城市化率为54.77%，且呈逐年上升趋势，也就是说，中国有一半以上的居民从事第二、第三产业工作，如此庞大的人员数量为旅游业发展提供了强大的人员和设施的保障。同时，旅游是一种求异探新的活动，是对惯常生活环境的逃离和转移。如今越来越多的都市人将旅游焦点转向郊外农村，但此时的郊外农村已不是传统意义上的农村模式，而是城镇化的农村模式。这种人口流动成为全域旅游活动的助推器，也是我们要打造的城镇化的旅游产业模式。

五、全域旅游实施途径

围绕全域旅游发展概念理念，积极谋划全域旅游发展新思路：全面规划，提速推进旅游重大项目建设；超前谋划，在时间全域旅游发展道路上探索奋进。

（一）构建农旅一体化为架构的发展格局，实现全域协调发展

全域旅游强调不同区域的协调发展，并提出要改变景点景区的小旅游格局，将一个区域作为整体进行规划建设，从而实现景点内外一体化的大旅游格局。有些地区旅游资源优势得天独厚，但从整体看，区域发展不匀衡并有两极分化的迹象，究其原因，在于农业与旅游业各自为政。因此，应以区域协调发展为目标构建农旅一体化战略格局。

1. 以产业融合为途径，统筹规划农旅产业新格局

全域旅游强调旅游业作为优势产业的带动作用，旨在通过优势产业的带动来实现全域发展。例如，农业和旅游业是演丰镇的两大支柱产业，基于资源的地域分布基本形成了沿海旅游业、内陆农业的产业格局。由于产业之间的割裂，导致区域发展出现不协调的局面，因此应通过产业融合构建新的产业格局。

（1）划定农旅融合区。随着人们旅游需求的多元化，自然的田园景观、纯朴的民俗文化、原始的农事生产活动等农业资源逐渐成为新的、重要的旅游吸引物。加之旅游业本身具有关联性高和综合性强的特征，农旅融合有其必要性与必然性。在原有的农旅二元格局的基础上，结合资源、交通和基础设施等分布情况，拓展出农旅融合区，如图4-4所示。

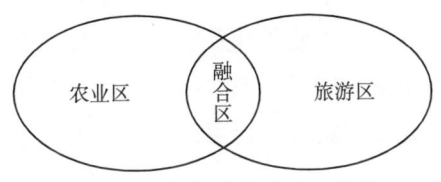

图4-4 农旅融合关系、界线

（2）保留非融合区。产业的融合必然带来地域上的延伸，但全域旅游不是全域开发，也不是全域景区。这意味着旅游业不可能完全取代农业，或者说不可能与农业完全融合。具体原因如下：

其一，从资源的空间分布看，旅游资源尤其是自然旅游资源主要分布在沿海片区，农业资源尤其是耕地资源主要分布在内陆片区，这在一定程度上限制了农旅融合的全地域覆盖。

其二，从旅游业对农业产生的影响看，农旅融合后会不可避免地引致土地用途的变化，如为了追求经济效益，种粮会变为种果、种草、种花等，另外驿站、办公等旅游设施用地也需要一定数量的农地变为建设用地，因此农旅融合的规模若不加以有效控制，农地非粮化、非农化就会愈演愈烈，最终旅游业不仅会对农业造成一定的冲击甚至是威胁，而且农旅之间也会由原先的各自为政演变成对立的关系，这违背了全域旅游的初衷。

其三，从农业的战略地位看，农业作为一个国家或地区国民经济基础产业，因其粮食生产功能的不可替代性决定了其主体地位的不可动摇性，地方政府必须完成基本农田保护率达80%以上的任务，从这个角度讲，农业也不可能完全被旅游业取代。

因此，要合理地界定融合区与旅游区和农业区的位置与范围。

共享经济、全域旅游与旅游业

2. 以全域发展为导向，建立农旅联动发展机制

通过农旅融合实现产业格局的转变。在农旅融合区，旅游业和农业能够形成互促共赢的关系，从而实现"1+1>2"的效应。在农业区，农业作为主导产业，尽管近几年国家出台了一系列惠农政策，但实际上未能彻底改变农业的弱势地位，其带来的经济效益远不及旅游区以及融合区。因此，拉动农业区的发展是全域发展的重中之重。事实上，在保留农业区的同时，实际是农业区为了公共利益的需要让渡了其发展的权利与机会，结果造成了农业区与非融合区因为土地用途不同而带来的利益悬殊。因此，在农旅一体化发展的战略架构下，不仅要发挥旅游业的主动融合作用，还应建立旅游业与农业的被动反哺机制。

（二）从地域范畴来说，"全域旅游"应注重主体性和多样性

1. 通过设计旅游主题将域内景点加以创意性关联

在地理范畴的"全域"概念，即在地理区域范围内实现"到处是风景"的目标。建议通过全境风景的衔接与联系，打造整体旅游产品。从地理全域的角度思考，笔者认为应该抓"线路"，通过主题把线路串起来。用旅游主题串联线路的关键是景区分类的细化——依据景区的特点属性将同类的划到一起，这样便于景区打包。比如境内有奇山峻岭，可以在春季设计"山花之旅"、夏秋设计"山野之旅"；境内有古庙古寺，可以设置"祈福之旅"；同时，可以利用旅游节会设计相关的旅游线路。总之，用规定主题的方法去划定路线，一方面会使旅游内容更为充实，更有指向性，便于游客市场细分；另一方面也能够延长旅游链条，扩大旅游收入。

2. 域内景区要形成百花齐放、错位发展的格局

域内不同地区要根据自身特点打造特色景观，同时也要纵观全局，避免旅游项目的同质化，杜绝照搬、杜绝雷同。要从全局的高度，规划旅游分区——自然风光游览区、民俗文化体验区、商业消费集散区等，每一个单独的区域呈现独特的韵味，同时与周边其他主题分区形成衔接。各分区或各主题内部的游览线路经过细化之后，便可以使旅游主题更加多样化，让游客选择空间增大。

（三）从产业范畴角度来看，"全域旅游"应注重融合性和辐射性

产业范畴的"全域"概念，即在风景的基础上打造"旅游+"。通过旅游牵动其他行业领域的协同发展，因此要做足传统的"吃、住、行、游、购、娱"六位一体，同时探索发展新兴的"商、养、学、闲、情、奇"六位一体。

（1）做足传统"六位一体"。传统意义上旅游业的六要素是吃、住、行、游、购、娱，也就是说，任何一个旅游项目要紧紧围绕六要素，才能形成一体化发展模式，这也是检验一个旅游地点服务完备度的基本标准。按照传统六位一体的要求，景区要积极发展旅游配套，以满足旅游服务的完整性。在六位一体的"大旅游"格局中，虽然没有硬性要求单一景区实现六要素的全覆盖，但要突出重点，发挥强项，在满足基本旅游服务的基础上增加特色旅游服务。从旅游服务的品质看，做足传统六位一体的基本要求是：吃要吃出特色、吃出意境、吃出回味；住要住得舒服、解乏，让客人流连忘返；交通要方便、快捷，途中有收获；游览要开心、快乐、有感悟；购物要有纪念性、有分享性，使购买者产生愉悦；娱乐项目要强调放松性、参与性和新奇性。传统"六位一体"的谋划，旨在以"感动游客"为目的，这个过程要彰显细节、注重民俗、彰显文化。

（2）探索新兴"六位一体"。新兴"六位一体"是指商、养、学、闲、情、奇。"商"即商务旅游，包括商务旅游、会议会展等；"养"即养生旅游，包括养老、养生、养心等健康旅游；"学"即研学旅游，包括培训旅游、修学、科考、拓展训练、夏令营冬令营、摄影采风等活动；"闲"即休闲度假，包括都市休闲、乡村休闲、度假等各种休闲旅游形式；"情"即情感旅游，比如婚恋、婚庆、纪念日旅游以及宗教祈福等各类满足精神需求的旅游；"奇"即探奇，包含诸如探险、探秘、新奇体验等探索性的旅游新形式。新兴旅游六要素是在传统旅游六要素基础上的旅游拓展需求，是一个新兴旅游领域，最容易激发产生新增长点，需要在发展全域旅游过程中不断探索和挖掘。

全域旅游需要打破城市或传统景区一枝独秀的旧格局，需要城乡联动全域打造独特的旅游吸引物和服务业态，多部门联动推动人力、物力、财力等

要素向农村配备，引导资源要素由城市走向农村。通过强有力地整合社会资源，实行"六化"，即社会资源旅游化、旅游资源无限化、旅游产品创意化、旅游产品形象化、旅游形象市场化、旅游市场信息化。旅游业是最具附加值的产业，通过全域大旅游乘数效应和关联联动作用，打破产业界限，融合第一、二、三产业，最终形成泛旅游产业的集聚化、规模化和特色化建设，凸显"全产业链融合拓展"效应。

（四）以主体功能分区构建完整推进体系

对于一个行政区域而言，全域景区化不仅会让游客拥有丰富的旅游体验，也会让当地居民享受更多的休闲生活。全方位带动生态产业发展，推动绿色经济崛起。全域旅游在打造全域景区时要注意突出区域特色文化主题，构建一套完整的推进体系，必须和整个城市的文化积淀、发展定位、都市特色等环环相扣。全域旅游，意味着这个城市拥有更完善的公共服务设施、更高的生活品质和更鲜明的城市特色。

在抓配套功能区建设时，应重视以下几点：

1. 设置旅游功能区

我国旅游业经历了以景区为中心，到以城市为中心，再到目的地城市全域旅游综合发展的转型升级历程。全域旅游以旅游业引领区域产业发展，在实践中应实现旅游产业的高度集聚，进而是实现产业集聚，同时还应对资源载体实现可持续性开发保护。按照区域科学发展的要求，对全域旅游经济功能进行分区，例如，全域旅游示范点主体功能区划建设，尤其是在示范点生态优势区域设置生态旅游功能区，以旅游业引导区域经济发展，像发展工业一样对产业要素进行集中，形成强大的产业链。要牢固树立全域旅游发展观，拉长全域旅游产业链。

2. 坚持产业融合发展

旅游业是大产业、大环境、大民生。发展旅游产业必须用大产业、大环境、大民生的理念来谋划。

在发展大产业方面，要以旅游为中心，整合休闲、农业、商业、文化、运动健康、养老等相关产业，围绕市场导向、需求导向统揽谋划文化传承创新和文物保护利用,大力推进绿色发展、循环发展和保护环境的生产方式,形成全新的旅游产业结构。要充分发挥旅游业在服务业中的龙头产业作用和对其他产业的关联带动作用,不断创新旅游产业发展模式,推动旅游产业由粗放型发展向集约型发展转变,由突出经济功能向发挥综合效能转变,由以景点建设为主向全产业链打造转变,延长产业链条,加快产业转型,做大做强旅游产业,切实把旅游产业作为推动国民经济战略性支柱产业和引擎产业来培育。

在优化大环境方面,要准确把握旅游业发展规律、城市发展规律和文化建设规律,围绕旅游产业发展统筹谋划交通枢纽建设、市政设施配套建设、智慧城市建设、文化文明建设等工作,推动城市功能完善和旅游产业发展有机结合、相互促进,把旅游元素融入城市建设的各个方面,按照"城乡即景、景即城乡"的旅游发展新要求,实施城乡景区化战略,把整个城市作为一个大景区来规划建设,发展全域旅游,用旅游的吸引力、亲和力、辐射力充实和提升城市硬实力。要加强旅游服务意识和观念,营造规范健康的旅游市场秩序,建立便捷的旅游资讯服务系统,构建诚信旅游服务及监管体系,以机制改革激活旅游产业发展活力,进一步丰富旅游产业业态,提高旅游产品品质,树立世界旅游城市的良好形象。

在惠及大民生方面,要把握旅游已日益成为人们重要生活方式的发展趋势,将旅游产业发展作为增加群众就业、提高群众生活质量的有效途径谋划推进。要以旅游的理念统揽谋划扶贫工作,通过旅游发展所需要的软硬环境建设,为广大城乡居民营造良好的生产生活环境;通过把乡村旅游和扶贫工作结合起来,实施乡村旅游富民工程,推动具备条件的村庄脱贫致富;通过大力发展城郊旅游、休闲旅游,促进城乡一体化发展。

3.发展新型旅游业态

为拉长全域旅游发展链条,大力发展乡村旅游、文化旅游、休闲度假旅游、生态旅游、养生旅游、研学旅游、商贸旅游、工业旅游、户外拓展运动等新型旅游业态。大力发展乡村旅游,开发一批拓展农业功能、传承农耕文化、适宜休闲旅游的产品;积极推进休闲农业旅游示范区建设,打造新的宜居、宜业、宜游环境,为群众创造更多就业机会;创新发展文化旅游特色产品；积极推进休闲度假旅游，依托大型旅游消费项目和旅游园区，加快建设生态休闲度假区，大力发展适合不同消费人群需要的休闲度假产品，建设适合多元化消费的休闲度假体系；打造时尚娱乐休闲旅游精品项目，积极发展生态旅游，要统筹协调，加快推进生态旅游的开发，加快生态旅游项目的建设，打造生态旅游品牌；探索发展研学旅游，开发利用特色教学、爱国主义教育、国学教育、科普教育资源，寓教于游，以适应中小学生的旅游求知需求。着力发展养生旅游、养老旅游，积极开发运动健身、温泉养生、森林度假、户外运动、红色旅游、乡村亲子教育、家庭旅游等多种适应形势发展的旅游新业态。

第五章 全域旅游与旅游业

一、全域旅游吸引物建设

全域旅游吸引物的建设是全域旅游发展的核心,是全域旅游发展得以实现的基础。全域旅游吸引物是将整个目标区域看作一个大的旅游资源,一是对该区域内部所有资源进行有效整合;二是加强城市旅游休闲功能,提升自身吸引力,并形成城乡互动机制;三是整体旅游景观环境营造,形成的综合性的全域旅游吸引物。

(一) 资源整合

旅游资源的有效整合是发展全域旅游的基础工作,整合后对区域旅游的空间结构、产品类型、整体形象具有重要的影响作用。旅游资源的整合主要有旅游资源的类型和等级整合、空间整合等内容。

1. 旅游资源的类型和等级整合

旅游资源的类型和等级整合是指对全区域旅游资源进行调查、重新评价和构建层次分明的资源等级体系的过程。重新确定主要优势资源类型;对各类旅游资源的价值重新评估,确定各种旅游资源的品位,构建整合后旅游资源的等级体系;与周边地区相比较,确定整合后区域资源的比较优势,筛选出区域旅游资源开发的重点和旅游发展的引爆点。

2. 旅游资源的空间整合

从全域整体的高度研究旅游资源的空间分布特征，及区内资源和周边资源的竞争和合作状况，重新进行旅游资源区的划分；打破行政壁垒，重新归整，对近距离的雷同开发旅游产品，能合并的合并，不能合并的，比较它们的优势，保留市场规模大、前景好的旅游资源，较差的旅游资源暂缓开发；突出世界级、国家级和省级等高品位的旅游资源的地位，以它们为核心，形成旅游资源开发的若干增长极。

（二）城市休闲游憩功能提升

城市在区域旅游发展中具有至关重要的作用，城市旅游是全域旅游资源的重要组成部分，通过城市的休闲游憩功能的提升不仅加强区域旅游吸引力，还能为城市周边区域旅游发展配套服务及支撑。

1. 城市休闲游憩功能

城市休闲游憩功能是指具有特定结构的城市休闲节点及其相互间的物质、信息和能量的集聚、极化、优化配置过程中，所表现出来的满足居民和游客身心愉悦、恬淡闲适、价值展现，以及城市休闲经营、城市人力资源再生产的属性、能力和效用。城市休闲节点包含休闲活动项目、休闲设施、休闲服务、休闲文化以及休闲组织管理等要素。

2. 城市休闲游憩功能提升

城市休闲游憩的功能主要表现为游憩项目的结构转换与休闲游憩设施的优化升级的过程及结果。提升城市休闲游憩功能主要有以下途径：

（1）城市休闲游憩功能结构转换升级。合理、有效地调整城市休闲游憩功能结构将会对休闲游客产生更强的吸引力，城市休闲游憩功能强度也将增加。城市休闲功能结构的转换升级包含有多层含义，如城市游憩空间的合理布局、城市休闲游憩要素属性的完善、城市休闲游憩功能比重增加、城市居民游憩功能比重增加、城市休闲教育功能的发育等都是城市休闲功能结构转换升级的具体体现。

（2）提高城市休闲游憩场所专业化程度。通过对城市休闲游憩资源的合理开发利用能促进城市休闲生产、休闲服务、休闲组织和休闲管理的标准化，提升城市休闲游憩场所专业化程度。

（3）加强政府的休闲产业管理意识。政府应有意识地组织城市休闲产业发展，并将其提供到城市发展目标、城市发展政策提高。只有通过政府对休闲功能的核心要素旅游功能的重视不断加强，才能使城市休闲产业不断转型、完善、升级。

（4）改善城市整体环境。城市的发展要不断满足人们对舒适、休闲、健康、安全和文明等最基本的文明生存的追求，才能为区域旅游发展提供基本环境。这意味着城市建设中应该重视其城市环境的改善，也意味着城市除了满足日常居民的生活工作基本条件外，还要有空气新鲜、绿地充足、日常户外游憩方便等舒适安全的生活环境的提供。城市整体环境的改善与城市休闲游憩功能需求是一致的。将休闲游憩理念融入城市建设中，将旅游业发展纳入城市产业发展规划，让整个城市成为休闲游憩场所。

3. 城乡协同发展

城市与城市周边地区旅游资源在量、质和结构上都能形成很好统一，更多地形成互补性的资源，避免近距离开发雷同项目，出现恶意竞争。旅游产品类型上相互补充，分工明确，实现产业要素的相互流动。

（三）旅游景观及环境营造

1. 旅游景观

旅游景观，是指旅游者通过视觉、听觉和嗅觉等，对特定的某一旅游时间和空间内具有旅游意义的自然、人文、符合物象及现象的感知景象。换言之，旅游景观主要包括区域中具有一定景色、景象和形态结构，可供观赏的景致、建筑和可供享受的娱乐场所等客观实体，以及能让旅游者感受、体验的文化精神现象，乃至该区域存在的优美的环境条件以及旅游接待服务等内容。

2. 全域旅游景观环境营造

全域旅游视角下的区域旅游发展是将整个区域看作一个"大景区"打造，对区域内旅游景观品质提出了更高要求。

但全域旅游景观营造并非对所有区域内地点都进行景观化建设，主要还是通过对区域内交通轴线两侧、重要节点景观、背景景观设计和建设,形成"处处有景,移步换景"的全域旅游景观氛围。

全域旅游景观环境营造主要有以下措施:

(1) 整体景观优化。将区域旅游景观视作一个整体生态系统,对生态系统内部各要素的布局和配置,实现人与环境、生物与环境、生物与生物、生态系统与生态系统、社会经济发展与资源环境、景观利用与景观方阵之间的协调。

(2) 打造多样性景观格局原则。结合旅游地自身条件,在合理利用现有生态资源、文化资源条件基础上,打造多样性的景观格局,其中包含:一是景观要素形态的多样性,即廊道、斑块形式多样、大小斑块相伴、宽窄廊道相结合;二是生物种的多样性,在旅游开发过程中注意保护所有生物物种及其遗传变异和生态系统的复杂性;三是自然景观、人文景观相结合打造出精品景观效果。但是,在追求多样性景观的同时,也要避免大规模人工建设,不刻意去追求如"万亩花海""万亩果园"等人为景观的效果。

(3) 加强环境敏感区保护。环境敏感区可分为生态敏感区、文化敏感区、资源生产敏感区和自然敏感区。环境敏感区域在景观建设过程中常常容易被忽视,而且由于其脆弱性,在开发过程中很容易被破坏。大多数环境敏感性资源属于不可逆变化资源,一旦失去稳定将给旅游景观的安全带来隐患。为此,旅游景观建设中应加强对环境敏感区的关注,在景观建设过程中加大对其保护力度,使其能够得到可持续利用。

二、全域旅游视角下的产业融合

旅游产业是一个关联度极强的产业,与众多国民经济相关产业密切联系。旅游与商务、文化、农业、教育、建设、环保、发改、体育、医疗卫生、金融、电信等部门的合作,加快发展旅游会展、旅游文化、旅游信息服务、旅游航运、旅游金融、旅游专业服务、旅游农业等产业融合的重点领域，可以加快培育新的产业空间，形成新的消费热点，可以形成新兴的交叉优势产业。实行旅游产业融合，既可以丰富旅游产品种类，满足多样化的旅游需求，又可以提升其他产业品质及经营效益，为加快旅游产业结构升级做出积极贡献。

全域旅游背景下产业融合是以旅游产业为核心，既是旅游六要素产业间的深度融合，又是旅游产业与其他农业、工业、文化业等相关产业之间的融合，如图5-1所示。

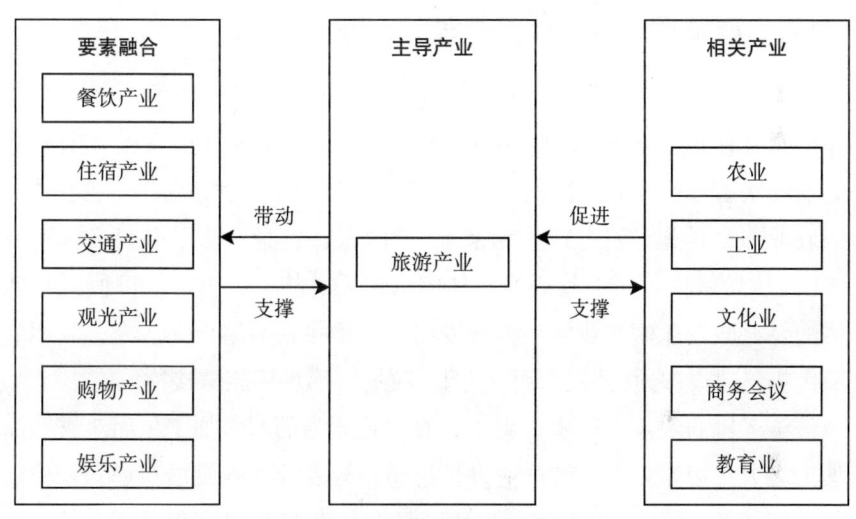

图 5-1　全域旅游产业融合机制

（一）旅游产业内部的融合

旅游产业直接相关的"食、住、行、游、购、娱"六大要素行业独立的存在于旅游活动过程中，随着经济的发展，人们精神需求的提升及对于旅游活动要求的提高，游客已不单单满足旅游目的地的吸引物、餐饮条件、住宿条件、交通条件等起重的某一项，必须要通过内部产业结构调整，产业转型升级，提供更优质、更满足市场需求的旅游产品，进行内部产业的融合发展是最佳途径。

我们通常把六大要素分开列出，但实际产业发展过程中六要素之间互相依存，互相影响。旅游产业的内部融合指旅游产业内部要素之间相互渗透、相互重组而形成的融合。在旅游业的内部融合过程中，通过计划性地重新组合旅游业内部各要素行业，打破旅游产业原有的产品价值链环节的表现形式或原有单一的产业组织形式，将各要素行业的核心增值阶段重新组合，构建出新的价值链，从而形成的新的融合型产品或产业组织形式，使得"食、住、行、游、购、娱"中的每一个活动都是吸引人们购买旅游产品的重要因素。

（二）旅游产业与农业的融合

以旅游产业融合为发展视角，以整合乡村旅游资源为手段，培育高端休闲庄园、休闲农场、度假村、体育公园、房车营地等新型乡村休闲旅游业态。加强旅游部门与相关部门通力合作，加快农业与旅游融合，建设"国家休闲农业与乡村旅游示范区及示范点""国家特色景观旅游名镇名村"或国家5A级旅游景区。形成集观光、休闲、娱乐、体验、教育、度假等功能为一体的乡村旅游休闲产业体系，开发出多类型乡村旅游产品。充分利用农业资源优势，建设湿地公园、森林公园、牧场、渔场等旅游接待设施。

传统乡村的农业生产主要集中在农林牧副渔的初级加工，而对农产品的深加工较为忽视。要以旅游产业发展思想指导农业产业发展布局，积极促进"大旅游"和"大农业"的相互渗透，扩宽旅游产业与农业融合渠道，改变传统的单一种植业的发展方式，将农产品种植、采摘、品尝等过程与旅游活动实现完美嫁接，从而加快旅游产业与农业的融合，达到互惠互利、互促共赢的目标。

乡村旅游资源丰富，因而可供开发的转型乡村旅游产品类型也很丰富。农业与旅游融合发展的重点是在现有的乡村旅游发展基础上，不断深化乡村旅游发展领域，从传统的乡村休闲观光向乡村休闲度假、乡村文化体验以及乡村养生养老等方向发展，从而提升乡村旅游产品的附加值，实现农业与旅游产业的双赢。

旅游名村名镇是提升乡村旅游品牌的重要无形资产。农业与旅游在融合发展的过程中，要充分依托当地的区位条件、资源特色和市场需求，挖掘文化内涵，形成一批在市场上有影响力的旅游农村名镇。在国家层面上，旅游名村名镇主要指国家特色景观旅游名村名镇，它从2009年开始评选。在省级层面上，各省也专门设有升级旅游名村名镇的评选。

（三）旅游产业与工业的融合

充分整合优势工业旅游资源，培植新型旅游装备制造业，促进旅游产业与工业的相互渗透、互相融合。挖掘工业旅游文化特色，培育具有示范作用的国家级工业旅游示范点，从而带动其他工业企业积极发展工业旅游。丰富工业旅游产品体系，通过对各类工业遗产、现有工厂和工业文化的利用，构建集观光、修学、科普、休闲、购物于一体的工业旅游产品。

旅游装备制造是工业与旅游产业融合发展的重点。目前，国内在旅游装备制造商还不够重视，工业产业的产能也未得到进一步释放。加快旅游与工业的融合发展，要进一步推动工业企业向相关旅游装备制造商转型。各地区要充分利用各自的工业产业优势，全面生产旅游发展中所需的新能源汽车、房车、大型游乐设施、邮轮游艇、地空飞行器等装备设施。我国工业遗产较为丰富，但保护利用起来发展旅游的却较少。工业遗产作为工业大发展时期物质性的遗迹，如近代民族工业遗产、中华人民共和国建设时期的工业遗产、传统手工业遗产和现代工业遗产，通过对这些遗产的保护利用来带动区域经济的增长，促进民族特色工艺的传承。

（四）旅游产业与第三产业的融合发展

构筑以旅游产业为龙头的现代服务业体系。加强旅游产业与第三产业的融合，通过融合发展实现旅游产业与第三产业的文化、房地产、金融、体育、电子信息、物流、医疗等的深度融合，通过产业生态圈的培育，打造以旅游为龙头、以其他行业为支撑的现代服务业体系。

1. *旅游与文化产业*

文化是旅游的灵魂，离开了文化，旅游的吸引力将大大下降。文化在与旅游融合发展过程中需要把握好区域内文化产业优势，从旅游开发的角度发展文化产业，从文化繁荣发展的角度设计旅游产品。文化产业与旅游的融合发展可重点关注以下三个领域：①旅游演艺，在旅游演艺中增加文化内涵，用文化产业专业人员、专业设备来提升旅游演艺的吸引力，将旅游演艺做成文化旅游精品。②文化产业基地，从旅游开发的角度来培育文化产业基地，在文化产业基地的发展中融入休闲、娱乐和购物的元素，将文化产业基地培育成旅游区。③旅游商品，通过对区域文化内涵的挖掘设计出旅游者喜闻乐见的旅游商品，改变以往旅游商品市场千篇一律的局面。

2.旅游与房地产业

国家对住宅地产的限制以及商业地产市场的逐渐饱和，使得旅游地产成为房地产开发企业的新市场。同时，旅游企业为了进一步拓展业务领域也逐渐向房地产发展。旅游地产的发展一方面可以为景区增加吸引力，有的旅游地产其自身就是一个具有吸引力的景点；另一方面也为旅游景区的发展聚集人气。房地产与旅游的发展重点关注以下四个领域：

（1）文化旅游地产。以文化旅游为主导土地综合开发利用已经成为许多开发商的共同选择，如万达集团在武汉开发的中央文化区项目、恒大集团在海南省儋州市建设的海花岛项目，就是典型的文化旅游地产。

（2）休闲度假地产。旅游地产的兴起就在于它是休闲度假的第二居所，它也是开发商主要关注的领域。

（3）养生养老地产。随着我国逐渐步入老龄化阶段，养生养老需求不断增加，规范化、专业化的养生养老地产将成为未来发展的重点。

（4）旅游商业地产。旅游引导下的新型城镇化建设必然出现对商业发展的需求，旅游商业地产将成为旅游地产的引爆点之一。

3.旅游与金融产业

金融业是促进旅游产业健康发展的重要保障。旅游产业项目的建设离不开金融业的投融资渠道，旅游者在目的地的消费离不开各种金融支付工具。同时，旅游消费市场和投资市场的广阔前景也是金融业拓展的重要领域。金融业与旅游的融合发展需要积极构建旅游金融服务体系，创造新型旅游在线支付方式，优化旅游支付环境，完善旅游产业服务功能，将旅游金融打造成人民满意的现代服务业。

第五章 全域旅游与旅游业

4. 旅游与体育产业

体育产业的发展需要品牌体育赛事的支撑,而体育赛事的发展往往对当地旅游的发展具有一定的带动作用(见表5-1)。同时,旅游产业在发展过程中,也可以通过举办品牌性体育节事活动来带动区域体育产业的发展。国外体育旅游发展的时间经验证明体育赛事的成功举办对区域经济有较大的拉动作用。随着国内举办的体育赛事逐渐增多,各区域要充分利用体育赛事举办的契机,发展专项体育产业,开发专项体育旅游产品。例如,青海通过环湖自行车赛、抢渡黄河挑战赛、高原攀岩精英赛等国际赛事的成功打造,全国露营大会、全国户外运动会、激情穿越柴达木等全国赛事活动的成功举办,大大提升了青海在国内外的美誉度,既传承保护了青海的特色文化,又促进了青海旅游产业的快速发展。

表 5-1 2014~2015 年国内举办重要体育赛事汇总

时间	赛事	时间	赛事
2014年1月	厦门国际马拉松(厦门)	2015年4月	世界乒乓球锦标赛(苏州)
2014年8月	第二届奥林匹克青年运动会	2015年5月	苏迪曼杯羽毛球混合团体赛(东莞)
2014年7月	男篮亚洲杯(武汉)	2015年5月	亚洲女排锦标赛(北京、天津)
2014年9月	武汉网球公开赛(武汉)	2015年8月	东亚杯足球赛(武汉)
2014年9月	中国网球公开赛(北京)	2015年8月	世界田径锦标赛(北京)
2014年10月	世界体操锦标赛(南宁)	2015年9月	亚洲男篮锦标赛(长沙)
2014年10月	上海网球大赛(上海)	2015年9月	中国网球公开赛(北京)
2015年1月	厦门国际马拉松(厦门)	2015年10月	上海网球大师赛(上海)
2015年1月	深圳网球公开赛(深圳)	2015年10月	第一届全国青年运动会(福州)
2015年3月	世界花样滑冰锦标赛(上海)		

5. 旅游与信息产业

旅游产业是信息密集型产业,加强电子信息产业与旅游产业的融合,构建完善的旅游信息化体系,发挥电子信息在旅游景区导览、旅游信息咨询、旅游景区人流量监控、旅游电子商务等方面的作用,积极构建旅游电子商务平台,对提高旅游服务效能和延伸旅游产业链条具有重要作用。

共享经济、全域旅游与旅游业

三、全域旅游视角下区域旅游设施建设

多年来，旅游产业的开发一直聚焦在旅游产品上，旅游资源、旅游业态、旅游市场是研究的核心，很少有人关注旅游基础设施与服务设施的建设，这造成了多地旅游设施建设的缺失。而随着旅游市场需求日益多样化、个性化，尤其是全域旅游的发展，旅游服务要求旅游交通网、智慧旅游网、公共服务体系网三网合一，构建全域覆盖、全面发展、具有目的地结构体系的全面性服务架构。这对旅游设施建设提出了全新的要求，更加开放、完善、便捷将成为今后提升的重点。国家相关政策的出台将进一步推进旅游设施建设，从2017年的《政府工作报告》与全国旅游工作会议，到《"十三五"旅游业发展规划》与《"十三五"全国旅游公共服务规划》，以及各类专项规划，旅游设施建设的指向性更加明确和可操作。笔者通过对旅游基础设施与公共服务设施的架构进行梳理，基于全域旅游发展的新需求，提出五个思维导向与五个提升路径，并对PPP模式下的旅游设施建设提出建议。

（一）全域旅游设施建设的思维导向

旅游基础设施是指为旅游者提供公共服务的物质工程设施，是用于保证旅游活动正常进行的公共服务系统，具有功能复合性、设施景观化、服务多群体、承载弹性化的特征。旅游公共服务是由政府和其他社会组织、经济组织为满足游客的共同需求而提供的不以营利为目的、具有明显公共性、基础性的旅游产品与服务的统称，是提供社会性服务的设施。旅游的本质是消费的搬运，而旅游消费业态的支撑需要大规模的旅游基础设施与公共服务设施体系。因此，基础设施与公共服务设施建设需要增加投入、深化结构，形成与商业服务的良性互动。围绕"市场化思维、产品化思维、供给侧改革思维、全域化思维、主客共享思维"五大思维导向，以及"交通设施建设从功能型向产品型延伸、旅游厕所建设、与新型业态相关的旅游设施建设、旅游

第五章 全域旅游与旅游业

信息化设施建设"四大热点方向，建设提升旅游设施。

(二) 全域旅游设施建设的提升路径

1. 旅游交通体系——道路+节点构成收益结构

旅游交通体系有"大交通"与"小交通"之分。"大交通"指"铁路旅游、公路旅游、水上旅游、低空飞行旅游、交通文化旅游"等旅游与交通的创新结合模式。"小交通"不是交通的问题，是交通设施、交通方式，或称为"行"和"游览"之间的结合模式问题。它可以分为三类：一是低空飞行等高收益性交通形成的旅游观光创新模式；二是骑马等传统生活中形成的交通方式与游憩方式相结合构建的创新型游乐模式；三是观光小火车等时尚交通方式构建的具有游乐化特征的游憩交通方式。

在全域旅游时代，旅游交通网络是空间整合非常重要的一环，全域旅游，关键在路，一条最美公路，可以形成全域升级。旅游道路包括风景道、自驾道、运动道、休闲道、文化道、赛道等，其核心结构为大尺度的景观节点、服务节点、休闲度假点、软性活动组织等方面。大尺度的景观节点，是指沿路形成的大面积、大尺度的景观结构，是构成全域旅游的重要内容；服务节点，包括从游客集散中心到多样化服务平台构建的道路服务体系。从业态消费角度而言，旅游道路应在服务理念创新的前提下，遵循"道路是硬件，节点是重点"的原则，针对市场进行节点与服务模式的产品化设计，构成收益回报结构，最终构建旅游道路服务体系。交通节点、交通集散构成旅游交通的服务结构和旅游交通的产品化，驿站是其中重要的一种形式。驿站的设计讲究本地化的特征与商业化的服务。同时，应导入富民结构，实现共建，并在驿站形成游客与当地居民的交融与互动。

2. 卫生设施体系——商业模式创新

充足供给、人性化供给、文明水准提升以及连锁经营结构、生态化处理水平、科技结构的有效利用等是卫生设施非常重要的提升方向。旅游厕所由卫生服务、公共免费服务模式转化为收益型、全国统一监控型、连锁持续经营型的生态驿站、旅游驿站模式，在未来的5~10年一定会成为中国最重要的创新。

厕所革命解决的是文明程度的提高，是市场需求的满足。厕所服务水准、服务能力的提升，高水准服务体系的形成，关键在其商业模式的创新。这需要有效借助国家支持资金，利用资本效益，导入体系化的连锁架构。此外，营地、码头、驿站、风景道、观景台等可以利用"厕所革命"所创造出来的创新商业模式，进行基础设施建设的创新与服务。

3. 信息化设施建设体系——物联网支撑下的管理体系升级

以国家旅游局发布的《关于实施"旅游+互联网"行动计划的通知》为标志，旅游设施的信息化元素渗透开始加速。其中，打造旅游基础数据平台及大数据旅游体系，构建"政府数据+互联网数据+景区酒店数据"的一体化结构都将成为信息化建设的重要内容。

具体而言，旅游物联网在未来会成为旅游资本市场的宠儿。以互联网为支撑形成的基于物联网的服务体系升级，基于物联网的监控、安全以及管理都将受到资本青睐。实际上，旅游物联网管理体系代表着今后旅游产业服务升级、管理升级和运营收益升级的一个方向。需要说明的是，智慧化管理不仅仅是硬件，最重要的是从智慧化办公平台到智慧化监控系统、智慧化流量监测、基于大数据的智慧化应用等方面的智慧化体系的形成。

4. 夜间娱乐设施——灯光打造是关键

夜间旅游设施是目前很多旅游景区突破的重点。特别是城市旅游景区，通过夜间基础设施提升，带来大规模的游客停留，形成2~3天的旅游消费，形成强大的商业效应。

夜间服务属公共产品，通过对其提升优化，能够丰富旅游产品、延长游客驻留、扩大旅游消费、形成旅游品牌，形成夜间的商业化聚集。通过灯光打造形成夜观光、夜景区、夜市、夜演艺等产品，构建光影世界，是夜间娱乐设施提升的关键。例如，在黄果树度假小镇项目中，发现黄果树瀑布虽知名度较大，但留不住游客，无法进行深度消费。因此提出构建旅游综合体，充分挖掘当地文化，在地块中央核心制高点，打造"云顶餐厅"，形成核心吸引物。餐厅配套高端餐饮，并选取少数民族中最具代表性的歌舞进行创新演艺，将歌舞与餐饮有效结合，打造"苗头宴舞"项目，使得旅游者在品尝高端餐饮的同时，实现视觉上的震撼力，做足"夜"文章，如图5-2所示。

图 5-2 黄果树度假小镇鸟瞰图

5. 旅游公共服务中心——使公共服务与商业化服务结合

从旅游集散中心、游客中心到服务节点体系形成的旅游公共服务远远超出了门票和导游的概念。实际上,旅游公共服务中心包括游客集散、导游导览、自驾服务、自行车服务、跑步赛道服务、自主性探索旅游服务六大超出常规的旅游景区服务功能。

基于休闲度假节点与旅游交通的结合,旅游公共服务中心的提升,应将旅游服务与旅游交通并融,构建旅游节点服务体系,导入优秀商业机构与模式,突出个性化特征,使公共服务与商业服务一体化,最终形成多样化业态服务支撑。同时,用互联网模式打造集散服务的平台结构(线上线下一体化),最大化实现"旅游+服务"结构的价值。另外,游客服务中心的选址不仅要考虑交通,还要考虑功能的完善和提升。

(三)PPP 模式下的旅游设施建设

旅游基础设施与公共服务设施的投融资模式一般是政府投资,以特许经营的方式,形成三种情况:一是完全无收益的旅游公共产品,其所需要的费用由政府全额承担,如旅游公共交通;二是有一定收益,但存在巨大资金缺口的公共产品,通过政府弥补缺口的方式,进行特许经营;三是完全能够自主经营并实现回报的公共产品,通过特许经营,衍生出旅游产业链,从而实现盈利,形成可持续经营结构。由于基础设施和公共服务设施建设主要为前两种情况，存在"周期长、投入大、持续维护、回报收回难"等建设难点与瓶颈，PPP投融资模式将解决这一困局。

PPP模式下，政府下属机构或公司、投资主体、金融机构或其他投资人通过组建SPV（特殊目的实体），投资相关项目，形成"土地整理、基础设施建设、公共设施建设、物业项目开发、特许经营服务、产业发展服务、其他综合服务"的项目结构。以自行车道建设为例，投资者可以垄断道路上所有的自行车出租点、服务点、餐饮点、休息点等公共服务点，即通过特许经营权垄断商业开发权。在此前提下，设施维护资金可以通过经营资金补缺，形成可持续建设。因此，旅游设施建设中导入产业与服务是关键。

综上所述，旅游发展要借力于政府支持下的基础设施与公共服务设施建设，要导入旅游商业化服务要素的创新模式。只有这样，才能形成全域旅游的全面发展，形成目的地旅游的突破发展。

（四）旅游公共服务体系建设+全民参与旅游

全域旅游发展需要完善的旅游公共服务体系，以及全民参与旅游、服务旅游的意识，才能达到"人人都是旅游服务"的目标。

1. 旅游公共服务体系建设

旅游公共服务体系可以理解为为满足旅游者共同需求的各类旅游公共服务的有机整体。目前，人们对于"旅游公共服务体系"的认识尚未达成一致。李爽等学者认为，旅游公共服务体系是指在一定的旅游公共服务供给模式与政策规范下，依据一定的旅游公共服务的供给方式而形成的旅游公共服务系统。也有学者认为，凡是公共服务型政府或者旅游管理部门的为了促进旅游产业发展职能的一切活动都可以纳入旅游公共服务体系的范畴，这是广义旅游公共服务体系的概念。广义的旅游公共服务体系包括由政府、企业及第三方组织提供的为了促进旅游业发展的一切活动。其内容包括制定旅游发展规划与战略，出台旅游发展政策，加强旅游资源保护，监督旅游开发，评定旅游产品和旅游服务质量，加强旅游基础设施建设，完善旅游统计，促进旅游形象宣传和旅游营销，保障旅游者合法权益等。而狭义的旅游公共服务体系，即那些与旅游者需求直接相关的旅游公共服务系统，包含若干子系统，共同构成旅游公共服务体系。

此处探讨的旅游公共服务体系，从全域旅游公共服务出发，指在全域范围内，促进旅游产业发展，满足旅游者特定需求，由政府、企业、社会组织等多个主题提供一系列旅游公共服务的综合系统。全域旅游公共服务体系中旅游者是服务对象，政府企业和社会团体是服务的供给主体。

政府作为构建旅游公共服务体系的主体之一，是建设公共服务型政府的重要内容。政府承担着旅游公共服务基础设施建设、旅游公共信息平台建设、旅游服务监管及旅游安全救助等方面的职能。企业作为旅游市场的运行主体，提供餐饮服务、住宿服务、交通服务、鱼类服务及购物服务。社会团体则主要提供旅游公益服务、培养旅游人才等。在全域旅游公共服务体系的正常工作过程中，政府的监管、基础设施建设、公共信息服务等方面，内容是基础，餐饮服务、住宿服务、交通服务、娱乐服务及购物服务等是整个体系的核心及支撑，旅游公益服务、旅游安全救助等方面是体系能够良性运转的保障。旅游公共服务体系框架如图5-3所示。

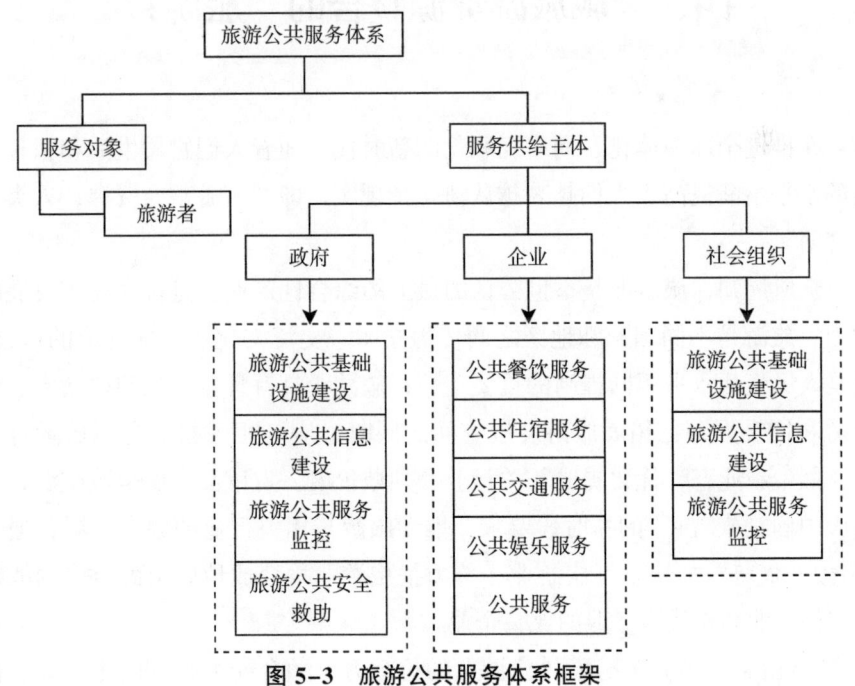

图 5-3 旅游公共服务体系框架

共享经济、全域旅游与旅游业

2. 全民参与旅游

区域旅游的发展中,当地居民和旅游者的关系融洽是旅游目的地长远发展的保证所在。通过宣传和引导,让当地居民客观认识旅游业,意识到旅游业的兴盛及其自身发展的益处,参与旅游业,也有助于形成良好的区域旅游氛围。

实施全域旅游发展战略,全民参与旅游是不可缺少的要素。全民参与旅游可以通过以下路径进行:第一,向当地居民宣传旅游业,让他们认识到发展旅游能带来最直观的利益和好处。第二,鼓励当地居民积极从事旅游业相关工作。这里的工作不仅限于"食、住、行、游、购、娱"要素相关的工作,还包括一些其他的旅游相关行业部门,比如旅游教育,旅游基础设施建设等。第三,构建乐观、积极的社区生活态度,塑造良好的社会风气。第四,保护传统文化,推动地方风俗、文化旅游产品化开发,让当地居民真正够融入旅游中。

四、全域旅游资源整合的"旅游+"

在推进全球一体化、网络互联化的新时代,随着人们物质生活和精神生活的水平不断提高,人们越来越认清一个现实,即"旅游整合资源,人类共享文明"。

众所周知,旅游业是举世公认的最大的综合性产业,是拉动经济发展的动力;旅游是不同国家和地区之间传播文明、交流文化、增加友谊的桥梁,也是人民生活水平不断提高的重要指标;旅游业具有日益增长的拉动力、整合力和提升力,在拓展旅游发展空间的同时,应与相关行业和领域融合发展,催生新业态,优化提升相关行业和领域价值。省市县发展全域旅游,应适应中国"旅游+"的新时代要求,推动旅游与相关行业的融合发展,通过"借力、借势"加快发展旅游业,努力把旅游业培育成地区国民经济的战略性支柱产业和现代服务业的龙头企业。

"旅游+",就是充分发挥旅游业的拉动力、融合能力以及催化、集成作用，为相关产业和领域发展提供旅游平台，插上旅游翅膀，注入旅游活力，整合资源形成新业态，提升其发展水平和综合价值。在此过程中，"旅游+"也有效地拓展了旅游发展空间，推进旅游转型升级。

"旅游+"与"互联网+"一样，具有搭建平台、促进共享、提升价值之功能。通过"互联网+"，利用现代互联网技术力量，不断改变世界；通过"旅游+"，强劲开拓旅游市场，追求美好时尚生活，加强人文交流，不断给世界带来深刻影响。

"旅游+"，通过以巨大的市场力量和市场机制，为所"+"的各方搭建巨大的供需对接平台；通过机制融合，使所"+"的各方产生交融反应，起到"1+1>2"的效果；通过"旅游+"，使各方在广泛参与、受益、分享的同时，又促进人力资本开发，激发创造力；"旅游+"的对象越多、内容越广泛、速度越快，旅游就越丰富多彩。按照全区域旅游化的要求，全域旅游示范区各行各业在优化自身属性的基础上，从建设休闲城市出发，支持旅游业整合资源，呈现多样化的"旅游+"发展态势。

（一）旅游+新型城镇化

按照全区域旅游城市的要求，推进全区域公园化到全区域旅游化，进一步改善旅游的大环境。

第一，在全区建设乡村大公园。实施全区域公园化战略，变在城市里建设公园为在公园里建城乡，推进"五变公园"，即田园变公园、果园变公园、家园变公园、校园变公园、工业园变公园。

第二，在镇街建设主题花卉公园。按照"一镇一花"的要求，在每个镇街中各建一个花卉主题公园。

第三，在农村建设微型公园。实施"千园计划"，结合村庄环境整治和万家旅舍建设，在有条件的房前屋后、村前村后，规划建设一大批微型花园，增加生态休闲的公共活动空间。

（二）旅游+美丽乡村建设

在美丽乡村建设的基础上，增加旅游配套设施，建设"绿富美"的乡村旅游村。

一是引进一个农业旅游开发经营公司，作为乡村旅游的经营主体，靠市场的力量，塑造休闲农业与乡村旅游的主题，开发特色资源，形成特色产业，推进旅游"开发、经营、推广一体化"。

二是建设一个游客服务中心，配齐讲解员，编印解说资料，完善触摸屏及相关设施，实行旅游接待、咨询、服务一条龙，统一经营管理。

三是按照"一村一景区"要求，完善旅游配套设施，如旅游导览图、旅游指示牌、停车场、旅游交通工具、旅游微景观、旅游厕所等。

四是完善"吃、住、行、游、购、娱"的旅游产业链条。

五是加强旅游的宣传推广，增强其知名度和美誉度。

（三）旅游+森林公园

按照发展森林生态旅游的原则，树立"保护也是发展，发展为了保护"的新理念，把全区域内的山体森林保护起来，开辟为公园，封山育林，保护生态，营造生态，改造林相、确定林权、适当流转、走资源节约型、生态环保性的森林生态保护开发的良性循环的发展路径。摒弃"砍伐森林""破坏生态的经济林"式的"靠山吃山"的老路。梳理保护森林，美化山水、保护环境，走发展深林观光、休闲、度假旅游的生态产业的新路径，正确处理好保护与发展的关系，"既要绿水青山，又要金山银山"，要彻底扭转污染环境的行为，梳理、偿还多年来污染预防不到位、治理不到位的"欠账"，把环境治理的短板弥补上去。决不能以牺牲环境为代价，来换取 GDP 的一时增长。要实现物质文明、精神文明、生态文明的和谐发展，做到宜居、宜业、宜游。在此基础上，坚持"市场先导、政府主导、规划引导，企业主体，科学发展"的原则，按照国家 A 级旅游景区的标准，适度开发，发展森林生态旅游产业，促进绿色生态产业崛起。

（四）旅游+交通

一是建设适应旅游业快速发展形式需求的新兴旅游交通体系。例如，建设快速便捷的区内外公里交通网络，缩短游客到达旅游目的地的空间距离和时间；加快轨道交通建设和与之相配套的交通设施建设；应高度重视停车场的规划和建设。

二是发展自驾车旅游。我国一些经济发达的城市，已经成为车轮子上的城市，进入汽车时代，例如珠江三角洲地区。

三是建立便捷的客运和公交接驳系统，开通并完善主要城市通往景区点的旅游专线。在客运公交站完善旅游导览图和触摸屏，编印自助宣传资料，在客运车、公交车上播放旅游宣传片，编制旅游交通地图，培训旅游讲解员等。

四是依托交通枢纽站场建设和运营旅游集散中心。按照国家旅游集散中心的相关标准，完善配套设施，规划和开通旅游交通专线，在沿线按旅游要素串起相关节点，注重培育客源和完善提升旅游要素，加强旅游专线的宣传推广，促进"开得起来、运营得好"的目标实现。

五是建立旅游交通的应急、预警、路况提示系统，为自驾车游客提供服务。

（五）旅游+农业

工业发展较落后的地区，农业基础好，地理位置好，土壤和气候条件好，很适合发展休闲农业、现代化农业。推动旅游与农业的融合发展，就是要发展农业观光旅游、农耕文化的体验旅游，把农业龙头企业的生产基地变为农业观光和体验基地，把农特产品变为旅游商品与特色旅游美食。

一是发展农业旅游。这是把农业和农村与旅游业结合在一起，利用农业景观和农村空间吸引游客前来参观的一种农业经营形态。即以农、林、牧、渔等广泛的农业资源为基础开发旅游产品，并为游客提供特色旅游服务的旅游业的统称，也被称为观光农业、旅游农业和乡村旅游等。农业旅游主要是为那些不了解农业、不熟悉农村，或者回农村寻根，渴望在节假日到郊外观光、旅游度假的城市居民、外地游客及海外旅游者提供服务，让游客从事农耕、收获、采摘、垂钓、饲养等活动，享受自然的乐趣。发展农业旅游，要把农业生产过程、农村风情风貌、农民劳动生活作为旅游资源进行整合转化，形成旅游产品，并推向市场。

二是发展"吃、住、行、游、购、娱"及康体、科普等旅游配套要素设施。重点解决好公路交通、景点建设、住宿度假、特色美食、特产购物、娱乐、健康养生、户外运动、科普亲子教育等问题,努力满足游客多方面的旅游需求。例如,建设具有休闲、娱乐、求知、教育、住宿、乡村美食等功能的乡村酒店;建设具有休闲自行车出租、住宿度假、特色美食、娱乐、健身绿道等功能的绿道综合性驿站;建设能提供观赏和采摘特色蔬菜、果品和其他特色农作物等休闲活动的高新农业实验基地或种植基地,具有观赏、采摘、学习、科普等功能的采摘果园;依托山地生态资源,以绿色健身、修身养性为经营理念,建设具有颐养身心、健康休闲、舒适度假等活动功能的养生吧;建设占地百亩以上,以农业生产和乡村生活为依托,以农能文化为核心,利用森林生态或田园景观为游客提供乡村生产生活体验、住宿、餐饮等基本服务设施的休闲农庄;建设具有古村体验的乡村旅游度假村,挖掘整理民间小调、民族山歌、婚嫁、彩绘壁画、手工工艺、民间艺术、户外运动等多种具有浓郁地方特色的乡村民俗风情活动,打造多元化的乡村旅游业态。

三是加强农特产品的深加工、精加工和挖掘文化内涵,打造特产精品。把农特产转化为具有食品质量上乘、文化创意内涵丰富、具有历史文化价值的旅游商品,做到"一个特产,有一个故事",注入特色文化内涵,提高其附加值。

四是彻底解决农村公共基础设施滞后问题。环境整洁是吸引旅游者的基本要素,文化则是旅游的灵魂。对于旅游景区(点)来说,环境整洁是基本要求,但有文化内涵则更受推崇。按照国家旅游厕所的建设要求,提升旅游厕所的设施水平,引进市场机制,提升保养水平。按照国家厨房设施等卫生标准的建设要求,提升厨房卫生的满意度等级水平。要重视排污达标、环保检测、饮用水源、供电保障、消防实施、房屋安全鉴定、电视电缆、移动信号、WiFi全覆盖等一系列基础设施、配套设施的超前解决。

(六)互联网+旅游

目前,互联网正以前所未有、无处不在、始料未及的技术力量,通过

"互联网+"功能,全面、深刻地改造着世界。在旅游界,互联网极大地改变着旅游组织方式、市场经营和推广模式、游客的出行方式和消费方式。地区推动全域旅游发展,必须迎接互联网的挑战,顺应互联网潮流,抢抓机遇加快推进"互联网+旅游"的各项工作。

第一,进一步完善区域旅游的官方网站、官方微博微信,充实旅游业态内容板块,及时更新旅游信息内容,增加与服务对象的互动项目,发挥好应有的作用。要在各旅游企业、社会公共服务窗口,广泛布置"二维码,扫一扫"识别,方便游客上网了解区域旅游发展情况。

第二,推动区域旅游企业及相关企业官方网站、官方微博微信建设,加强其旅游产品和相关企业产品的宣传推广,同时,推动区域旅游官方与旅游企业及相关企业官方网站、官方微博微信互联对接、互动。

第三,推动"互联网+旅游"。近年来,通过对全域旅游示范点的推广,使旅游业成为社会热点行业之一。一些综合性网站建设了旅游板块、专题及旅游热点话题。例如,海南省政府官网、官方微博及微信都不同程度地设定旅游栏目,推介和反应海南旅游情况;海南游客聚集城市的相关部门和企业也不同程度地发布关于当地旅游要素的发展情况,满足人们的浏览需求。

今后,海南省"互联网+旅游"的工作应在"+"的广度和深度上继续推进。

第四,搭建和完善旅游联盟的微信互动交流平台。做到旅游目的地资源和产品信息分享,旅游及相关活动互知,为旅游行业各成员单位之间提供更好、更快的共享平台。在此基础上,进一步推动与客源地的旅游部门、旅游企业、旅游相关协会的互联互动,架起旅游客源地的旅游目的地之间的"空中信息桥梁"。海南发展全域旅游,必须不断研究"旅游+互联网"和"互联网+旅游"的新形势和新变化,推动其广泛和深入发展。此外,在"旅游+"方面,根据经济社会形式发展和地域特点,旅游产业还可以与更多的产业相结合。例如,旅游+扶贫、古村落、文化、教育、体育、养生、养老、医疗等。"旅游+"越多,旅游产业的领域越广,旅游业态越精彩。

旅游，已经成为一种超越国界、阶层、行业、种族、信仰的巨大力量，加速这世界不同人群的交流、融合，推动着相关产业、行业的跨界和融合发展。"旅游+"代表一种新的经济形态、新的生活形态、新的社会组织形态、新的社会生产力。"旅游+"是时代赋予旅游业的新使命，它的发展将有力地推进旅游业成为国民经济战略性支柱产业。

第六章　海南全域旅游发展实践与思考

一、海南全域旅游发展研究

海南全域旅游示范区建设是在我国旅游发展的新常态背景下，为响应国家旅游局提出的我国要发展全域旅游的号召，由国家旅游局和海南共同确立的。全域旅游是贯彻落实新的旅游发展理念、适应旅游业发展新形势、遵循旅游业发展内在规律的客观需要；是转变旅游发展方式、实现由门票经济向产业经济转变的内在要求；是优化旅游空间配置、开辟旅游发展新空间的有效途径。开展全域旅游示范区创建工作，通过试点示范和引领带动，有利于各地因地制宜，突出特色，塑造品牌，从而形成开放包容、共建共享的旅游发展新生态。另外，通过全域旅游示范区的共建工作，还可以调动各方力量，整合资源，优化配置，开创大旅游发展新格局，其战略意义重大。

对海南而言，创建全域旅游示范省是落实习近平总书记"以国际旅游岛建设为总抓手"，推进海南国际旅游目的地建设，全面贯彻落实"创新、协调、绿色、开放、共享"五大发展理念，推进供给侧结构改革，实现海南绿色崛起的有效平台，也是实现海南"十三五"期间"把海南建设成为全省人民的幸福家园，中华民族的四季花园，中外游客的度假天堂"三大愿景的迫切需要，属于推进海南旅游发展转型升级，破解旅游发展难题的战略性举措。

共享经济、全域旅游与旅游业

（一）海南全域旅游发展背景

1. 发展全域旅游是经济社会发展的需要

随着互联网技术的进步，海南传统的景点旅游模式已经满足不了消费者日益增长的旅游消费需求，游客越来越倾向于自主选择出游方式，而不是选择参团旅游。相关统计数据显示，近些年来，我国选择自助游出游方式的游客人数越来越多，自助游在所有出游方式中的比例已经超过 85%。出游方式的改变推动着旅游布局与规划的创新，在传统旅游模式无法满足消费者旅游消费需求、传统旅游产业遭遇发展瓶颈的情况下，亟须探索出一条新的旅游发展道路，以促进海南省旅游产业可持续发展。作为一种区域经济协调发展新理念，全域旅游有利于实现区域资源优化配置和促进社会公共服务发展，有利于实现景区内外一体化建设和提高消费者旅游体验及其满意度，有利于实现旅游发展成果全民共享和发挥旅游产业对区域经济的带动作用，最终促进区域经济协调发展。在这样的契机之下，国家审批通过海南作为"全域旅游示范省"，为海南旅游业发展带来新机遇。

2. 带来有利的外部发展条件

"21 世纪海上丝绸之路"是我国主动创造合作、和平、和谐的对外合作环境的有力手段，为我国全面深化改革创造良好的机遇和外部环境，也为海南带来了难得的历史机遇；它以点带线，以线带面，串起连通东盟、南亚、西亚、北非、欧洲等各大经济板块，增进了国家和地区的交往。这为海南旅游带来了十分有利的外部发展条件。

3. 催生强劲的内生发展动力

国际旅游岛战略为海南确立了以旅游业为龙头的现代服务业发展方向，国家赋予了海南担当中国旅游改革创新试验区的重任，并给予了一系列先行先试的政策支持；有利于海南进一步深化改革、持续拉动消费、提高旅游品质、促进经济发展，有利于走上共同富裕的道路。这些积极意义为海南旅游催生了强劲的内生发展动力。

4. 构建更为广阔的发展平台

海南被确定为首个"全域旅游"创建省，可以享受国家多项支持措施，可以使海南在以旅游业为优势产业的基础上，通过对区域内经济社会资源尤其是旅游资源、生态环境、公共服务等进行全方位、系统化的优化提升，实现资源有机整合、产业融合发展、社会共建共享。这种新的区域协调发展理念和模式为海南旅游构建了广阔的发展平台。

(二) 海南省作为首个全域旅游创建省的原因

无论是对海南发展还是对全国全域旅游发展，将海南作为首个全域旅游创建试点省都有着深远而特殊意义，有必要从战略全局高度深化认识，具体主要体现以下三个方面：

一是创建全域旅游示范省是推进海南国际旅游岛战略实施的实现路径，是海南全面贯彻五大发展理念、推进供给侧结构改革的有效载体，是推进海南旅游转型升级、破解旅游发展难题的战略方向。正如海南省省长所说，海南大力推进全域旅游，是落实习近平总书记"以国际旅游岛建设为总抓手"殷切嘱托的具体行动，是实现"十三五"期间"把海南建设成为全省人民的幸福家园、中华民族的四季花园、中外游客的度假天堂"三大愿景的迫切需要，是海南落实"创新、协调、绿色、开放、共享"五大发展理念、实现海南绿色崛起的有效载体，是关系海南长远发展的全新课题。

大力推进全域旅游，有利于走出高度依赖景区景点的传统观光旅游模式，有利于整体优化海南旅游环境和质量，拓展旅游发展空间，释放全岛不同地区旅游特色魅力。全域旅游不限一地一隅、不在一景一区，而重在统筹规划、协调发展，如何让乡村旅游优势足、潜力大，已成为发展全域旅游无法回避的问题。海南西部地区和广大乡村地区旅游发展相对薄弱，亟待迎头赶上。海南推进全域旅游的过程，正是一个补齐区域旅游发展短板，为乡村旅游发展添新活力、新动力的过程。

二是海南创建首个全域旅游示范省有得天独厚的优势条件。海南推进全域旅游发展有得天独厚的优势和条件，拥有良好生态环境、全国最大经济特区和国际旅游岛等重大优势。海南旅游资源全域分布、类型丰富、组合好、风情浓郁。海南旅游业龙头产业地位日益突出，海南确立了以旅游业为主的产业结构群，以旅游业为龙头的现代服务业的龙头地位日益突出。推动旅业向更高层次转型，着力吸引外来消费，才能充分发挥海南生态环境优势，积极应对老龄化社会带来的消费需求，着力发展健康产业，并以此带动包括互联网产业在内的其他新型服务业在海南落地生根、开花结果。

特区和国际旅游岛等重大战略是推进全域旅游构建得天独厚的政策平台。一批重大的具有含金量高、突破性的政策相继在海南落地实施，多重政策叠加，有条件率先推进全域旅游示范省建设。

推进全域旅游的基础条件已经初步具备。"田"字形高速主框架，"四方五港"格局形成，环岛高铁全线贯通，"南北东西、两干两支"机场布局推进。持续开展"绿化宝岛大行动"，各种基础设施、城镇发展、美丽乡村建设、社会事业的全面进步、文化等相关产业的发展等，为发展全域旅游创造了很好的条件。

三是选择海南作为首个示范省有典型性和示范性。国家旅游局局长指出，有条件建设全域旅游示范区的地区，一般应具有几个"主"的特点：区域内有明显的旅游主打产品，旅游资源禀赋高，旅游产业覆盖面广，旅游业有优势成为该区域的主导产业、主体功能、主打品牌。海南正好具备这些典型特征。

海南是我国旅游发展的重要桥头堡和风向标，海南旅游浓缩了我国旅游业发展的主要特征，也代表旅游发展的方向，选择海南创建全域旅游示范省，具有典型性、代表性和紧迫性。海南在推进全域旅游方面已经进行了许多有益的探索和改革创新，积累了许多宝贵经验。海南琼海的全域旅游模式受到国家旅游局局长高度赞赏，三亚的旅游警察、工商旅游分局等探索已经成为全国正在推广的典范。国家旅游局和海南省联手推进全域旅游，有利于整合资源，使全域旅游创建工作落地生根。这也是贯彻落实加快推进海南国际旅游岛建设意见的具体举措。

（三）海南发展全域旅游的优势

1. 区位优势

海南是中国海洋面积最大的省份，是往来"两洲"（亚洲和大洋洲）和"两洋"（太平洋和印度洋）的必经之地，也是通往"两亚"（东南亚、东北亚）的"十字路口"。海南处于泛珠三角"9+2"、东盟自由贸易区"10+1"、太平洋经济圈的交会点，可以便捷高效服务国际国内市场；《推动共建丝绸之路经济带和21世纪海上丝绸之路的愿景与行动》中，明确了海口为南线上的重要节点，海南是规划发展的重要枢纽地带。海南的地理区位和经济区位拥有得天独厚的优势，具有不可替代性。

2. 交通优势

海南是中国航权开放试点省份，现拥有三个机场，已开通国内外航线四百余条，通往国内外百余个城市和地区，已逐步开辟成为一条便利的空中走廊。海南地处国际海运航线的主航道上，是太平洋与印度洋间最为繁忙的海上商业通道；海南还是中国以海连接东盟国家最多的前沿要塞；海南可四季通航，目前拥有洋浦、海口等多处深水良港，发展海运业有着得天独厚的优势。近些年，海南正逐步建设成为重要的国际性旅游通道。

3. 资源环境优势

海南是全国唯一的热带省份，拥有阳光、海水、沙滩、绿色、空气五大度假旅游要素，集中了丰富的自然资源和人文资源，拥有全国少有的热带海岛以及海洋生物等海洋旅游资源。其中相当一部分是具有稀缺性的资源，拥有独特的旅游观光价值。生态环境是海南可持续发展的最大优势，海南空气质量优良天数比例达到98.9%，主要生态环境指标处于全国领先地位；海南坚持"生态立省、环境优先"可持续发展理念和科学发展观，在环境保护和生态建设、生态产业发展、人居环境改善和生态文化培育等方面取得了显著成效。

4. 政策优势

作为中国最大的经济特区，海南持续获得不断放大的政策效应和改革开放红利；有利于旅游业发展的体制机制的开发建设，可以全面地提升旅游业发展质量和服务水平；海南在全国率先开展省域"多规合一"试点，对于开展全省一盘棋统筹规划、统一布局具有积极意义。国家给予诸多政策支持，海南可以享受到优先纳入中央和地方预算内投资支持对象、优先支持旅游基础设施建设等，助力旅游产业发展；国家给予海南在开通国际海上旅游航线、港口码头和岛礁改扩建等方面的政策服务保障优势及离岛免税政策，为旅游业发展和游客人数增加带来莫大的支撑力。

共享经济、全域旅游与旅游业

二、海南省全域旅游发展实践

（一）琼海全域旅游发展实践

在2016年全国旅游工作会议上，全域旅游被确定为大众旅游时代的旅游发展新战略，同时确定海南作为全国首个全域旅游创建省，以期为全国探索经验做出示范。作为我国全域旅游的先行者，琼海探索出了一条很有特色的全域旅游发展之路。琼海经验在这次会议上得到"点赞"。琼海作为中国优秀旅游城市，以红色娘子军、万泉河、博鳌亚洲论坛闻名于世，享有国家级荣誉40多项。长达15年的以"建设生态环境、发展生态经济、培育生态文化"为主要内容的文明生态村的创建，为海南发展全域旅游打下了很好的基础。

琼海全域旅游建设指引：紧紧围绕建设"世界知名休闲旅游目的地"和"对外交流合作示范区"的总体要求，坚持"打造田园城市，构建幸福琼海"的发展战略，大力推进以乡村旅游为主导的全域旅游模式，将琼海打造成为中外知名的商务旅游度假目的地、对外经济文化合作交流基地、国家热带现代化农业基地。

琼海自2013年起就将全市作为一个5A级景区来开发建设，经过几年推进已经颇有成效，实现了就地城镇化、就地现代化的目标，探索了一条有特色的全域旅游发展之路。

1. "三园合一"完美诠释五大发展理念，突出共建共享本质

在2016年全国旅游工作会议上，琼海探索全域旅游的做法和经验受到业内专家一致好评，被称为"探索了一条极具特色的全域旅游发展之路"，琼海"百姓家园、市民公园、游客乐园'三园合一'"的全域旅游发展思路，正是旅游的本质所在。琼海的"三园合一"首先是百姓的家园，其次才是市民的公园和游客的乐园。家园、公园、乐园浑然一体，这在很多旅游目的地

是做不到的。

第一，琼海借助文明生态村建设和新型城镇化建设，精心打造百姓幸福家园，不为旅游而打造旅游。琼海原市委书记曾坦言，当时曾有人担心，建这么多基础设施，没有游客怎么办？但他心里很清楚，从一开始，琼海建设田园城市的目标就是构建当地百姓的幸福家园，然后才是中外游客的度假天堂。"琼海的幸福之屋是为当地百姓而建，主人的屋子当然要盖得漂亮、盖得整洁、盖得舒适，也要有意境、有文化，这样的幸福之屋自然会吸引游客前来体验和感受。"果然，2014年的"美丽中国全国十佳旅游县"和"全国休闲农业与乡村旅游示范县"花落琼海。琼海的乡村旅游已成为海南旅游的一块闪亮的金字招牌。习近平总书记说过，人民对美好生活的向往，就是我们的奋斗目标。琼海的"三园合一"，当地百姓的幸福家园在先，与奋斗目标高度契合。有了当地百姓的幸福家园，才会有适宜旅游休闲度假的游客天堂，才会有旅居融合的美好和幸福，才会有持续的吸引力让游客络绎不绝。

第二，借助城乡一体化发展，琼海把旅游基础设施和公共服务建设拓展到全域，实现全民共建共享。通过田园小道、景观通道、慢行车道等配套设施，把景点、公园、村庄、民居风情、生态景观等串联起来，全市成为一个田园式大景区。这个景区没有边界、没有围墙、没有门票、主客共享、居旅相宜，实现了农业和旅游业融合发展，达到"城在园中、村在景中、人在画中"的境界。

第三，通过"全域5A景区化"，做美村民的家园、市民的公园和游客的乐园，打造田园城市升级版。现在的琼海完全可以形象地表达为"全域是景区、处处是景观、村村是景点、人人是导游"。琼海的创新实践，率先破除了景点景区内外的体制壁垒和管理围墙，实现了从景点景区建设管理到综合目的地统筹发展转变。

琼海用"三园合一""三不一就"打造田园城市、构建幸福琼海，因地制宜地实现了创新、协调、绿色、开放和共享的五大发展理念。发展是硬道理，共享是本质要求，创新、协调、绿色和开放是必要的手段或途径。三园合一、村村是景点、人人是导游，创新激活了百姓的主人翁意识，共享更激活了全民共建的积极性和自觉性。全民共建共享这一全域旅游的鲜明特征已经在琼海开花结果。

2. 新农村和新型城镇化建设成就全域旅游,而成为新载体

琼海的全域旅游标杆是在城乡一体化发展、文明生态村建设、新型城镇化建设中自然生长出来的,具有典型示范意义。琼海把城镇化等各项建设与旅游有机嫁接,以"三不一就"为原则打造田园城市、构建幸福琼海,改造升级农村的基础设施,把风情小镇建设作为实现琼海特色城镇化的支点,努力实现"一镇一特色、一风情、一产业"。琼海在行政服务、教育、医疗、交通、水电、垃圾处理等公共服务产品和基础设施建设上加快向农村覆盖和延伸。截至2015年末,琼海文明生态村占全市自然村总数的70.7%,有8个村镇获评为全国文明村镇,全市构成一幅"城在园中、村在景中、人在画中"的幸福家园,游人到这里可以体验"琼海味道"的幸福田园生活。

正如海南省省长在谈海南如何发展全域旅游时所解释的,在"点"上,要注重村庄的规划建设管理,精雕细琢、用心打造,把每一栋建筑、每一个乡村都建设成精品、塑造成景观,成为游客留影的背景。在注重景区、村庄、公共服务场所这些"点"的精心打造的同时,用"线"把"点"连接成面。"线"不仅要有连接功能,还要有旅游功能,琼海就是用旅游绿道把散落的田地、湖泊、河流、村庄串联起来,使城乡的边界越来越模糊、生活品质越来越接近,把全市连成一个大景区。

旅游本是综合性产业,在资源消耗、带动系数、就业容量、综合效益等方面都有明显优势,已经成为优化区域布局、统筹城乡发展、促进新型城镇化的新引擎和有效载体。全域旅游的推进发展,对城镇化建设的加快、对基础设施的改善、对人气和商机的聚集、对产业支撑的形成都会产生积极作用,并且能够改善和提升农村人口的生活水平、质量及素养,在旅游发展中提高幸福指数和文明程度。琼海的特色小镇、美丽村庄和农业公园建设,带旺了人气,促进了消费,增加了收入,实现了农村居民职业多元化、收入多样化。因此,推进全域旅游发展是新型城镇化建设的有效新载体。

3. 旅游发展不再是部门行为和责任,而是党政全局的大事业

推进全域旅游是一场具有深远意义的变革,需要实现多层面的转变。其中的一个转变是从部门行为向党政统筹推进转变,形成综合产业综合抓的局

面。这就要从领导体制、管理体制、工作机制和格局上实现转变,要求做到全局谋划、全要素动员、全资源整合、各部门联动的统筹协调推进。2014年4月,琼海正式启动推进全域5A景区建设。琼海市委、市政府专门成立了以书记为组长、市长为第一副组长的琼海打造全域5A旅游领导小组,市委副书记兼任领导小组办公室主任,从制度上保障了快速推进。在顶层设计做先导、体制机制做保障的前提下,琼海充分整合各方资源,把新型城镇化、美丽乡村建设与全域5A旅游结合起来,协调推动,成为推进新型城镇化和新农村建设的有效载体。近年来,通过政府财政直接投资5亿多元推进基础设施项目建设,实现捆绑资金超过了20亿元,聚集资金得到4倍以上的放大,激活了市场。

创建全域旅游示范区,以人民政府为申报主体。推进全域旅游发展,自然要将创建地作为总体战略推进,这必然需要主要领导亲自抓、重点抓。从部门行为向党政统筹推进转变,形成综合产业综合抓的局面,这是旅游发展模式转变的必然要求。

4. "三不一就"最大限度保全旅游资源,避免了开发式破坏

"三不一就"的新型城镇化道路是琼海叫响全国的金字招牌。"不砍树"是保护生态的红线;"不占田"是敬畏自然的红线;"不拆房"是和谐发展的红线;"就地城镇化"是以人为本的城镇化。"就地城镇化"还可以有更丰富的内涵:不用进城,实现了记得住乡愁的城镇化;就着本地的山水树木、自然景观,实现了有生态文明的城镇化;就着本地的产业发展,实现了有产业支撑的城镇化;就着本地的生产生活特色,实现了有人文关怀的城镇化;就着本地的文明、文化、历史实现了有内涵、有文化的城镇化。正如2013年中央城镇化工作会议要求的"依托现有山水脉络等独特风光,让城市融入大自然,让城市居民望得见山、看得到水、记得住乡愁"。由于最大限度地保留了特色旅游资源,这样的旅游目的地才能给游客丰富的体验,才能成为出行首选,游客才会流连忘返。

因此,面对各路媒体时,琼海老百姓总是满脸幸福地说,地还是那块地,屋还是那栋屋,可是生活已经大变样,可以在家就开饭店、开民宿、当导游,既是农民又像市民,满满的惬意溢于言表。千年渔港潭门镇,通过挖

掘当地悠久的海洋文化，短短两年就实现了从传统渔港向旅游观光、度假休闲、海产品加工销售等多功能风情小镇的转变，吸引了 7000 多名农民返乡创业。北仍村也出了个 8 个月收入超过以往 17 年总和的草寮咖啡老板娘阿香。以黎苗文化为根基，借农旅融合促农民增收，会山镇成为明星小镇，加脑村拿下 2015 年中国乡村旅游模范村称号，成为旅游扶贫的典范。正确理解全域旅游，必须要避免一些认识误区，比如不是到处建景点（区）、建宾馆酒店，不是到处进行旅游开发，不可简单复制、粗暴克隆，不可一哄而起、无序而为，等等。琼海的"三不一就"最大限度地确保了创建工作始终不偏离方向和主线，最大限度地保护了特色旅游资源，最大限度避免了无序开发，最大限度避免了开发性破坏。

5. 全域旅游促进区域协调发展，推进经济结构转型升级

从门票经济向产业经济转变，是推进全域旅游发展要实现的转变之一。在"景点旅游"模式下，发展旅游主要是建景点、景区、饭店和宾馆，旅游管理也是局限于对景点、景区、饭店、宾馆和旅行社的管理，旅游就是导游带着游客定车、定景点景区、定购物点、定餐饮点、定住宿点，游客体会不到除此以外的更多东西，当地民众也不能直接享受到游客带来的益处。因此，"景点旅游"模式下，游客的增长对当地的影响是非常有限的，或者说影响是单一的，只见门票收入和景区商铺收入。这种旅游发展模式造成景点（区）内外差别明显，旅游市场各种乱象丛生，老百姓无法分享旅游发展成果，共建积极性无从谈起，发生利益纠纷矛盾成为常态。全域旅游作为一种新的区域协调发展理念和模式，它以旅游业为优势产业，以旅游业的发展带动和促进区域经济社会协调发展。在全域旅游模式下，区域经济社会的协调发展通过"+旅游"和"旅游+"实现各产业的深度融合，实现区域协调发展，实现民生围绕旅游兴。

琼海全域旅游对区域经济社会协调发展的带动和促进作用是全方位的。

第一，通过"+旅游"和"旅游+"形成产业融合、良性发展，完成产业围绕旅游转、产品围绕旅游造、结构围绕旅游调的转型。琼海的农田当作公园建即是"农业+旅游"的典型模式。在此基础上，农民调整种养结构，满足和适应旅游的各种需求，这成就了"旅游+"模式。龙寿洋农业公园范围

内的传统农民黎文福说,做梦也想不到,种地能种出旅游来,自己耕作的场景成为游客竞相拍照的美景。

第二,全域旅游促进政府公共服务均等化,功能围绕旅游配。全域旅游要求全区域是旅游目的地,要求全要素资源旅游化,游客的深度体验会把旅游影响的触角延伸到乡间地头、延伸到餐桌灶头。这要求政府的社会服务是全方位的,提供的公共产品是城乡均等的。琼海在新型城镇化建设中很好地做到了这一点。旅游漫步绿道是生产、生活·生态·旅游共享的基础设施,既是当地百姓的出行通道,也是游客的旅游休闲绿道,又是打造5A级大景区连点成面的景观线。琼海的新型城镇化建设加快了环境卫生、城乡交通、供水等基础设施和行政服务、教育、医疗等公共服务产品向农村的延伸和覆盖,"一镇三优"的教育制度,服务型政府的打造,国家卫生城市荣誉称号的获得,等等,都是琼海全域旅游的点睛之作。

第三,民众的文明程度在全域旅游发展中得到提升。由于全域旅游让百姓直接享受到了旅游带来的变化和收益,因此,自然有积极性营造优质的旅游环境,包括提升自己的文明程度、改进卫生条件、提供优质服务和优质农产品,等等,使共建积极性得以完全释放,呈现共建共享的祥和景象。

(二)海口全域旅游发展实践

海口市全域旅游建设指引:围绕海南全域旅游建设的总要求,抢抓大众旅游新时代机遇,联动琼州海峡经济带的建设,全面推进海口旅游业转型升级,将海口建设成为海南国际旅游岛和南海区域旅游组织中心与服务基地,世界一流的热带滨海国际旅游目的地城市,有力地带动"琼北旅游圈"全面发展。

1. 全域旅游初步显现了"日月同辉满天星"的格局

加快全域旅游"美丽海南百镇千村"建设,持续打造旅游吸引物,万达文化旅游项目签约落地并启动建设,华侨城集团部分项目也签约落地;丹娜国际游艇都会建成试营业,长影海南环球100、狂野水世界、桂林洋国家热带农业公园、南海明珠国际邮轮中心、如意岛等一批重点旅游项目建设有序推进。加强旅游重大项目招商引资。2017年海口综合招商推介会上,签约了世界级火山花园旅游小镇开发建设项目、西海岸主题文化旅游综合体建设项目等12个旅游产业项目，签约总金额659.7亿元。演丰、石山等10个特色产业小镇建设步伐加快，桂林洋特色风情小镇初步建成，18个镇墟立面及旅游化改造全面展开，计划到2019年底建成142个美丽乡村海口编制完成142个美丽乡村建设规划和启动36个美丽乡村建设，力争到完成71个美丽乡村建设。以发展民宿旅游为突破口，加强乡村旅游建设和精准扶贫工作，邀请台湾、厦门民宿专家为市区镇村干部及旅游企业负责人作民宿专题讲座，举办民宿专题培训班，起草民宿经济发展指导意见，开展民宿立法工作，推出花梨之家、火山石坞、美舍有个房、柳桉山庄等一批主题民宿，不断丰富乡村旅游内涵，推动乡村旅游发展。

2. 多措并举提升了旅游公共服务质量和水平

2015年启动的旅游厕所建设管理三年行动计划以来，已新建、改建旅游厕所153座，提前超额完成110座的目标，2015年、2016年连续两年被评为全国"厕所革命"先进市。建成观澜湖新城、万绿园、秀英港、汽车西站等一批旅游咨询服务网点。2016年投入近2.4亿元航空奖励金开发国际客源市场。2016年海口市累计执行25条地区和国际航线，2017年上半年海口新开通8条国际和地区航线。美兰机场2016年旅客吞吐量达1880万人次，再创历史新高。2017年1~6月，美兰机场旅客吞吐量1144.28万人次，同比增长17.8%，其中，境外航线旅客吞吐量41.47万人次，同比增长28.4%，2017年旅客吞吐量突破2000万人次的目标。此外，还调整优化了7条旅游公交线路，四个区全面启动了130千米旅游资源公路建设，东寨港大道旅游公路已经建成投入使用。

3. "旅游+"加速多产业融合升级

旅游与会展、体育、文化、互联网、花卉等产业融合、组合加速，2016年海口举办规模以上会展活动238场，2017年上半年，共举办上规模会议（200人以上）和展览活动169场，同比增长37.4%，已完成全年目标任务的65%，按时序超额完成计划目标，连续五年被评为中国会展名城；成功举办观澜湖世界职业明星赛、马拉松赛等体育赛事。中国足球（南方）训练基地项目建设加快，海口活力健康城市形象深入人心；2016~2017年冯小刚电影公社吸引《芳华》《你行你上》《新次元冒险家》等一批剧组进驻摄制，拉动海南消费3.88亿元。2016年接待游客首次突破200万人次（达206万人次），2017年1~6月共接待游客103万人次；成功举办两届海南国际旅游岛三角梅花展，花卉产业园、花街备受青睐，赏花旅游成为椰城旅游新时尚；2016年海口市获评中国"互联网+旅游"十大优秀城市，市旅发委获评2016年"互联网+旅游"市级示范单位，"旅游+互联网"大大提升海口旅游产品的"掌上能见度"和"世界能见度"。

4. 多方位旅游营销增强了海口美誉度和影响力

2016年以来，境内在广东、江西、陕西、天津等地开展15场联合促销活动，境外在俄罗斯、新加坡和马来西亚等国家开展3场专场旅游促销推广活动，2016年接待入境游客13.65万人次，入境旅游市场实现了恢复性增长。2017年上半年，海口共赴俄罗斯、法国、德国、西班牙、意大利等6个国家及中国台湾、香港等地区开展境外旅游促销和参加旅游展会，并投入资金150万元在香港、澳门等地区投放旅游宣传广告，进一步扩大海口旅游影响力。2017年1~6月接待入境游客6.39万人次，同比增长14.27%，继续保持企稳回升的良好态势。策划举办的海南国际旅游岛网络欢乐节吸引省内外1042万人次参与、实现交易额8.5亿元，被评为2016年全省欢乐主题旅游月"最佳活动创意奖"。此外，以建设琼州海峡经济带和琼州海峡港航一体化为契机，深化海口湛江区域旅游合作，相继举办海口、湛江两地乡村旅游线路产品两场推介会，推出5条琼北、湛江"一程多站"精品旅游线路。同时，还开通了琼州海峡直升机航线，为游客提供更加多样化、个性化的高端出行选择。

5. 综合整治构建了现代旅游市场治理机制

2016年至2017年上半年，海口市旅发委紧紧围绕打击"不合理低价游"、超范围经营、虚假广告宣传等违法违规综合整治行动，出动执法人员2727人次，执法检查旅游企业909家次，其中检查星级饭店268家次、社会旅馆378家次、旅行社263家次，检查导游人员150人次。查处无照经营、涉嫌"零负团费""不合理低价游"等违法经营的旅行社15家，旅游购物点2家，处罚9人（含黑导），罚款99.1万元，为游客挽回经济损失54.8万元。

共享经济、全域旅游与旅游业

"1+3+N"旅游综合执法改革取得重大突破,在海口市旅发委、市工商局旅游市场管理局、旅游人民纠纷调解委员会的基础上,四个区法院2016年在景区新设立了11个旅游巡回法庭,市公安局于2017年6月成立了旅游警察支队。各区、各部门协调联动,强化了通力合作,落实了属地管理,进一步夯实了旅游市场"网"状监管机制,形成了严管重罚的旅游治理高压态势,旅游市场秩序进一步规范提升,为市民游客营造了安全良好的旅游环境。

(三)三亚全域旅游发展实践

三亚全域旅游建设指引:强化度假形象,构建富有三亚特色的旅游产品体系,打造国际旅游自由港、精品旅游城市、国际一流的热带滨海度假旅游目的地,充分发挥辐射带动作用,重点带动周边陵水、保亭及乐东等县跨越式发展。

三亚按照省里关于推进全域旅游的精神,将推进全域旅游建设纳入"十三五"规划,确定了今后五年的主要工作和具体目标,以此为指导,从点、线、面三个方面对促进全域旅游发展进行了探索和实践。

1. 突出抓好"点"的建设,为全域旅游筑牢基础

一是推动旅游产品提档升级。三亚按照"国际化""精品化"的要求,加快完善旅游要素功能配套,免税购物、邮轮游艇、低空旅游、文化娱乐、会议会展、婚庆蜜月、休闲农业等一批旅游新业态和新产品加快发展,其中,三亚凤凰岛国际邮轮港15万吨邮轮泊位建成,迎来大型邮轮"海洋航行者号"首航三亚;美亚航空推出国内首个点对点"空中巴士"低空游览观光旅游项目,有力整合了海南低空旅游资源;2017年全市接待各类会议会奖活动1万余场,接待蜜月游夫妻游客1万余对,会奖旅游和婚庆旅游逐渐成为三亚旅游的新热点。三亚还积极谋划天涯海角景区的改造和扩展,不断丰富景区的内涵,高标准规划南山文化旅游区,力争把南山文化旅游区打造成为世界一流的佛教文化旅游圣地。

二是培育发展特色产业小镇。三亚按照发挥比较优势,实行差异化发展的思路,以"多规合一"为指导,大力抓好8个省级特色产业小镇的规划建设,努力做到"一镇一特色""一镇一风情""一镇一产业"。

第六章　海南全域旅游发展实践与思考

三是着力实施美丽乡村工程。三亚依托文化与自然条件，以"宜居、宜业、宜游"为目标，开展美丽乡村规划编制工作，并选取了吉阳区中廖村作为示范点先行试点建设。三亚以美丽乡村建设为契机，积极通过农旅结合、以旅促农，有效带动了一批农村实现特色化、产业化发展，其中，天涯区槟榔村已成为三亚休闲农业旅游的新名片；吉阳区博后村已初步形成玫瑰衍生产品开发、特色民宿、餐饮、垂钓、种植体验区、婚纱摄影等多种功能完善的乡村旅游园区，有力促进了当地农业生产、农民收入和乡风文明水平实现新提高。

2. 重点加强"线"的建设，为全域旅游强化保障

一是加强海岸线、河岸线修复。三亚对三亚湾进行了人工补沙，实施了三亚湾原生植被保护及生态恢复工程，强力推进海岸带保护与开发核查，清理整改问题114项，获评全国第二批国家级海洋生态文明建设示范区。三亚加强了污水治理工作，2016年全市新建污水管道58千米，疏通清理市区污水主管道220千米，整治沿河排污76处，清理整治畜禽养殖、屠宰场等沿河重点污染源131家，加快推进污水处理厂、污水提升泵站等环保设施建设，实施了三亚河保护区红树林修复工程，城市内河水系治污取得明显进展。《人民日报》两次在头版位置报道三亚的生态治理成效。

二是优化提升旅游交通线路。三亚坚持把所有的线路都当作旅游线路改造，结合"城市修补"，开展了凤凰路、迎宾路、榆亚路等主干道景观提升工程；对三亚湾路、新风街等重要道路沿线建筑进行夜景灯光改造；"海上巴士"投入试运营，西线旅游铁路动工，新开通和调整了35条公交线路，新投放了500辆出租车，并引进滴滴打车、神州专车等服务项目，市民游客多元化的交通出行需求得到进一步满足。

三亚还通过"退果还林"等举措，对高铁沿线进行了整治，提升了景观效果。同时，围绕"大三亚旅游经济圈"建设，抓好规划衔接，大力开发一批连接周边市县的精品旅游线路。

3. 积极推进"面"的建设，提高全域旅游发展水平

一是抓好科学布局。以四个区为中心，统筹推进三亚全域旅游发展。海棠区要以现代服务业为抓手，严把项目入口关，高起点、高标准推进海棠湾

共享经济、全域旅游与旅游业

区域开发建设。随着万丽、洲际、威斯汀等国际品牌酒店建成开业,并重点引进一批医疗健康、文化产业项目,海棠湾的综合旅游接待和辐射能力进一步增强。吉阳区要加快亚龙湾业态调整,积极推进亚龙湾休闲外交基地建设,打造高端会议会展中心。天涯区要大力推进有轨电车建设,以此为基础,推动三亚湾的业态调整和整体提升,加快打造中心城区的精品商业旅游区。崖州区要结合南山文化旅游区的开发和创意产业园建设,持续推动崖州片区开发。

二是优化旅游环境。三亚启动运行了市民游客中心并线运行12301旅游服务热线和12345政府服务热线,提升了旅游服务的及时性、有效性和针对性。突出发挥旅游巡回法庭和旅游纠纷人民调解委员会的作用,有力保障了游客的合法权益。成立国内首支旅游警察队伍,涉旅违法行为得到有效遏制。出台了涉及"一日游""旅游购物店经营"等方面的13个常态化管理办法,形成了暗访检查、举报奖励、信息发布等领域的11个长效工作机制,三亚旅游监管步入常态化、制度化、规范化的新阶段。

三是提升城市整体环境。三亚分别置换两处房地产项目用地,改建为市民果园和红树林公园;加强了受损山体的修复与保护,抱坡岭等损毁山体的形态和功能得到了较好恢复。三亚把海鲜排档、水果店、农贸市场和店铺店面都当作旅游场所打造,集中规划建设了一批管理规范、服务到位、游客喜爱的水果市场,正在大力实施农贸市场升级改造,并探索制定相应的建设标准和管理制度。三亚开展了广告牌匾整治工作,大力规范沿街店招店牌,推动拆墙透绿、拆违建绿,强力整治占道经营,落实"门前三包"制度,狠抓环境卫生,市容市貌得到显著改善。三亚还加快推进旅游信息化建设,实现全市旅游景区和主要公共场所WiFi全覆盖。

尽管三亚在发展全域旅游方面做了一些工作,取得了一些成效,但和省里的要求相比,和广大人民群众的期盼相比,和先进市县、先进地区的成绩相比,三亚的工作还存在着一定的差距。三亚将进一步总结经验,增强意识,加快发展,努力把全域旅游"美丽海南百千工程"建设提升到一个新的水平。

三、国内全域旅游发展的地方实践

从2016年全国旅游工作会议提出全域发展战略以来，国家旅游局在全国范围内开展了"国家全域旅游示范区"创建工作，并陆续公布了两批参与创建"国家全域旅游示范区"的500家单位名单，全国各地积极响应，出台了一系列关于开展全域旅游工作的文件。

全域旅游发展已经成为理论和实践探索的热点，各地在推进旅游产业转型升级的进程中，均形成了较为完整的工作推进方案。通过梳理各省（区、市）全域旅游发展实践，发现一些有共性的发展策略已经形成共识：一是通过重点项目建设提升旅游目的地吸引力；二是通过财政补贴等手段促进产业融合；三是通过编制专项规划促进产业升级；四是通过完善设施服务推动产城融合；五是通过完善旅游交通增强区域整体联系；六是通过制定和完善地方标准落实创建工作；七是通过配套政策保障全域旅游发展；八是通过体制机制创新实现综合治理。

这里选取的部分省市做法中比较突出的亮点，总结分析这些经验，有助于地方因地制宜探索本土全域旅游发展之路。

（一）海南："点、线、面"发展构造全域绿色景观格局

2017年，作为全国首个全域旅游创建省的海南全年接待游客6745.0万人次，同比增长12%；实现旅游总收入811.99亿元，同比增长20.8%。旅游经济发展质量效益显著提升，旅游收入增长明显高于接待游客数量增长比率，旅游业对国民经济的直接和综合贡献度分别达到12%和28%。在推进全域旅游发展方面，海南通过"点、线、面"方式谋划全域产业布局的做法值得借鉴。

打造"点"。海南对"点"的打造与提升主要围绕着精品旅游城市、旅游产业园区、旅游综合体、旅游度假区、景区景点、特色风情小镇、乡村旅

游点和特色街区等八类进行,同时还实施了"百镇千村"工程,通过加强"点"的建设创造全域旅游发展新亮"点"。

连成"线"。海南重视增强和完善点之间"线"的连接功能和旅游功能,在全省范围内完善无障碍旅游交通和旅途风景"线"的建设,在增强交通便捷性的同时,对铁路、公路等沿线进行旅游化景观化改造,初步建成了独具海南特色的全域旅游景观带和景观走廊。

完善"面"。海南秉承"主客共享"的发展理念,坚持"全省一个整体、一个景区"战略思维和全域按照旅游景区的发展标准,在"点"和"线"的基础上,注重推进和完善全省旅游环境建设。

海南通过谋划全域空间上的"点、线、面"布局推动全域旅游发展,从散乱的景区景点到旅游目的地的整体空间打造,有利于区域内各种资源要素的有序整合,既提升了旅游目的地整体形象和竞争力,更促进了资源配置效率的优化,增强了地方旅游产业的绿色属性。

(二)山东:文旅深度融合提升产业附加值

山东 2017 年实现旅游消费总额 9200 亿元,同比增长 14%;接待国内外游 7.8 亿人次,增幅超 10%;入境旅游游客消费 31 亿美元,增长 2%;乡村旅游消费 2549 亿元,增长 15.9%;全年完成旅游投资 2231 亿元,增长 11.2%。在推进全域旅游发展方面,山东以十大品牌建设促进文旅产业的深度融合是亮点。

文化资源整合树立品牌。文化旅游资源是山东的优势旅游资源,山东整合文化资源,出台了《加快推进十大文化旅游目的地品牌建设实施方案》,策划推出了东方圣地、仙境海岸、平安泰山、泉城济南、齐国故都、鲁风运河、水浒故里、黄河入海、亲情沂蒙、鸢都龙城等十大文化旅游目的地品牌,深度拓展了"好客山东"的品牌内涵,力求突破旅游景点与线路的格局,打造产品丰富、服务完善、功能完备的旅游目的地。精品项目建设作支撑。山东依托十大文化旅游目的地品牌,强化文化旅游项目支撑,规定跨市的品牌确定 3~5 个骨干项目,单一城市品牌确定 1~2 个骨干项目,各市组织专家对骨干项目进行论证,努力打造精品旅游项目。

文创旅游融合提升价值。山东深入挖掘孔子、墨子、管子、孙子、荀子等诸子百家的思想，提高文化产业化发展水平，将文化资源包装成文化产品，鼓励高水平的创意策划，研发游客参与性、体验性文化旅游产品，促进文旅融合发展，提升产业附加值。例如，山东曲阜的篆刻、楷雕等传统手工艺，依托儒家文化的资源优势，通过"旅游+"和"互联网+"的形式，走出了一条产业化的特色发展路子，获得了市场的认可，大大提升了产业的附加值，成为产业融合发展的典型案例。山东通过促进文旅深度融合的方式推动全域旅游发展，深挖文化旅游资源，以打造十大品牌统筹全域的旅游产业布局，有利于促进文化产业和旅游产业的深度融合发展，大大提升了产业附加值，有效提升了区域产业发展质量。

（三）贵州：打造全域山地旅游目的地实现绿色减贫

贵州2017年接待游客1634万人次，增长36.08%；旅游综合收入185亿元，增长36.77%；旅游从业人员7万多人，带动贫困人口就业9000人，人均年收入2万元以上。在推进全域旅游发展方面，贵州制定《贵州全域山地旅游发展规划》，通过打造全域山地旅游目的地助推脱贫攻坚的做法切实遵循了因地制宜的原则。2016年，贵州在全国率先启动全省旅游资源普查工作，各级普查机构对88个县（市、区）和贵安新区开展全方位的实地普查，形成12个主类、53个亚类、210个基本类型，登记各类单体旅游资源82721处，其中新发现51630处，优良级旅游资源9607处。贵州以100个景区建设为重点，分别主打红色旅游、休闲游、生态游、民俗游、创意游、乡村游、文化生态游、户外休闲游、湖滨旅游、健康养生游、户外运动旅游、露营度假游等20多种业态，以"山地公园省，多彩贵州风"为定位，因地制宜地全景式打造山地旅游目的地。

近年来，贵州把乡村旅游作为扶贫攻坚的重点，依托独特的自然气候、生态景观、民族风情优势，新建、改造、提升了一大批村庄，推出一批避暑度假、城郊休闲和民俗体验旅游产品，培育了一批知名乡村旅游品牌，以此为载体，探索出一条共建共享的全域旅游绿色扶贫新路子。贵州在资源普查的基础上，充分发挥了自身的特色资源优势，以生态旅游的思路推进全域旅

共享经济、全域旅游与旅游业

游发展，既打造了贵州的山地旅游目的地形象，又实现了绿色减贫脱贫，成为区域创新绿色发展方式的典范。

（四）重庆："标识重庆"打造智慧化共享公共服务平台

重庆2017年接待游客5.4亿人次，实现旅游总收入3300亿元，同比分别增长20%和25%。其中，接待入境游客358万人次，实现旅游外汇收入19.4亿美元，分别增长13%和15%。在推进全域旅游发展的过程中，重庆利用信息技术打造"标识重庆"全域旅游公共服务平台的做法值得借鉴。

全域化服务范围。"标识重庆"以整个重庆作为服务范围，覆盖重庆全市景区景点、交通、道路、公共设施等，突破传统的旅游区和非旅游区的概念，以满足生活和旅游需求为导向，同时为居民和旅游者提供高品质服务。

智慧化功能设计。"标识重庆"以服务体验为主线，精简服务信息，创新展现方式，打造集信息查询、在线导览、咨询投诉、在线消费、互动娱乐等多种功能于一体的公共服务平台。

多元化信息整合。"标识重庆"兼顾政府、企业、居民和游客的需求，充分利用信息资源，以互联网为手段串联起上下游产业链，将酒店、餐厅、娱乐、交通、商铺、公共服务等全域资源整合起来，推进多产业的融合和多部门的联动，力求构建全域、全业融合叠加的发展平台。现代技术尤其是信息技术的创新应用是实现全域旅游发展理念的重要手段，打造"标识重庆"平台既提升了全市范围内的旅游公共服务水平，还整合了多部门的资源，实现了全域的共建共享，通过全域平台建设做到了产业域、空间域和管理域的有机结合，促进了重庆旅游产业发展效率的提升。

（五）宁夏：构建"一核两带三廊六板块"的整体产业布局

宁夏作为全国第二个创建全域旅游示范省区，全域旅游发展目前进入了快车道。2016年，宁夏接待国内游客首次突破2000万人次，旅游总收入首次突破200亿元，进出境人数首次突破20万人次。这三个首次突破的实现，无疑得益于全域旅游的大力推进。2016年，宁夏开工建设旅游项目172个；游客服务中心、旅游厕所、宁夏智慧旅游运行监测管理服务平台等公共服不断完善；一批金牌旅游小吃、创意旅游商品、旅游演艺项目和特色农家乐走进游客视线，单纯依靠景区吸引游客，带动增收的局面已经有所改变。2016年，宁夏国内游客接待人次与旅游总收入，同比分别增长17.1%和30.2%，成为全国旅游人次同比增长最快的五个省市之一；旅游总收入占全区GDP的比值达到6.73%，游客人均消费近972元；出入境人数20.7万人次，同比增长97%。2017年，全区将进一步加快国家全域旅游示范区创建步伐，3月28日，自治区人民政府发布了《宁夏回族自治区"十三五"全域旅游发展规划》，围绕全域化、国际化、智慧化、品牌化、生态化发展战略，着力构建"一核两带三廊七板块"全域旅游空间发展新格局。到2020年，全域旅游发展模式更加优化，供给体系更加多元，服务体系更加健全，管理体系更加科学，共享体系更加成熟，形成布局科学、结构合理、功能齐全、设施完善、优势互补、实力强大的全域旅游产业体系，把旅游业建设成为开放宁夏的先导产业、富裕宁夏的支柱产业、美丽宁夏的绿色产业和和谐宁夏的富民产业。全区游客接待量突破3000万人次，旅游总收入突破300亿元（见表6-1）；旅游投资年增长20%以上，旅游业对国民经济的综合贡献度达到15%。

表6-1 "十三五"期间宁夏旅游发展主要经济指标预测

年度 \ 指标	实现目标			力争目标		
	接待人次（按预测年增长率10%计）（万人次）	旅游收入（按预测年增长率13%计）（亿元）	人均消费（元）	接待人次（按预测年增长率12%计）（万人次）	旅游收入（按预测年增长率15%计）（亿元）	人均消费（元）
2016	2020	180	900	2060	185	900
2017	2230	210	925	2310	210	925
2018	2450	230	950	2580	245	950
2019	2690	260	975	2890	280	975
2020	3000	300	1000	3240	320	1000

注：①预测结果按四舍五入进行小数取整，再对整数末位数进行四舍五入取整十数；②"十二五"期间，自治区接待旅游总人次年均增长率为12%，旅游总收入年均增长率为20.5%。

共享经济、全域旅游与旅游业

四、海南全域旅游发展建议

海南作为国家级全域旅游示范区，认真落实全域旅游的四大标准：率先实现旅游业对当地经济贡献率15%和新增就业贡献率20%；率先实施"1+3"旅游综合管理和综合执法模式；旅游厕所建设率先达标；旅游数据中心率先建成。海南省省长在2016年海南省旅游工作会议上指出，全域旅游示范区的创建，每一个村庄、每一个乡镇、每一个市县，直到全省，都要有点、线、面的要求。其中，点是指对景点、居住点、公共服务场所等各个点的规划建设管理，把示范区内每一栋建筑、每一个经典、每一个乡村都建设成精品、塑造成景观；线是指完善自身的连接功能，做到点与点之间能够顺畅通达，点点想通，同时要丰富"线"的旅游功能，注重沿线的景观建设，将连接线建设成景观带，使游客在点与点之间穿梭时能获得赏心悦目的体验；"面"是指把一镇、一市乃至全省作为一个大景区打造，达到海南省全域之内处处是风景。

（一）规划先导引领

在推进全域旅游建设中，海南始终坚持把全域规划设计摆在首要位置，高起点、高标准规划引领全域旅游建设。聘请专业规划机构和业内专家，按照"全景化打造、全地域覆盖、全资源整合、全领域互动、全社会参与"的原则，以突出旅游功能和元素为统领，结合经济社会发展、新型城镇化、精神文明建设，科学编制"田园城市"发展战略，形成了引领全域旅游发展的总体框架和顶层设计。同时，坚持统筹兼顾，加强各类规划之间的衔接和协调。在完善县域村庄布局规划、村庄建设规划的同时，加快修编土地利用总体规划、城镇体系规划、农村社会发展规划、农村土地综合整治规划、农村住房改造建设规划等规划，实现了规划一张图、建设一盘棋的目标。

（二）特色产业支撑

全域旅游的可持续发展，离不开产业的有力支撑。海南以风情小镇、农业公园建设为主，整合现有产业资源优势，积极延伸拓展旅游产业链条，不断丰富旅游要素，着力打造城市与乡村互动、旅游业与其他产业融合发展的度假胜地。特别是以"一镇一特色、一镇一风情、一镇一产业"为目标，大力发展热带特色高效农业、农产品精深加工、农产品电商、特色手工艺品产业、农家乐、乡村休闲观光旅游等，有效地推动了农业经营组织体系朝着组织化、社会化的方向发展，不断增强农村集体经济的发展能力。比如，琼海潭门镇从贝类工艺品加工销售起步，现已转型并发展成为集木雕、根雕、菩提子等多种工艺品加工、销售于一体，辐射东南亚部分国家的旅游风情小镇。

（三）拓展营销渠道

一是注重营销的层次性。海南应加强在旅游服务质量和旅游产品方面的营销，营销过程中通过把目标市场和营销的内容进行层次性区分，有针对性地推广"国际旅游岛"主题形象，注重突出一流的生态环境，进一步提升旅游目的地形象。

二是推进营销渠道实用化。政府和行业组织要充分发挥作用，借助各种会议、文体赛事等，通过各种渠道宣传推广旅游产品和旅游目的地形象；旅游企业要加强自身管理，通过提升服务质量来树立旅游目的地形象。结合海南自然资源优势，主打产品差异化营销，着重突出特色。

三是坚持"节点"营销。结合重大节日和海南文化节日活动，着重安排"海南岛欢乐节""天涯海角婚庆节"等重要"节点"，形成强势的针对式营销；"节点"之间安排持续进行的形象传播，保持营销的连贯性和持续性，使目标市场不断地接受海南旅游目的地形象的信息，让潜在市场在熟悉的基础上增强认同感，最终形成固定的旅游目的地形象。

共享经济、全域旅游与旅游业

（四）惠及全体群众

海南很好地发挥了政府在建设中的引导作用，通过政策引导、资金扶持等举措，完善配套基础设施、补齐公共服务短板。比如，海南在全域旅游建设中加快推进行政服务、医疗、教育、公共交通、垃圾处理、互联网等公共服务城乡一体化，道路硬板化通往全部行政村，农村公交覆盖65%的行政村，"户分类、村收集、镇转运、市处理"的垃圾处置模式覆盖全域自然村，城乡一体化供水达到90%，95%以上的行政村通互联网。同时，把发展全域旅游作为重大的民心工程、民生工程来抓，将全域景区建设与城乡一体化、就地城镇化、脱贫攻坚等工作紧密结合，让群众真正看到实效、得到实惠，从而充分调动其参与建设和管理的积极性。比如，琼海会山镇加脑村整村推进打造苗族特色村寨，通过发展乡村旅游逐步带动当地特色苗绣产业、苗家乐的发展，以及野蜂蜜、山鸡蛋、翻缸酸菜等土特产的销售，为当地村民脱贫致富开辟了新的渠道。群众得到了实惠，认识得到统一，提高了积极性，现在海南全市形成了"全域是景区、处处是景观、村村是景点、人人是导游"的格局。

（五）合理建设管理

海南通过保护山水田林海生态，挖掘区域特色文态，构建田园化形态，丰富生态型业态，调整和谐发展心态，逐步构建起"城在园中、村在景中、人在画中"的美丽幸福家园。以创建"全国文明城市"和"国家卫生城市"为契机，持续加大城乡环境的整治力度，城乡违章建筑、私搭乱建和"脏乱差"现象得到了有效遏制，建筑风貌得到了严格管控。通过充分保护农村地形村貌、田园风光、农业业态和生态本色，以人为本，顺势而为，打造出了传承本地文化、历史记忆、地域特色、民族特点的秀美村镇。随着城乡环境不断改善，当地居民的环保意识、文明程度、生活品位也得到了大幅提升，小到一家一户的住房、房前屋后的绿化美化，大到小镇、村庄的整体布局建设，都体现出精心的策划设计和细致入微的人文关怀。同时，在全域旅游建设中，海南还不断创新美丽乡村自我管理、自我教育、自我服务等方式，让当地居民和游客既能"望得见山,看得见水,记得住乡愁",又可以健康、舒适地生活在蓝天碧海围绕的海南。

五、全域旅游背景下海南省旅游经济效应

21世纪以来,旅游业已成为全球经济发展最强劲和规模最大的产业。我国已经从旅游大国发展成为旅游强国。海南是一个非常适合于发展旅游的省份。2017年,海南以推进旅游业供给侧结构性改革为主线、国家全域旅游示范省创建为抓手,积极作为,迎难而上,全力确保旅游经济健康运行。2017年,旅游人数和旅游收入均超额完成任务。全年接待游客6745.01万人次,同比增长12%,实现旅游总收入811.99亿元,同比增长20.8%,旅游经济发展质量效益显著提升,旅游收入增长明显高于接待游客数量增长比率。入境游提前3年完成接待百万人次的目标,全年接待入境游客111.94万人次,同比增长49.5%,旅游外汇收入6.81亿美元,同比增长94.6%。

海南旅游业的发展极大地推动了海南经济的发展。本部分以海南投入产出表为基础,对海南旅游相关活动进行剥离,以剥离后的广义旅游业为对象,利用投入产出分析法,测算海南旅游业经济效应。囿于种种限制,此次主要测算旅游经济效应中的收入(产出)效应。具体包括:海南旅游业的直接产出、间接产出、诱导产出、产出乘数;测算海南旅游业产出乘数;海南旅游业对海南省GDP的贡献。

(一)旅游业经济效应

旅游业经济效应是指旅游业对旅游地国家或区域在经济方面所产生的作用及影响。旅游业经济效应主要包括收入效应、创汇效应、就业效应、产业关联效应等。旅游收入效应指旅游业的收入效应即旅游业收入增长与经济增长的关联,是旅游业的发展带来目的地地区的经济的直接的、间接的旅游收入。近年来,量化客观的角度得到重视,如旅游乘数和投入产出分析方法来

测算旅游业对地方经济的影响。毫无疑问，现代意义上的旅游业总是表现为与经济要素之间相互依存的关系，很多地区发展旅游业也主要是基于它的经济利益考虑。随着旅游业的进一步发展，旅游产业对目的地地区经济的影响越来越大。

旅游收入包括国内旅游收入和国际旅游收入。根据现代经济学理论，旅游收入通过初次分配和再分配，其用于生产性投资和生活消费的数量会随着每次分配而增加，最终形成乘数效应而使国民收入总量增长，旅游业的收入效应可以表现为旅游收入对经济的直接影响和间接影响。由于旅游者购买的旅游商品或服务而使旅游地形成的收入构成直接影响，而由旅游地的直接收入诱发形成的收入构成间接影响。比如，游客在饭店住宿的花费可视为对某旅游目的地经济的直接影响，而饭店职工可从游客花费中获得工资收入，又把工资收入用于生活支出，这种生活支出被注入本地经济，这样就对旅游目的地的国家或地区的经济构成间接影响。

旅游收入（产出）效应表现在三个阶段。第一阶段是直接影响阶段，是旅游者在旅游目的地的各项消费，将消费资金直接注入各个特征旅游企业和部门，饭店、旅行社、商店、景区、交通等部门的产出价值实现，并获得收益；第二阶段是间接影响阶段，旅游特征企业将新增加的营业收入用于补充原材料、维修设备、缴纳税金、支付其他营业费用，从而使其他部门产出价值实现，获得收益；第三阶段是引致影响阶段，由于员工工资收入的消费，进一步推动旅游影响，刺激整个经济活动扩大。引致影响的作用非常客观，有些国家和地区的计算表明，引致影响相当于间接影响的 3 倍。

（二）数据来源及测算模型

我们通常用旅游收入占 GDP 的比重表示旅游业对国民经济的贡献。旅游收入数据是来源于《中国旅游年鉴》的旅游收入，而《中国统计年鉴》的旅游收入数据主要包括交通、住宿餐饮等九个部门指标，显然这九个部门只是旅游业直接发生关联的部门，并不是旅游业发生关联的所有部门。首先，用旅游直接产出代替旅游收入显然缩小了旅游的经济影响，应代之以旅游业总产出。其次，GDP 是各产业的增加值，而旅游收入属于总产值，不应该用旅游收入占 GDP 的比重说明旅游业在国民经济中的地位，应代之以旅游业直接增加值。

旅游业的概念和范围的界定都存在模糊性和不确定性。正因如此，导致旅游统计测量的困难，世界范围内至今仍然没有给出旅游业对经济的贡献和经济影响程度的准确数据。目前公认可以测算旅游业增加值的方法如下：

（1）旅游卫星账户。旅游卫星账户是国际通行的旅游统计标准和分析工具。可以较为全面的、科学的、严谨的测算旅游业增加值。但其缺点为编制时间较长、花费巨大、账户 4 和 5 的剥离过程中采用抽样调查的方法获取比例，有一定的主观性。

（2）统计局通过供给比测算。重新对国民经济统计项进行归类，采用抽样调查的方法测算每一类旅游产品的供给比例。此方法同样有主观因素存在。

（3）通过投入产出表测算。此方法较为复杂，首先从 139 个部门中，将与旅游业直接相关的部门剥离出来；其次测算剥离系数，将这些直接部门中的与旅游相关的剥离出来；最后对投入产出流量表进行重新归集，利用重新归集的投入产出流量表测算旅游业的增加值。利用投入产出法测算旅游业的增加值，其优点是，部门旅游供给比的剥离，可以通过归集后，利用《中国国内旅游抽样调查资料》的旅游统计结构进行剥离，避免了主观性；缺点是，投入产出模型是大型的计量模型，测算的过程中需要多次归集投入产出表，测算直接消耗系数和完全消耗系数等，计算工作量巨大。

投入产出表又称部门联系平衡表，是反映一定时期各部门间相互联系和平衡比例关系的一种平衡表。投入产出表中第Ⅰ象限反映部门间的生产技术联系，是表的基本部分；第Ⅱ象限反映各部门产品的最终使用；第Ⅲ象限反映国民收入的初次分配；第Ⅳ象限反映国民收入的再分配，因其说明的再分配过程不完整，有时可以不列出。投入产出表根据不同的计量单位，分为实物表和价值表；按不同的范围，分为全国表、地区表、部门表和联合企业表；按模型特性，分为静态表、动态表。投入产出表可全面系统地反映国民经济各部门之间的投入产出关系，揭示生产过程中各部门之间相互依存和相互制约的经济技术联系。一方面它能告诉人们国民经济各部门的产出情况，以及这些部门的产出是如何分配给其他部门用于生产或如何分配给居民和社会用于最终消费或出口到国外的；另一方面它还能告诉人们，各部门为了自身的生产又是如何从其他部门取得中间投入产品及其最初投入的状况。投入产出核算的功能不仅仅在于反映现各个部门在生产过程中直接的、较为明显的经济技术联系，更重要的是它揭示出各部门之间间接的、较为隐蔽的甚至被人忽视的经济技术联系。投入产出表为研究产业结构，尤其为制定和检查国民经济计划、研究价格决策、进行各种定量分析提供依据。

在我国，投入产出表的编表制度规定逢2、逢7年份编制基准年国家投入产出表。本部分以2016年5月出版的国家统计局国民经济核算司编制的《中国地区投入产出表（2012）》海南地区的投入产出结构为依据。一般情况，我们认定投入产出结构可以保持5年不变。以2017年的旅游收入作为第一次剥离的研究对象。对旅游业发展的相关活动进行剥离，以剥离后的广义旅游业为分析对象，建立国民经济统计项中17个部门加上广义旅游业共18个部门的投入产出流量表。采用较为科学严谨的计算方法，测得海南旅游业旅游直接、间接、诱导产出及产出增加值，测算海南旅游乘数及海南旅游业在国民经济中的地位。

本部分以广义旅游业为研究对象。广义旅游业是指为满足游客在旅游中对交通、通讯、游览、娱乐、饮食、住宿、购物、生活服务等需求而提供服务或货物的行业，包括交通运输业、通讯业、生活服务业（含旅馆、旅行社、文体康乐业等）、饮食业、商业等行业中与旅游者的消费直接有关的部分。这个概念在做定性分析时看似简洁、准确，但是要对广义旅游业做量化分析（建立广义旅游业的投入产出流量表），就必须从交通运输业、通讯业、生活服务业（含旅馆、旅行社、文体康乐业等）、饮食业、商业等行业中把与旅游消费相关的部门剥离出来。本部分以《中国国内旅游抽样调查资料》中的旅游收入统计项（旅游消费结构）包括餐饮、住宿、长途交通、市内交通、游览、购物、娱乐、邮电通讯和其他九个方面，以此九个方面为依据，以《中国地区投入产出表（2012）》为基础，从2012中国地区投入产出表（海南）139个部门剔选出24个旅游直接相关部门。这24个部门中既包括旅游相关活动，也包括非旅游的相关活动。如交通运输中货运交通不属于旅游活动，本部分采用一定的方法尝试从 24 个部门中剥离出旅游相关活动。我们把剥离出旅游相关活动的 24 个部门称为广义旅游业，也即本研究的分析对象。

本部分对旅游业的相关活动进行剥离的具体做法是：以《中国地区投入产出表（2012）》和《中国国内旅游抽样调查资料》为基础，选取与旅游业相关的部门。《中国国内旅游抽样调查资料》中的旅游收入统计项（旅游消费结构）包括餐饮、住宿、长途交通、市内交通、游览、购物、娱乐、邮电通讯和其他九个方面，以此九个方面为依据，从 2012 年海南投入产出表 139 个部门进行选取和归集出 24 个部门与之一一对应。结果见表 6-2。

表 6-2 139 个部门中旅游业直接相关部门

旅游六要素	旅游收入统计项	投入产出 139 个部门中旅游直接相关部门	部门数（个）
食	餐饮	餐饮业	1
住	住宿	住宿业	1
行	长途交通	铁路运输业；道路运输业；水上运输业；航空运输业	4
	市内交通	城市公共交通业	1
游	游览	水利管理业；环境管理业；公共设施管理业	3
购	购物	批发零售业	1
娱	娱乐	新闻出版业；广播、电视、电影和音像业；文化艺术业；体育；娱乐业	5
其他	邮电通讯	邮政业；电讯和其他信息传输服务业	2
	其他	保险业；租赁业；商业服务业；居民服务业；其他服务业；公共管理和社会组织	6
合计		24	

根据以上的归纳对应，可以对 2012 年的海南投入产出表进行重新归集，得到 9 类旅游特征产品部门的投入产出流量表。根据该投入产出表可以获得 24 个部门广义旅游业的增加值和总产值。包含 24 个部门的广义旅游业的产值远远超出了实际的旅游产出（旅游收入）。其原因也很明显，与旅游业相关的 24 个部门中并不是全部进行的旅游生产活动，比如交通中有货运交通

不属于旅游生产活动。

24个部门的广义旅游业的产值远远超出了实际的旅游产出（旅游收入）。其原因也很明显，与旅游业相关的24个部门中并不是全部进行的旅游生产活动，比如交通中有货运交通不属于旅游生产活动，因此不能用来代替旅游业分析其与国民经济之间的关系。所以，我们需要利用旅游剥离系数对24个旅游相关部门的旅游生产活动进行剥离，从而能相对较为真实的对旅游生产活动进行分析。

所谓旅游剥离系数，是指各个旅游相关产品部门对应的旅游产出除以该产品部门的总产出。该系数表明了在该产品部门中旅游生产活动产出占所有生产活动产出的比例。

$$\lambda_j = \frac{Y_{rj}}{Y_j} \quad j = 1, \cdots, 9$$

λ_j表示各（j）部门的旅游剥离系数；Y_{rj}表示各（j）部门对应的旅游产值（旅游收入）；Y_j表示j部门的总产出。据此，可以算出9类旅游相关产品部门的剥离系数，见表6-3。

表6-3 2012年旅游业产出与剥离系数

旅游收入统计项	投入产出139个部门中旅游直接相关部门	剥离系数
餐饮	餐饮业	0.11920
住宿	住宿业	0.23288
长途交通	铁路运输业；道路运输业；水上运输业；航空运输业	0.54274
市内交通	城市公共交通业	0.06473
游览	旅游业；水利管理业；环境管理业；公共设施管理业	0.08073
购物	批发零售业	0.08983
娱乐	新闻出版业；广播、电视、电影和音像业；文化艺术业；体育；娱乐业	0.01701
邮电通讯	邮政业；电讯和其他信息传输服务业；	0.13700
其他	保险业；租赁业；商业服务业；居民服务业；其他服务业；公共管理和社会组织	0.04771

《中国统计年鉴》中国民经济是从 17 个方面进行统计,我们称这 17 个方面为国民经济统计项或国民经济统计的 17 个部门。要将旅游业与《中国统计年鉴》中国民经济 17 个部门之间进行分析,需要对投入产出表进行重新归集,需要建立包括广义旅游业与 17 个国民经济部门的 18 个部门的投入产出表。首先归集广义旅游业,从 139 个部门中选取与旅游业相关的 24 个部门;其次,利用旅游剥离系数对 24 个部门的旅游生产活动投入及需求进行剥离。此时,可以将旅游剥离系数应用于其他产品部门对这些旅游生产活动的影响分析,对投入产出表中的投入和需求进行剥离。比如农业对旅游生产活动的需求,可以等于农业对各个旅游相关产品部门的需求乘以该部门的旅游剥离系数。具体的剥离计算表达式如下:

$$RX_i = \sum_{j=1}^{9} \lambda_j l_j, \text{ 其中 } l_j = \sum x$$

$$RY_j = \sum_{i=1}^{9} \lambda_i l_i,$$

其中,$h_i = \sum y$

式中,RX_i 和 RY_j 表示 18 个部门投入产出流量表中广义旅游业对应的行值和列值;λ_j 表示第 j 个旅游相关产品部门的旅游剥离系数;l_j 表示第 j 个旅游相关产品部门的行值,等于该部门对应的子产品部门的投入值之和;h_i 表示第 i 个旅游相关产品部门的列值,等于该部门对应的子产品部门的需求值之和。

计算步骤如图 6-1 所示。

首先,利用由 139 个部门投入产出表调整得到的 9 类 24 个旅游相关产品部门的分类,通过旅游收入及其结构分析出 9 类旅游相关产品部门的旅游产出,并得到旅游相关产品部门的旅游剥离系数。其次,由 139 个部门投入产出表调整得到的 17 个国民经济部门投入产出表,并归集出 17 个国民经济部门对 24 个旅游直接相关部门的中间需求;利用该中间需求乘以旅游产出剥离系数,就可以得到 17 个部门对广义旅游业的中间需求,从而得到 18 个部门投入产出流量表。最后,利用 18 个产品部门投入产出流量表可以进行各种分析。

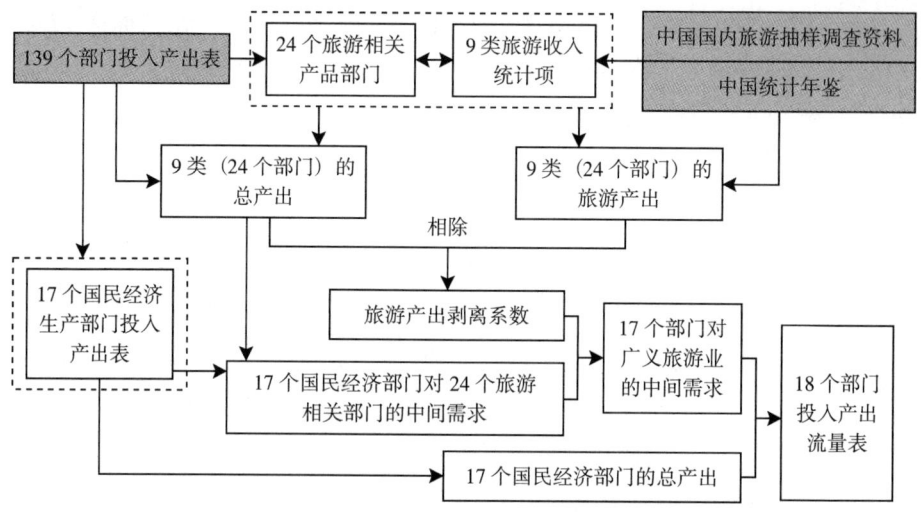

图 6-1 部门投入产出流量表的建立步骤示意

2012年的海南139个部门投入产出流量表被归集为包括全部经济部门的17个国民经济部门和广义旅游业的18个部门投入产出表。

(三) 旅游业产出效应测算

1. 旅游业直接产出及增加值

由旅游目的地的旅游供给所吸引的旅游者在旅游目的地进行观光游览、休闲度假、探亲访友、商务旅游、公务旅游、会议旅游、专业旅游等旅游活动,他们在旅游目的地进行这些活动时需要支付一定数额的费用,这些费用直接转化为向他们提供旅游产品或旅游服务的旅游目的地旅游企业的经营收入。旅游企业在获得旅游收入后,为了继续经营和提供更多的旅游产品或旅游服务,必须将其收入中的一部分用于购买物资、补充库存、维修设施和设备。旅游收入在扣除这些费用之后的部分即为旅游企业的产出增加,即旅游的直接产出效应,它等于对应的最终产品价值,反映出旅游消费品生产部门的 GDP 值,简称为旅游直接 GDP。

本部分借用 2012 年的投入产出结构及剥离系数,对 2017 年海南旅游直接产出效应 (即旅游直接 GDP) 进行了测算,并根据相应行业的增加值率把旅游总收入中的餐饮、住宿、长途交通、市内交通、游览、购物、娱乐、邮电通讯和其他服务的总产值数折为增加值数。计算各个旅游相关产品部门的直接旅游增加值，一般需要假设该部门的旅游增加值率和该部门的总增加值率是相同的。所以，利用部门的旅游剥离系数乘以部门的总增加值就等于该部门的旅游增加值。其计算公式为：

$$RGDP = \sum_{j=1}^{m} \lambda_j N_j$$

$$\lambda_j = \frac{Y_{rj}}{Y_j}$$

式中，RGDP 表示旅游业直接影响促进的增加值总额；m 表示按照旅游收入项分类的部门数；N_j 表示各部门对应的增加值；λ_j 表示各（j）部门的旅游剥离系数；Y_{rj} 表示各（j）部门对应的旅游产值（旅游收入）；Y_j 表示 j 部门的总产出。

计算步骤如图 6-2 所示：

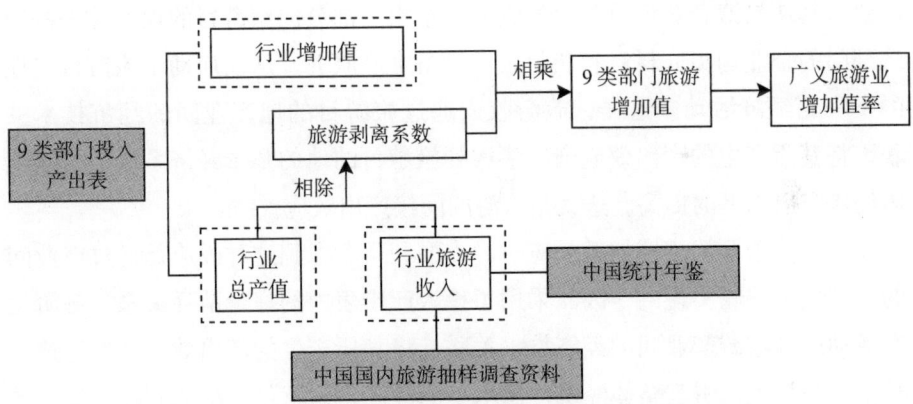

图 6-2 旅游业直接增加值及增加值率求解步骤示意

在计算各项旅游活动收入的增加值率时，需要借用投入产出表。首先，将 139 个部门的投入产出表（基本流量表）按照前述方法的分类保留包含这 24 个部门所包含的行和列；其次，并进行重新归集成 9 类对应旅游收入项的大类，得到这些大类的增加值项和总投入项；最后，由旅游产出除总投入得到 9 类旅游收入项的剥离系数。

首先，通过旅游收入及其结构分析出 9 类旅游相关产品部门的旅游产出；其次，通过投入产出表计算出各个旅游相关产品部门的行业总产出和行业增加值；再次，利用部门旅游收入除以行业总产出即得到各旅游相关产品部门的旅游剥离系数；最后，利用旅游剥离系数乘以行业增加值就可以得到各部门的旅游增加值，利用旅游增加值除以部门总产值得到广义旅游业的增加值率。广义旅游业的增加值率为利用24个相关部门剥离的旅游增加值之和与旅游总产值之和的比值，计算结果为：0.4779，即为增加值率。

2017年海南旅游总收入811.99亿元，旅游业直接增加值为388.05亿元；2017年该省地区生产总值4462.54亿元，旅游业直接增加值占GDP的比值为8.7%。略高于海南省统计局测算的7.1%，低于旅游卫星账户测算的12%。

2. 旅游业间接产出及增加值

旅游企业向旅游目的地其他经济部门的企业支付费用以获得物资和维修服务，从而为后者提供了新增加的市场需求。这些企业必须扩大其生产规模或增加其服务的数量以满足增加的市场需求。为了实现这一目的，他们同样需要将其从旅游企业那里获得的收入，拿出一部分向旅游目的地另外一些经济部门的企业购买原材料和获得生产设备维修服务，从而启动了旅游目的地的下一轮经济活动。这样，旅游收入通过旅游目的地产业间的经济技术关联，将其所产生的产出效应渐次渗透到旅游目的地的整个经济系统，引起整体经济产出水平的提高。这就是旅游的间接产出效应。

测算旅游业间接增加值效应时，需要利用考虑到这种效应是通过产业间的经济技术关联实现的，因而采用了投入产出表中的完全消耗关系。旅游生产活动通过旅游产业间的经济技术关联，将其所产生的产出效应渐次渗透到整个经济系统，引起整体经济产出水平的提高，这就是旅游的间接增加值效应。其测算公式如下：

$$RGDP_2 = Z_r \left(\sum_{j=1}^{n} X_{rj} - RGDP_1 \right)$$

$$X_{rj} = [(I - A)^{-1} - I] X_j$$

式中，$RGDP_2$ 表示旅游业间接影响促进的增加值总额；n 表示按照统计需要重新分类的部门数；X_{rj} 表示各（j）部门的旅游间接产值，等于各部门对旅游业的完全消耗系数 $[(I - A)^{-1} - I]$ 乘以各部门的总产出 X_j；完全消耗系数表示第 j 部门增加一个单位最终使用时对旅游相关产品部门的完全需要量；Z_r 表示剥离后广义旅游业部门的旅游生产活动的综合增加值率，用 25 个相关部门剥离的旅游增加值之和与旅游总产值之和的比值；$\sum_{j=1}^{n} X_{rj}$ 表示所有经济部门由于投入产出关系所带动的旅游产值，该产值包括旅游活动直接相关的 25 个部门对自身的直接需求，为避免重复计算，应该扣除这 25 个部门自身对自身的消耗后才表示旅游间接产值；$RGDP_1$ 表示剥离后的广义旅游业对自身的直接需求量。

计算步骤如图 6-3 所示：

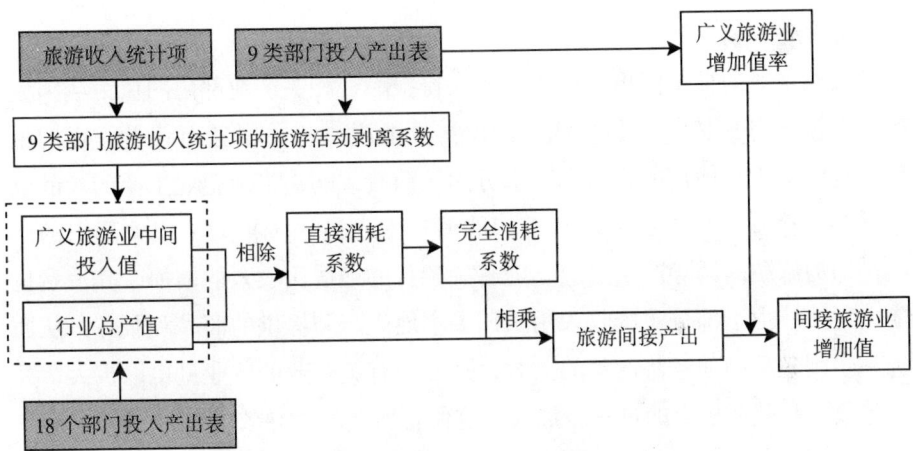

图 6-3 间接旅游产出增加值测算步骤示意

为了便于分析，我们采用了统计年鉴中的 17 个国民经济统计项（17 个部门）将 2012 年海南投入产出表进行重新归类。另外，为了能得到这 17 个部门对广义旅游业需求的完全消耗系数，必须在重新分类的投入产出表中增加一个产业部门——广义旅游业，建立 18 个部门的投入产出表（重新归集后的 18 个部门的投入产出表）。这样，就可以分析 17 个国民经济部门对广义旅游业的增加值和直接消耗系数，并计算出相应的增加值率和完全消耗系数。

需要注意的是，旅游旅游间接产值计算增加值时选用的是广义旅游的综合增加值率，而不是各个部门的增加值率。因为间接增加值的含义是旅游间接促进各个产品部门的旅游产出，既然是旅游产出就应该使用旅游业的增加值率来分析各个产品部门促进旅游业生产所产生的旅游增加值。

另外，由于在计算间接旅游产出的 17 个国民经济部门实际上已经涵盖了广义旅游业相关产品部门，而根据完全消耗系数的含义可知，广义旅游业对应国民经济 17 个国民经济部门的完全消耗系数是每增加一个单位广义旅游业的相关产品所需要对 17 个国民经济部门的完全需要量。该完全需要量包括广义旅游业对广义旅游业对自身产品部门的产出。所以，在计算间接旅游产出时，需要剔除这部分自身对自身的完全需求。

2017 年海南旅游业的间接产出增加值为 370.23 亿元，相当于海南省 GDP（4462.54 亿元）的 8.3%。

3. 旅游业诱导产出及增加值

旅游企业的员工因提供旅游服务获得报酬，相关产业部门的员工或因生产为旅游服务所需的产品，或因向旅游企业提供相关服务而获得一定的报酬。这些员工把他们的收入中一部分用于消费，购买当地企业生产的产品或享受当地企业提供的服务。员工们的消费支出进一步扩大了相关部门的产出，即为旅游的诱导产出效应。随着旅游目的地居民收入的增加，其消费也随之增加。由于部分工资收入用于购买本地生产和提供的商品和服务，从而进一步刺激目的地经济活动的扩大，这使得有关企业的营业量得以扩大，并导致收入和就业机会的进一步加大，这便是所谓的诱导效应。

测算中国旅游诱导产出效应时，也需要利用调整后的 18 个部门投入产出表。借用剥离后的广义旅游业的劳动报酬系数求得各部门旅游诱导产生的旅游增加值。其计算公式如下：

$$RGDP = Z_r \sum_{j=1}^{n} I_j$$

$$I_j = \pi_r X_{rj}$$

式中，RGDP 表示旅游业诱导性影响促进的旅游业增加值总额；n 表示按照统计需要重新分类的部门数；I_j 表示各（j）部门的旅游诱导性产值，等于该部门全部旅游工资收入；π_r 表示剥离后的广义旅游业的劳动报酬率，由剥离后的旅游劳动报酬除以旅游总产出；X_{rj} 表示各（j）部门的旅游间接产出

(不需要像间接增加值一样调整,因为旅游业产生的工资是指旅游总产出所带来的工资,包括剥离后的广义旅游业自身的产出产生的工资)。

计算步骤如图 6-4 所示:

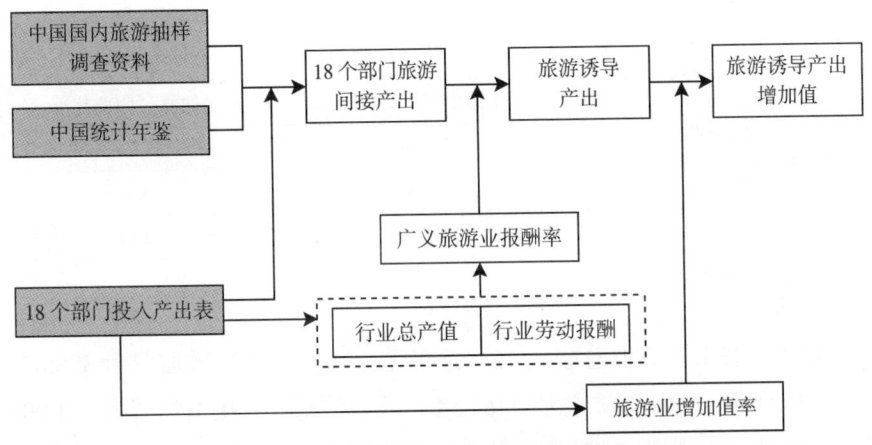

图 6-4 诱导旅游产出增加值测算步骤示意

在计算旅游业的诱导产出时是使用广义旅游的劳动报酬率而不是各个部门的劳动报酬率。因为诱导旅游产出是指各个产品部门的旅游产出,所以应该使用旅游的劳动报酬率分析各个产品部门对旅游的诱导产出。

2007 年海南旅游业的诱导产出增加值为 161.49 亿元,相当于海南 GDP (4462.54 亿元) 的 3.61%。

(四) 旅游业产出乘数的测算

旅游者在某次旅游直接影响行业部门中的单位消费所引起的各旅游相关部门总产出量的变化值之和,在一定程度上,可视为该旅游直接影响行业部门的旅游产出乘数值。根据旅游乘数理论,当一个旅游目的地增加一笔旅游收入,就会引起该旅游活动对目的地经济的增长,即国民收入总量的增加。因此,可以利用旅游直接产出增加值、间接产出增加值和诱导产出增加值之和除以直接产出增加值表示旅游产出(收入)乘数。

旅游产出乘数用于测定单位旅游收入同由其所带来的旅游目的地之间的

比例关系。根据旅游乘数理论,当一个旅游目的地增加一笔旅游收入,就会引起该旅游活动对目的地经济的增长,即国民收入总量的增加。用 $\Delta Y = K\Delta I$ 公式表示。其中,ΔY 为旅游收入增量,ΔI 为国民收入增量,K 为乘数。根据前面的测算可以计算中国旅游相关产品部门的旅游产出乘数。

表6-4 2017年旅游产出乘数测算

	旅游业增加值(亿元)	旅游增加值占GDP比重(%)
直接	811.99	8.7
间接	370.23	8.3
诱导	161.49	3.61
旅游产出乘数	4.28	—

2017年海南省旅游总收入1343.7亿元,旅游业直接增加值为388.05亿元;2017年该省地区生产总值4462.54亿元,旅游业直接增加值为811.99亿元,占GDP的比值为8.7%。略高于海南省统计局测算的7.1%,低于旅游卫星账户测算的12%。2017年海南旅游业的间接产出增加值为370.23亿元,相当于海南GDP(4462.54亿元)的8.3%。2007年海南旅游业的诱导产出增加值为161.49亿元,相当于海南GDP(4462.54亿元)的3.61%。2017年海南旅游业完全增加值为936.77亿元,对海南地区生产总值完全贡献为20.99%。低于卫星账户测算的28%。海南省统计局未对旅游业的完全贡献进行测算。

旅游产出乘数 =(旅游直接增加值 + 间接增加值 + 诱导增加值)/旅游业直接增加值

2017年海南旅游业完全增加值(旅游直接增加值+间接增加值+诱导增加值)为:1341.71亿元,旅游业直接增加值为370.23亿元,2017年海南旅游产出乘数为2.41。

(五)旅游业对国民经济的贡献

衡量旅游业发展的宏观经济指标主要有旅游人次、旅游业总收入及其增长指数等。我们通常用旅游收入占GDP的比重表示旅游业对国民经济的贡献（旅游业在国民经济中的地位）。有些学者（如李江帆、李美云等）认为，旅游业总收入属于总产值的概念，存在大量的重复计算，而GDP是各产业增加值的总和，因而二者从严格意义上讲不具有可比性，并出用"旅游业增加值"代替"旅游业总收入"，并提出"剥离系数法"。但遗憾的是李江帆并没有将此想法付诸实践。想在13个部门中剥离出旅游业并非易事，本部分进行了相关的尝试。

宋子千（2007）等认为，对于一个标准的产业，用增加值衡量该产业对GDP的贡献是合理的，但应用到旅游业中时，必须特别小心，如果研究的是泛旅游业，既包括直接旅游相关的行业，也包括间接旅游相关行业，虽然仍可以将这些行业的旅游增加值进行累加，以得到它们对GDP的贡献，但实际上这时将得到的数值还是等于旅游业的总产值，即旅游收入。

我国旅游界一直以旅游业收入占GDP的比重作为旅游经济贡献的宏观评价指标。这里的旅游收入指的是直接旅游收入，并非宋子千所说的包括旅游间接收入在内的旅游总收入。所以，宋的观点有待商榷。

我们首先需要理清旅游业总产值和旅游业增加值得关系。旅游业总产值指游客在旅游过程中购买服务或货物以满足自己旅行、游览、住宿、饮食、娱乐、购物等方面的需要而支付的货币，构成旅游经营者的旅游总收入，属于总产值的概念。总产值包含对中间投入的重复计算，不能真实地反映各产业的贡献。

旅游业增加值是旅游业相关行业为旅游者服务的部分所提供的增加值。从理论上说，旅游活动涉及"行、游、娱、食、住、购"六要素，旅游是游客消费由交通通讯服务、游览服务、娱乐服务、饮食服务、旅店服务、商业服务、生活服务等服务产品，以及食品、旅游用品和其他实物产品组成的产品综合体的过程。游客在旅游中消费的服务和实物产品的总产值等于旅游总收入。旅游总收入中的实物产品以及生产服务产品所消耗的中间产品，不是旅游业生产的，而是第一、第二产业或第三产业其他部门生产的。为了准确、客观地区分国民经济各产业部门的经济贡献，旅游业增加值不应该统计旅游业以外的其他产业所提供的增加值。所以，应该从旅游总收入中扣除实物产品和中间消耗的价值，仅统计旅游业所提供的增加值，即旅游业增加值。在经济活动中，统计旅游业增加值有一定难度。因为旅游业不是一个单独的行业，旅游中发生的诸如乘飞机、打电话、购物、用餐、娱乐等活动的经济价值，是被统计在作为独立行业存在的交通通讯、商业、餐饮和其他社会服务业的增加值中。这些部门并不清楚其顾客是不是旅游者，不可能也不会按顾客类别将提供给顾客消费的各种产品的增加值，分为本部门增加值和旅游业增加值。同时，由于统计制度的问题和统计困难等原因，我国和世界旅游组织都没有单独统计旅游业的增加值。

众所周知，国内生产总值（GDP）的核算是从增加值的角度出发，衡量一个国家或地区在一定时期内新创造的价值。在宏观上，增加值算法可以避免重复计算，加总结果可以表现整个经济生产的真实成果。旅游收入是旅游经营者从旅客们在旅游过程中购买服务、货物以满足他们旅行中的游览、住宿、饮食、娱乐、购物等方面获得的货币收入。但旅游总收入中旅游产品所消耗的中间产品，并不是旅游业所生产的，而是与旅游相关的其他部门生产的。因此，严格上来说，若直接用旅游收入计算在国民经济中所占份额的话，可能会扭曲旅游消费对国民经济的实际贡献。所以，应该从旅游总收入中扣除实物产品和中间消耗的价值，以得到旅游增加值。在实际问题中，由于统计的难度和问题，我国并没有相关单独的统计数据。旅游活动发生在乘坐交通工具、购物、饮食、娱乐活动之中，数据上很难区分是属于日常生活还是旅游，这样由旅游产生的经济价值被统计作为相关的交通、商业、餐饮和其他服务业的价值中。难以独立统计，这给相关研究带来了难度。不过，运用旅游业增加值剥离测算方法，可以将相关产业中属于旅游业创造的价值提取出来。旅游增加值的测算不仅更科学地测算了旅游业对国民经济的贡献，更使旅游产业具备与其他产业横向可比性。

国际上一般认为一个产业的增加值占到GDP的5%以上就是支柱产业。海南2017年旅游直接产出增加值/GDP = 8.7%，从这个意义上说，2017年旅游业是海南经济发展的支柱产业。

第七章　共享经济、全域旅游与旅游可持续

共享经济与全域旅游有机衔接，促进旅游可持续。共享经济最核心的地方就是强调资源的使用属性，而不是占有属性，它希望通过一个好的平台、一种发展方式把更多闲置的资源利用起来。全域旅游关注的是一个区域旅游业的整体发展，需要旅游城市将旅游活动的范围从旅游景区点拓展到城市各个领域，使旅游城市的各种资源、各个空间都参与到旅游业发展中。全域旅游强调的是共建共享，通过让更多的人参与到旅游发展的过程中并从中获得相应的收益和回报，让更多的人分享旅游发展的成果，这与共享经济的理念相同。另外，全域旅游需要一定的改革和创新，共享经济也需要一些政策、体制的创新为其营造一个好的发展空间，二者有很多的兼容性。就全域旅游发展的理念而言，与共享经济发展的思路是高度契合的，二者有共性的一面。这就要求旅游城市发展共享经济和全域旅游时，要将二者有机衔接起来，实现二者的相互促进。

一、共享经济与全域旅游

以全球化交流、全社会参与、全要素融合为代表的"三全理论"是全域旅游鲜明的时代特征，而共享经济作为人类处理资源约束、加强社会联系而产生的社会经济行为是大势所趋、时代主流。全域旅游的提出，无论是发展理念还是发展思路，都与共享经济相同或相近，两者之间有着天然契合性，

共享经济、全域旅游与旅游业

正在深度融合。共享经济、全域旅游对我国社会经济发展意义重大。据相关部门预测,"十三五"期间,共享经济能够保持40%的年增长率,到"十三五"末期,其规模能够占据国内生产总值的10%以上,与此同时,全域旅游得以纵深发展,旅游市场规模将近达到近70亿人次,十分可观。可以预见的是,共享经济作为经济发展的新趋势,必然能够与全域旅游的发展实现深度融合,互促共进。

(一)共享经济对全域旅游的影响

共享经济和全域旅游对国民经济的影响日益加大、贡献日益增强。国家信息中心信息化研究部和中国互联网协会共享经济工作委员会联合发布的《中国共享经济发展报告2016》显示,预计未来5年共享经济年均增长速度在40%左右,到2020年市场规模占GDP比重将达到10%以上。

《"十三五"旅游业发展规划》提出,以推动全域旅游发展为主线,到2020年旅游市场总规模达到67亿人次。由此可见,共享经济已成为社会经济发展的主流,全域旅游已是未来旅游业发展的主线,两者必将进一步深度融合、互促共进、势不可当。

1. 全域旅游共享平台逐渐细分完善

随着全民旅游的大众休闲时代、散客自驾的自由旅行时代的到来,加之旅游主体的"互联网化"使得需求侧的差异性越来越大,传统的"走出去"、看世界的走马观花式观光体验已经远远不能满足旅游者的个性化、差异化需求,旅游产业亟待转型升级。庞大的需求侧致使传统旅游产业的供应侧有心无力,旅游业面临改革创新的严峻考验。而全域旅游共享平台则是改革创新的一块蓝海市场。据业内人士分析指出,谁能在全域旅游时代利用共享经济抢占先机,找准细分市场切入点,谁就有可能成为中国旅游共享经济的领导者。2016年马上游董事长陈勇良指出,共享经济为全域旅游注入动能,全域旅游是一个目标,共享经济是实现这一目标的有效途径,并因此创办了基于共享经济理念的旅游创客平台,想从创客这一细分领域出发作为共享经济的切入点,体现了其超前的思维和智慧。随后,深圳鼎游公司董事长丁冬表示,鼎游或建立一个基于共享经济的全域旅游平台,在这个平台上,旅游企业由以往的单打独斗,变为共享共建,充分整合利用有效资源,并加以引导,提高游客体验的同时实现多方共赢。目前,已有部分像马上游、鼎游这类的旅游企业开始布局全域旅游共享平台。相信随着共享经济和全域旅游的不断成熟,共享旅游平台的细分市场将逐渐完善。

2. 全域旅游基础设施生命周期延长

2016 年国家旅游局局长在《政府工作报告》中明确提出旅游业将从景点模式向全域旅游模式转变,旅游基础设施和服务将从景区景点扩展到全域,最终做到区域内处处是风景,人人是旅游形象。目前已有大量基础设施设备投入全域旅游建设之中,对于这些基础设施的维护,如果只靠人们的道德观和生硬的规章制度保护,效果将大打折扣。

共享时代的来临,不仅加强了人们自觉维护公共设施设施的意愿,也延长了基础设施的生命周期。在共享经济兴起之前,人们看重的是产权私有制,公共资产的损坏对个人利益的损害微不足道,因此相对于公共资产而言,人们会发自内心的自觉维护自己的私有资产,而公共资产的维护只能依靠多数人的道德观和相关规章制度的约束。共享经济时代潜移默化地改变了人们的消费观和价值观,通过各式各样的共享平台,资产占有者开始乐意于以有偿的方式短暂出让闲置资产的使用权,而资产共享者也乐意于以较少的经济支出换取闲置资产的使用权。于是在共享期内,原本只属于资产拥有者的私有资产变成了共享者与被共享者的公共资源,通过公共资源的共享使得多方受益,促使公共财产与个人利益息息相关,从而增强了人们保护公共财产的内在愿望;同时,共享经济以其提高闲置资源利用率的特性,延长了资源的生命周期,使得在 A 区全域旅游建设过程中闲置下来的基础设施设备可以通过共享平台用于 B 区的全域旅游建设。因而,在共享经济的影响下,全域旅游基础设备的维护费用中人为损坏的比重将大幅减少,设备的生命周期将大大延长。

3. 全域旅游共建共享开启旅居时代

随着消费观念的转变以及生活水平的提高,旅游已成为人们生活的一部分。据国家旅游局统计数据显示,2015 年我国国内旅游人数突破 40 亿人,国民人均出游次数达 2.98 次,中国已步入全民旅游的大众休闲时代,其中最典型的休闲旅游方式是度假,与以往的观光旅游不同,旅游度假者会在旅游目的地居住一段时间,他们更注重追求情感化、休闲化的旅游体验。调查显示,虽然度假游这一术语经常被人们提及,但基于时间、经济等各方面的原因,80%的人口更倾向于一日游、两日游等旅行方式,类似于度假的这种"旅居"模式目前仍处于高端小众市场。

如果说现阶段的旅游的目的是放松心情、增长阅历、追求新奇等,那么旅居就是更高级的旅游方式,旅居者想要的不仅仅是放松心情、增长阅历、追求新奇,更重要的是体验原住民的生活习俗,融入当地风情,与目的地产生情感和精神上的交流或碰撞。旅居时代,有一半以上的旅游者将旅居作为旅游的目的,最典型的特征之一就是游客即居民。他们像其他居民一样,能在此处休养生息、生产劳作。而现阶段的经济水平、旅游发展水平以及国民消费观念的保守,还不足以促使旅游向旅居的转变。

在共享时代,随着共享经济向旅游业的不断渗透,在提高国民收入的同时,还为旅游者提供了一个自愿共享的平台,在这个共享平台上,人人既是消费者也是生产者,不仅可以进行自愿交易,还可以进行以物易物的等价交换。对于旅游者而言,在平台上短暂交换房屋使用权的自愿双方,不仅大大降低了在异地的生活开支,以最实惠、最舒适、最安心的方式,体验目的地的风土人情,还可提高去异地旅游时闲置房屋资产的利用率。

为全面推进全域旅游、刺激国民消费,国家已颁布了一系列惠民政策,李克强总理提出 2016 年逐渐落实职工带薪休假制度。可以说,随着共享经济的不断渗透,全域旅游的不断成熟,规章制度的不断健全,在提高国民出游动机的同时,给予国民更多的时间、经济保障,旅居时代的来临将指日可待。

(二)共享经济背景下全域旅游发展路径

共享经济为全域旅游发展插上了腾飞的"翅膀",注入了强大动力,但由于两者毕竟是新理念的交融与新模式的交会,要使两者良性联动、健康发展,还需要在构建管理体制、创新商业模式、改革统计制度等方面进行探索。

1. 构建适应共享经济发展的旅游经济管理体制

共享经济产生的是一种"非标"旅游产品,对现有的管理体制、法律法规体系提出了挑战。旅游业是国民经济的一个组成部分,各级各地旅游管理部门应结合构建全域旅游现代治理体制,一并考虑研究修订相关旅游法律法规和出台管理规范。要充分利用大数据构建加强信用记录、风险预警、违法失信行为等新监管体系。合理的经济管理体制是旅游经济活动有效运行的保证。一个良好的旅游经济管理体制应该具备两个特征。

第一,综合协调性。旅游产业的一大特点是众多行业、众多企业之间有着广泛的联合。这种联合主要有三种方式:按照部门利益进行联合、按照旅游目的地进行联合、按照旅游活动进行联合。这些联合方式形成了各方面的经济效益关系,如国家与企业之间、旅游企业与旅游企业之间、旅游企业与职工之间等。全域旅游的时代背景下,旅游经济管理体制必须能够协调与旅游业相关的各种经济关系与利益关系,并使这种利益关系制度化、规范化、协调化。合理的旅游经济管理体制不仅要与整个经济管理体制相适应,也要符合全域旅游发展的时代特点。

第二,应变性。旅游经济管理体制应具有较强的应变能力,这是由旅游业不稳定性与全域旅游的特点决定的。受季节、习惯、气候、传统、消费者的感受或偏好以及各种政治、经济、文化、社会等因素的影响,旅游需求具有较大的不稳定性。另外,全域旅游的"全空间、全时间、全产业链"特点,都决定了旅游业的不稳定性。因此,旅游管理体制应该具有灵活的自我调节能力,能够及时地适应旅游经济活动内外部条件的变化,能够对全域旅游环境的变化做出灵敏的反应。

2. 推动共享经济背景下旅游发展商业模式创新

商业模式是企业与其利益相关者的交易结构,主要包括定位、业务系统、关键资源能力、盈利模式、现金流结构、企业价值六个要素,在共享经济大背景下,旅游发展商业模式创新性的表现也体现在上述六个要素中。

第一,定位创新。旅游商业模式的定位是指满足旅游者需求的方式,这是商业模式的中心内容。共享经济下,旅游企业通过信息技术建立共享平台,撮合供需双方完成对闲置资源的共享。这不同于普通的 B2C 企业,往往被动响应顾客需求,也不同于普通的 C2B 企业,主动响应顾客需求,它是通过建立供需双方之间的"连接",通过大数据分析技术自动撮合双方,具有更多的灵活性,更能满足旅游者个性化的需求。

第二,业务系统创新。业务系统是指旅游企业选择与之合作的利益相关者及其交易方式,主要由构型、角色和关系三部分组成。构型是利益相关者及其形成的网络拓扑结构,角色是拥有具体实力的利益相关者,关系是利益相关者之间的治理关系。从构型上讲,共享经济主要由供给方、共享平台、需求方三大利益相关者形成的网络结构,共享平台是一个撮合供需双方的媒介,供给方大都是拥有闲置资源的一方,较为分散,供需双方通过在共享平台注册为用户,就可以根据需要共享闲置资源。从交易角色上讲,不同于传统企业垂直方向的供应链关系,共享经济中的供给方和共享平台之间是一种更加扁平的横向合作关系,即合伙、同盟关系。从治理关系上讲,传统企业和利益相关者之间往往存在纯市场交易、所有权交易、参股、控股等治理关系,而共享经济和利益相关者(特别是供给方)之间更多的是一种合伙、联盟关系,除了供需双方之外的其他利益相关者,为了资源和能力的互补性,可能存在上述其他治理关系。

第三,关键资源能力创新。关键资源能力是支撑交易结构背后的重要资源和能力。不同的商业模式要求不同的关键资源能力,关键资源能力往往决定了同类商业模式的业绩水平。传统企业的关键资源能力往往以产品质量、研发能力、价格等为主,共享经济是以新兴信息技术为支撑而发展的,共享平台是其唯一的运营环境,因此,信息技术成为共享经济企业的关键资源能力之一。另外,传统企业往往重视需求侧,把客户资源作为扩张实力的重要筹码,而对共享经济企业而言,供需双方是具有影响力的合作者,供需双方的匹配以及对平台的黏性和忠诚度对共享经济运营的成败具有至关重要的影响,因此,共享经济企业不仅要重视需求方,还要重视供给方,要同时提高双方对平台的黏性,将供需双方作为企业的关键资源能力的一部分。

第四,盈利模式创新。盈利模式是指企业收入的来源和收支方式。传统的企业盈利模式很简单,收入一般来自顾客,成本来自外部供应商、内部运营以及员工等方面。互联网经济使得许多商品和服务近乎免费,能够在协同共享上共享，零边际成本现象随处可见。共享经济极大地提高了资源利用率，对资源的使用边际成本近乎为零。对共享经济企业而言，其收入一般来自平台供应方或者需求方，主要有比例抽成、沉淀资金投资、大数据分析等增值服务带来的收入，成本主要来自平台的运行和维护、信息技术的投入和研发等费用。在计价方式上，共享经济企业中以时间计价的占居多数，Airbnb 根据住宿的天数和时间段计费，在行根据行家提供服务的时间计费，滴滴也综合了距离和时间的因素。

第五，现金流结构创新。现金流结构是以利益相关者划分的企业现金流入、流出的结构及其形态。共享经济实行的是轻资产模式，企业能够以较少的投入获得持续、稳定的回报和增长，这也是共享经济企业深受风投公司青睐的一个重要因素。

第六，企业价值创新。企业价值是指企业的价值增长能力。传统的企业以重资产模式为主，给企业带来较高的运营成本、较低的利润空间以及较高的资源闲置机会成本。与此不同，共享经济属于轻资产模式，只是通过共享平台整合闲散的、过剩的各类资源，实现闲置资源使用权的转移。这种轻资产模式极大地减少了企业的运营成本，从而提高了企业利润空间，促成企业价值的持续增长。

要以全域旅游示范区创建为抓手，充分考虑"吃、住、行、游、购、娱"等各种旅游元素和游客的个性化需求，积极开展互联网约车、民宿旅游接待、分时度假等共享经济试点项目，探索适应市场需求的旅游共享经济商业模式，并努力把试点变为亮点。

3. 改革共享经济时代的全域旅游统计制度

共享经济和全域旅游都需要变革传统的旅游统计制度。为推动旅游统计工作制度化、信息化、科学化、精准化发展，建立适应全域旅游发展的旅游统计体系，政府旅游部门和统计部门要继续联手打造改革创新新思路，旅游统计制度方法的改革与完善，要尽快建立健全全国统一规范的旅游数据采集平台和旅游统计数据共享机制，加快构建国家、省、市、区县四级旅游统计和旅游数据中心工作体系，完善国家与地方、部门之间、政府与企业之间、旅游与其他产业之间的数据共享机制，建立包含吃、住、行、游、购、娱等

共享经济、全域旅游与旅游业

全产业链在内的旅游基本单位名录库,以及完善旅游产业测算方法。有助于更科学全面地反映旅游业在经济社会发展中的地位,有助于形成未来旅游业统计改革的基本雏形,更有助于了解共享经济时代背景下,全域旅游发展对经济的贡献作用。

(三)共享经济与全域旅游的融合发展

早在20世纪70年代,美国学者杰里米·里夫金就认为共享经济能够超越传统的市场模式,改变人类的生活方式。然而传统的交易方式势必会受到信息市场的不对称性影响,因此这个构想直到近些年来伴随着互联网技术的发展而得以实现,许多资源因为互联网的普及而有了共享的可能,共享经济渐渐开始兴起。全域旅游新常态背景下,在国家大力推行供给侧改革过程中,贯彻"创新、开放、共享、绿色、协调"发展理念的重要举措,加上共享经济的助推,提高了旅游信息共享程度以及旅游资源利用效率,使得旅游商品供给形式更加丰富、多元,从而让旅游业焕发新的生机。

共享经济是全域旅游发展的重要推动力,共享经济与全域旅游的结合能够推进旅游者出行方式的多元化(如共享单车、电动车以及滴滴出行等共享平台)、住宿方式的多样化(能够提供给旅游者更多民宿、客栈之类的住宿共享服务),同时也能够改变旅游业传统的发展理念和模式,催生出更多旅游新业态、新产品,这形成了全域旅游产品创新化、服务全程化、游客全民化、市场多元化等特征。鉴于旅游共享的本质,共享经济的出现进一步发掘了我国旅游业的发展潜力,为旅游业带来新的思维和契机,注入了新的发展动能。

首先,共享经济有助于化解制约我国旅游业发展的问题。目前,我国旅游业面临诸多亟待解决的矛盾性难题,如旅游需求多样化发展与单一旅游供给的矛盾;需求增量超前与供给增量滞后和结构不均衡的矛盾;地区旅游发展与地区生态文化资源保护的矛盾等。共享经济背景下,个人旅游经验和资源的共享将加速旅游资源多元化进程,丰富旅游产品内容,激发更多旅游需求。同时,共享经济是对传统旅游供给的有效补充,对缓解目的地接待压力和接待设施的结构性不足有重要的意义。共享经济还可以协调地区发展与保

第七章 共享经济、全域旅游与旅游可持续

护的问题,通过社会资源弥补公共服务和接待设施的不足,尤其适用于不宜过度开发的地区,是实现地区发展与保护目标的重要途径。共享经济促进闲置资源合理利用,带动创业创新,扩大就业。共享经济通过互联网平台让分散于社会的和个人的闲置资源参与到市场交易中,带动闲置资源的合理利用。据报道,2016年国内闲置房屋超过7000万套,且存在地区存量结构不均衡的问题。以途家、Airbnb、小猪为代表的共享住宿平台帮助利用闲置住房至少200万套,带动平台直接就业上万人,房屋共享服务提供者达200万人次,消费者近3500万人次。同时,共享经济模式还拉动了旅游行业的创业创新,推动旅游消费的转型升级。尤其以技术和商业模式为主导的创新,正加速共享经济与旅游业的深度融合。目前除了交通和住宿领域,共享经济模式还延伸到"食""游""购"等要素范畴,带动旅游全链条的创业创新。Airbnb新推出的"体验"项目将体验达人的生活和出游经验转化为旅行体验产品,让游客有机会获得贴近本地生活的个性化旅游产品。途家推出的"途礼"平台为目的地过剩的农产品、土特产提供销售途径,同时也以这些当地特色商品为媒介加深游客对目的地的认知。

其次,随着共享经济的普及和深入发展,各领域细分业态不断涌现,产品内容更加丰富。以住宿为例,除Airbnb、途家等行业引领者,还涌现了一批以细分市场为特色的共享平台,如去呼呼、自在客、沙发客等。产品组合上也更加丰富,出现"民宿+美食""民宿+活动""民宿+艺术"等形式。共享经济激发旅游需求,带动旅游消费。共享经济允许社会资源加入,不仅扩大了供给,还丰富了旅游产品的内容,让旅游体验变得更加多元和个性化。调查显示,31%的Airbnb房客表示,如果没有Airbnb这类住宿,他们不会选择到旧金山旅行。同时,共享经济带来的更为便捷和低成本的出行和住宿,让游客有机会在目的地停留更长的时间,并且把更多花费分摊在其他旅游消费选项上。调查显示,Airbnb房客的住宿时间是一般旅游者的2.1倍,支出是他们的1.8倍。

最后,共享经济是带动乡村旅游发展、实现全域旅游的重要抓手。共享经济为乡村过剩资源的利用提供了解决方案。长期以来,乡村有未被良好发掘和利用的剩余资源,包括土地、自然景观、乡村生活、农产品等。以途

共享经济、全域旅游与旅游业

家、Airbnb为代表的共享住宿企业在拉动乡村发展方面做了很多的尝试。途家携手远大住工推出"途远"平台,旨在以度假住宅为载体,以"互联网+"为手段,盘活现有乡村闲置资源,推进乡村旅游的升级改造。Airbnb也正在将国际合作经验引入中国,通过全球房屋住宿平台吸引更多游客前往乡村。

共享经济也是推动全域旅游的重要抓手。共享经济的"互联网+"模式有效带动了区域旅游资源的整合和销售,为游客深入目的地的自然、文化、民俗、和生活方式等多元旅游元素提供接口,有利于实现全区域、全产业链的协同发展。

二、共享经济与旅游可持续

(一)旅游可持续发展的内涵及原则

1. 旅游可持续发展的内涵

旅游可持续发展强调的是以系统的、平等的、全球的、协调的方式发展旅游,协调环境、旅游者和当地社区三者间的利益关系是旅游可持续发展的核心。1993年,世界旅游组织(WTO)对旅游可持续发展的定义是,旅游可持续发展是一种经济发展模式,它被用来达到如下目的:改善当地社区的生活质量;为游客提供高质量的经历;维护当地社区和游客所依靠的环境的质量。当然也有其他的定义,比如联合国的定义是,旅游可持续发展是以这样的方式和规模在一个地区(社区、环境)发展和维持的旅游,即它在长期内仍然保持活力而不会以可能阻止其他活动和过程的成功发展的方式,使(人的或物质的)环境发生退化或改变。这个概念包括大量的应该作为行动指南的规则:①谨慎利用地球资源;②减轻贫困、减少性别不平等;③提高生活质量;④保护所有自然栖息地的生物多样性和生命支持系统;⑤基于尊重不同传统,保护本土文化和生活方式;⑥鼓励自下而上的参与责任,增强地方决策能力。

第七章 共享经济、全域旅游与旅游可持续

1995年4月27~28日，在西班牙加那利群岛兰沙罗特岛联合国教科文组织、环境计划署和世界旅游组织共同召开了由75个国家和地区600余名代表出席的"旅游可持续发展世界会议"，会议通过了《旅游可持续发展宪章》和《旅游可持续发展行动计划》，确立了可持续发展的思想方法在旅游资源保护、开发和规划中的作用和地位，并明确规定了旅游规划中要执行的行动。此后，国际组织经常举行有关旅游可持续发展的国际会议，对于各国旅游可持续发展提供交流的平台，对各国应采取的行动给予指导并在全球范围内开展合作和协调。

从理论的继承性看，旅游可持续概念显然来源于可持续发展的概念。无论是国内学者还是国外学者都是在这样的背景下来讨论问题。可持续发展概念的解释性内涵多少具有伦理学上的意义，而不是一个逻辑严密的理论体系，而且可持续发展在某种程度上还与政治相关。

目前，对旅游可持续发展的概念还没有统一的表述。加拿大学者Cromn认为，在旅游业内，可持续发展有独特的含义：这个产业要提高旅游容量和产品质量，同时不对赖以生存的自然和人文环境产生消极作用。同时，Cromn提出了旅游可持续发展的六条标准。

旅游可持续发展是一个相当复杂的过程，几乎涉及人类物质与精神生活的所有层面，它又与人类对自然与社会的认识水平紧密相关，并且会随着人类活动与人类意识或认识的发展而显现新的内容。

综合上面概念的阐述，旅游业可持续发展的内涵可阐述为：指在"以人为本"观念的指导下，利用科技创新的方法，在生态与自然资源的承载力基础之上，维持生态系统与人文环境的动态平衡，可持续利用资源并且有助于经济与社会发展的旅游。

第一，旅游资源是全人类的共同财产（比如世界文化遗产和自然遗产），而且旅游可持续发展不可能在一个国家之内完全实现，必须重视旅游以及旅游可持续发展的国际合作。

第二，在一个局部的社会经济系统中，必须考虑旅游与其他社会经济活动的关联作用。除了自然资源与生态环境因素外，旅游可持续发展还与社会文化及传统的变迁、重大突发事件的发生密切相连。所以，旅游的持续发展

需要政治的、经济的、社会的和法律的、制度的和系统的保障。

第三,必须在本代人之间、代际以及区际公平分配有限的旅游资源,特别是公平分配不可再生的旅游资源。

第四,强调旅游资源的开发与旅游业的发展应在生态系统的承载能力之内,保持生态生命支持系统和生物多样性,保证可再生资源的持续利用的同时,使不可再生资源的消耗保持在最小限度之内。旅游可持续发展应注意以下几个层次:①全球及区域层次。在这个层次上,要体现公平原则,将旅游资源作为全人类共同财产加以保护和利用,并进行旅游可持续发展的国际或区域合作。各国政府和与此有关的国际组织在其中扮演主要角色。②国民经济层次。在这个层次上,中央政府与地方政府着重进行旅游规划和政策制定,使其发展符合可持续原则和公平原则,消除落后地区的贫困成为旅游发展的一个目标。③旅游企业层次。在这个层次上,企业所要考虑的是如何遵守政府制定的政策和法规,使自身具有较强的竞争性。

2. 旅游业可持续发展的原则

(1) 系统性原则。人类赖以生存的地球是由自然、社会、经济、文化等多方面因素组成的复合系统。它们之间既相互联系,又相互制约。其中任何一个方面功能的削弱或增强都会影响其他部分,影响可持续发展进程。在实施发展战略时,需要打破部门和专业条块分割以及地区界限,从全局着眼,从系统的关系进行综合分析和宏观调控。旅游业是社会系统的组成部分之一,与系统的其他部分既相互独立,自成体系(子系统),又相互依存。推进旅游可持续发展,必须考虑旅游业在区域发展中的功能以及与相关子系统在功能上的匹配,任何超越客观条件的超前发展和人为限制旅游业发展的做法,都会阻碍旅游可持续发展的实现。

(2) 合理性原则。对不同属性的资源,采取不同的对策。对不可再生资源应提高使用效益,寻找替代性资源,尽可能推迟其枯竭的时间;对可再生资源利用,要限制在其再生产的承载能力限度内。将资源价值核算纳入经济体系之中,改变资源无价或低价开发的现状,保证资源的持续利用。旅游业的发展对人类和自然遗产等旅游资源有着很强的依赖性,旅游资源的开发潜力和可利用程度是旅游业发展的基本前提。应针对旅游资源的不同特点与属

第七章 共享经济、全域旅游与旅游可持续

性，协调资源开发、保证人类旅游业发展的需求。科学、合理地规划、开发与保护好珍贵的旅游资源，使之能最大限度地发挥其应有的价值并尽可能地延长其使用寿命，促进旅游资源的持续利用。

（3）公平性原则。可持续发展的平等观主张人与人之间、民族与民族之间、国家与国家之间、大国与小国之间、强国与弱国之间、正常人与易受害人之间要互相尊重、互相平等。平等观包括三层意思：一是当代人的公平分配和公平发展；二是代际间的公平，反对为满足自己需求而损害人类后代满足需求的条件——自然资源与环境的行为，让后代享有公平利用自然资源的权利；三是公平分配有限资源。旅游业的发展应在满足当代人需求的同时，杜绝掠夺式开发旅游资源，保证后代人能公平享有利用旅游资源的权利，满足后代人发展旅游业的需求，为其提供同样的机会，保护和增进后代人的利益。

（4）协调性原则。可持续发展的协调观认为生态、经济与社会的协调发展是可持续发展的前提，没有协调发展就不可能实现可持续发展。对于系统中各子系统应是组合优化，和谐有序，这里既有各要素在结构、功能、区域上的协调，也有它们在时段上的协调；强调每一个系统中的要素和其他子系统中的要素之间、子系统内部各要素之间的协调发展。旅游业要实现可持续发展，不仅应考虑旅游业与经济社会发展水平的协调，还要兼顾生态环境对旅游业发展规模、档次的承载能力，同时对旅游业自身的各要素如旅游资源结构、等级、客源市场以及旅游相关产业等基本情况进行分析综合，保持适度发展规模，促进旅游协调、稳定、健康、持续的发展。

（5）共同性原则。地球是一个整体，许多资源与环境问题已超越国界和地区界限，具有全球性特点，人类所面临的共同问题，不是仅靠某些国家就能解决的，要实现全球的可持续发展，就必须建立起合理的国际秩序和合作关系，人类必须携手并肩，互相帮助和支持，共创辉煌的未来。旅游资源是全人类共同拥有的财富，是人类文明进步的见证。实现旅游可持续发展，就必须摒弃狭隘的区域观念，加强国际交流与合作，充分利用人类所创造的一切文明成果，特别是那些适用于旅游发展的技术、信息与现代管理手段，实现全球旅游业的繁荣与发展。

(二) 共享经济背景下的旅游可持续发展

1. 共享经济对旅游要素的影响

共享经济正在改变传统旅游业六要素，目前体现较为明显的是"吃、住、行、游"四个环节。住的方面体现在各地民宿、短租等房屋兴起并得以飞速发展，受到旅游者的青睐，闲置房源得到充分利用，并满足了游客深入了解目的地文化和社交需求；Eatwith、Plenry 和 Feastly 平台的建立体现了家庭厨房共享的兴起，使得"食"这一旅游要素发生改变；共享经济对旅游六要素中"行"影响明显，旅游者出行方式更为便利和多样化，其可以选择使用滴滴、Uber 等专车或拼车服务，尤其是移动设备和 APP 的开发使用，使得出行更为便利；游的方面，Vayable、Trip 4real、丸子地球等共享平台推出的目的地接待服务，为游客提供便利的旅游服务和深刻的旅游体验。

2. 共享经济对旅游业工作方式的影响

随着"互联网+旅游"和共享经济深入发展，其深刻地改变着人们的工作方式，改变着传统的就业模式。例如，一些下岗工人或家庭主妇可以通过小猪短租、途家和蚂蚁短租等平台向游客出租自己的闲置房屋，从而为自己提供自我就业机会，增加收入。据统计，截至 2015 年，Airbnb 平台在全世界 190 多个国家和地区拥有 1.2 亿条房源信息，平均每晚有 40 万人住在 Airbnb 平台提供的房间里。这表明它将为社会提供大量兼职或专职的工作岗位。在国内，小猪短租网在北京、上海等全国 13 个城市设有分公司，房源覆盖国内 130 多个城市。这也意味着在这些城市里人们可以利用小猪短租网从事兼职或自我就业。在共享经济模式下，人们工作时间和工作地点更加灵活多变，给予人们极大的自主权。例如，青岛的阳光车导，该平台提供导游和租车服务，一些旅游专业学生或者熟悉当地景点的市民都可以通过这种旅游共享平台，利用空余时间做兼职导游。

3. 共享经济对旅游可持续消费观念及环境的影响

共享经济的飞速发展无疑将改变游客传统的消费模式，提高旅游资源及社会闲置资源的利用率，并促使游客形成绿色消费、低碳消费的观念。这既是"旅游+互联网"方式的体现，方便游客获得信息，降低消费成本，同时

第七章　共享经济、全域旅游与旅游可持续

也培养了适度消费、个性消费的消费观念。另外，共享经济符合节约资源、保护环境的国策要求，符合绿色发展理念，是绿色消费的具体体现。2016年发改委、中宣部、科技部等十部门联合出台了《关于促进绿色消费的指导意见》，指出支持发展共享经济，鼓励民宿出租、网络预约拼车，鼓励游客践行绿色消费模式。可见共享经济是对资源节约型和环境友好型生活方式的探索；是提高旅游资源利用率，加强旅游业可持续发展，减少浪费和降低环境破坏的有效选择。

在2016年的杭州G20峰会上，习近平总书记指出，在经济全球化的今天，没有与世隔绝的孤岛。全球经济治理应以共享为目标，提倡所有人参与，所有人受益。共享已经成为中国和当今世界共同的发展理念。今天所谈的共享经济，从广义上讲，也是建立在人类和物质共享基础上的一种经济形态。旅游业作为典型的旅游资源共享型产业，是共享经济的天然形态。共享经济因为对存量的充分利用、减少资源能源消耗而受到环保机构和人士的赞赏。总部位于荷兰的汽车共享平台SnappCar就明确提出了自己的使命：打造社交、可信、以用户为本的租车平台，减少欧洲汽车数量。2015年8月，王石在哈佛深潜班的共享会上指出，Uber是阻止全球变暖的颠覆性创新。美国环保人士安妮·雷纳德（Annie Leonard）在环保短片《东西的故事：一件物品的生与死》中讲道："共享消费是对提高资源利用率、加强可持续发展、减少浪费和降低环境破坏的较好的选择性方案。"

旅游共享经济能够部分地解决旅游地住宅、汽车等资源闲置造成的浪费问题，降低新建旅游饭店、购置旅游车船对环境造成的污染，减少旅游者的单位能源消耗和碳足迹，有利于旅游地的环境保护、生态文明建设和可持续发展，是资源节约和环境友好型旅游产业的表现。当前旅游发展趋势和群众消费动向表明，在开放和共享时代的背景下，旅游业的发展必须打破传统旅游业和现代旅游的边界，树立跨界、融合、联动的发展理念，优化调整旅游产品供给，推动旅游组织模式和成长路径加快转变，方能在大众旅游潮流中，实现旅游发展的裂变增长，发挥其对经济拉动的乘数效应，实现旅游业可持续发展。

一是以点带面，打破产业发展制约。共享经济基于资源使用权的让渡，

解决了困扰行业多年的产能约束、时空约束和耦合约束。例如，现阶段全国上下正在大力推进旅游厕所革命，景区厕所大为改观，但出游高峰期如厕难问题在短时期内依然很突出。除了增建厕所、增加人员投入的路径，是否可用共享经济思维来解决厕所数量不足、厕所运营维护的问题？以共享经济的使用权让渡为切入点，激发潜在利益相关者的合作意愿，可化解短暂性矛盾。

二是以客促业，创新产业发展模式。旅游的功能属性表明旅游是一个多产业融合的综合产业。在共享经济模式下，市场交易成本的降低致使传统企业边界收缩，带来个体经济的强势回归。于消费者而言，交易成本的下降导致了以买为主向以租为主的转变，消费福祉从而增加。另外，通过"自由人"的联合，共享经济给了供求双方更自由的选择，自下而上推动着商业模式创新，实现了旅游经济的百花齐放，主要集中在三个领域：以闲置房源切入的非标住宿产品（Airbnb、途家、游天下、小猪、蚂蚁短租等）；以闲置时间和经验切入的境外导游自由执业服务（最会游、一起嗨、哈达旅行、丸子地球等）；以共享闲置车辆切入的旅游交通服务（Uber、易到用车、凹凸租车、筷子旅行等）。可以说，整合闲散资源成为全域旅游纵深发展的必然，共享经济以性价比更高的产品或服务迎合了快速变化的旅游消费行为，以能效比更优的商业模式促进了旅游可持续发展。

三是以人为本，提高产业核心竞争力。全域旅游不是"一锅粥"，要在深化发展中谨防低效投资和过度投资带来的产能过剩。因此，采集和研究游客的时空轨迹与行为规律是全域旅游发展过程中亟待重视的问题。共享经济的内在机理是人在时空中的存在与价值，无论是面向流动的游客还是域内的居民，共享理念下的供给模式均遵循和重视人的时空行为，并以此为基础创造价值。国家旅游局近期组建的智慧旅游公共服务平台、数据中心等正是其生动实践。与此同时，在旅游产业核心竞争力培育的过程中，旅游警察、旅游巡回法庭、旅游工商分局等综合治理体系的建构也从制度上促进了共享经济与全域旅游的融合发展。

首先，共享经济切入旅游业，使得旅游闲置资源和旅游基础设施得以充分利用，从而减少闲置资源的浪费，获得经济效益。其次，共享平台使得供

第七章 共享经济、全域旅游与旅游可持续

需双方实现精准匹配，从而满足游客个性化需要。最后，共享经济是对绿色消费理念的践行，对于节能环保意义重大。

三、全域旅游与旅游可持续

（一）全域旅游时代旅游产业链的重构

全域旅游时代，移动互联网环境下带来了重构旅游供应链的机会，尤其在一个地区的市场。通过整合区域内资源和服务体系，有机会进入全新的共享经济时代，重新定义服务组织，重新定义旅游产品和服务方式，让环节中的每项资源、每个人价值最大化。

旅游产业的发展可以分为三个阶段：第一阶段为旅游1.0分销时代，主要以地接社为上游，中游为多级或多个分销商，最后到达游客；第二阶段为旅游2.0流量时代，该阶段以服务产品供应商为上游，以B2C或者OTA的形式再到达游客；第三阶段为旅游3.0全域时代，该阶段的上、中、下游产业量形成良性循环的完整生态。从中可以清楚地看到旅游服务行业——旅行社业务的现状：一方面，各大旅行社目前还在1.0版本的分销阶段，不管是做产品零售还是批发业务；另一方面，携程等OTA继续垄断着流量时代的游客入口，与各大商家的各种矛盾、各种"战争"持续不断。

归纳以上各阶段的特点，可以总结为：一方面，1.0版本做的是信息不对称时代的连接，帮助服务商找到游客；另一方面，2.0版本做的是交易（垂直零售），帮助客户一站式买到各种服务和产品。两个阶段都没有改变和优化产品供应环节，只是提供传播的途径（1.0）和提高了传播效率（2.0），这两种模式做的是产品存量市场，本质上就是一个卖货的商家。国内旅行社一般把自己定位为零售商或批发商，或者两者兼做；零售者有自己的直营网络，网络具备组团能力；批发商则负责大规模目的地采购，然后利用规模化分销增加话语权。重心都不在产品创新、产品管理上，而且为了实现规模

共享经济、全域旅游与旅游业

化,都习惯于卖简单产品或者是标准化产品(最多是固定选项的套餐产品)。由于批发、零售网络存在的关系,自然让整个层级关系变得复杂,于是标准化流程和产品变成了标准选择;据旅行社的经验统计,平均一次客户订单的变更成本,是销售这个订单利润的7倍。所以旅行社习惯卖标品。

和旅行社类似,OTA平台面临的客户量更大,由于没有实体门店(虽然近期开始在做门店),只能用Call Centre处理客户问题,更加只能处理标准化产品。由于售卖的是标品,毛利很低,加上大量的互联网流量成本,亏损就成为自然(目前还是一个季度亏损数亿元)。在这种格局下,游客要么不买旅行社产品,只买单品,比如,大交通的机票、高铁等,或者再加上一点城市的酒店预订,要么就乘着低价促销机会买了旅行社产品,然后经历着各种购物、各种骗局,偶然运气太好可能会遇到良心团于是感叹大发!这两种模式下,对于全域旅游的发展、帮助是极其有限的。一方面,旅游产品存量的售卖行为,是一个典型的标品的零售过程,个性化产品需要的专业服务和知识技能太多,不符合大批量销售的业务模型,而全域旅游时代,强调的则是各种特色、各种个性化、各种跨界融合;另一方面,全域旅游,强调的是从"观光游"过渡到"旅行"、"旅居"生活,强调旅游供给侧的结构改革,产品的升级换代和产业跨界,这一切的改变应该是在旅游的服务端首先开始的。所以,在3.0的全域旅游时代,需要发展出一种全新的旅游服务模式,建立全新的良性生态,打破目前的僵局。

1. 如何重构供应链

旅游产品的供应链:首先,单品的要素供应商,提供大交通、小交通、住宿、餐饮、门票等服务,目前单品上已经附加了很多的个性化服务,比如特色民宿、特色美食等。其次,地接社或者各类俱乐部把这些要素有意识地串联起来,组成了符合年轻人需求的户外产品,或者符合家庭需求的亲子产品,等等。俱乐部、旅行社或者OTA等,要么直销,要么各种分销,把产品卖给游客;达人、司机、领队或者导游,在游客实际出行过程中,提供服务。从以上描述中,我们很容易理解这样几个事实:最了解本地特色的,概率上应该是本地的要素服务商、俱乐部或者地接社;最了解游客需求的,概率上应该是全程为游客提供面对面服务的个体服务者,目前叫法上非常不规范、户外领队、户外达人、导游等均有；个体服务者目前是不能直接给游客提供服务的，需要挂靠到旅行社牌照下。所以面向游客服务的，还是旅行社或者俱乐部（不以旅游的名义）。过去地接社或者俱乐部打造的旅游产品，一般缺乏大交通资源，或者产品可用资源有限，因为其本身能力有限，比如无法对接航空公司资源，无法覆盖目的地更多的车辆、酒店或者景区资源。若能方便地补齐更多资源，对于这些机构而言无疑会具备更高价值。为了打造出满足游客需求的独特产品，需要激发更多的个体服务者参与进来。比如皖南地区的深度游，可以结合不同的主题：民宿、摄影、赏花、文房四宝、诗歌、徒步、农业科技、低空飞行、古镇、徽派建筑等，这些活动项目，擅长的人分散在社会的各个角落，必须通过一个资源共享机制和利益机制，才有机会激活。地方政府牵头的全域旅游，为重构地区的旅游产品供应链提供了一个机会。全行业性的重构供应链，在目前巨头垄断的局面下很难实现。但在局部地区，尤其是旅游目的地的地方政府牵头下，完全可以有机会。

全域旅游平台通过串联旅游产业链条上的各种大交通资源，连接本地的所有特色单品项目，为本地的旅游服务企业提供了一个全新的资源整合平台，可以让他们快速方便地组成各种服务体系，创建各种产品体系；而在这个产品和服务架构基础上，则会激发更多的个体创业者参与，诞生出全新的、更加个性化的产品和服务，实现"单客经济"。

全域旅游时代，移动互联网环境下带来了重构旅游供应链的机会，尤其在某些地区市场上。通过整合区域内资源和服务体系，有机会进入全新的共享经济时代，重新定义服务组织，重新定义旅游产品和服务方式，让环节里的每项资源、每个人价值最大化。

2. 如何激活个体经济

每每谈到共享经济模式，都会说到 Uber 和滴滴，或者 Airbnb，其实旅游个性化服务市场，未来才是最典型的共享经济模式代表，至少在中国，其附加值应该超过滴滴。当旅游从大批量的团队观光游，走向个性化旅行、深度旅行、体验旅行、旅居生活时，这个趋势就是抵挡不了的，应该可以说全域旅游时代开始出现质变。在全域旅游的基本概念里，也提出了导游可以自由执业的模式。这个模式的落地,最现实的方案,就是落地于区域性全域旅游平台,而不是OTA平台。按照过去的习惯,旅行社除了出境游可能会派一个全陪导游外,其他国内团基本上组团社或者是OTA是完全不管的,本来就是由地接社的导游服务。当导游必须挂靠在某一个旅行社旗下时,肯定会受到地域、服务时间的限制,个人价值是不能得到最大发挥的,还会被旅行社剥削掉一层大的利益。

互联网带来的信息透明化,机构化成本过高及"90后"自由的就业价值观念等社会原因,使得个人分佣比例得到显著提高(见图7-1)。通过地区性全域旅游平台的搭建,通过市场机制平衡利益关系,可以很好地发挥平台的功效和个体的最大价值。个体执业者将包括:游、户外领队、各种达人、各种有资质的教练(比如潜水教练)等。这样的案例故事,已经在很多行业发生过了,比如房地产经纪人、保洁工、司机、财务顾问等,必将会在旅游服务行业再次发生。

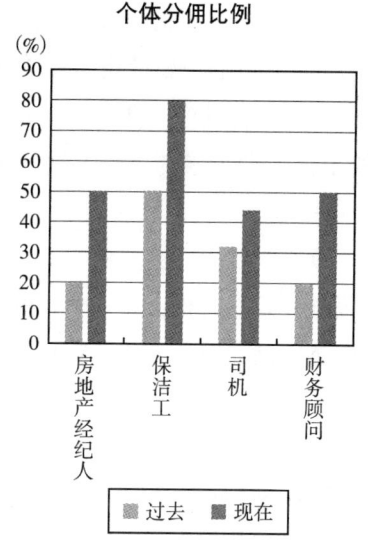

图7-1 价值回归服务者本身、个人分佣提升

在中国的旅游服务市场上,尤其是全域旅游正在开始的地区,基本处于中国的三、四线以下级别的城市。随着全域旅游的建设,本地服务商将一步

第七章 共享经济、全域旅游与旅游可持续

跨入移动互联网的时代（甚至跨入的是 AI 和大数据时代），抓住这个机会，将带来该领域的巨大变化。通过技术的促进、流程的改变、效率的提高、组织模式的重组，将有可能创造出一个具有巨大价值空间的旅游生态体系。

（二）全域旅游——理念革新与模式创新

"全域旅游"是新时期中国旅游产业发展的一次理念革新和模式创新，是中国特色的旅游创新发展路子，在此理念引领下，中国旅游将充分释放发展活力，建设"美丽中国"。作为一次理念革新和战略重塑，"全域旅游"发展理念顺应解决"发展不平衡不充分"矛盾、实践"两山理论"、"满足人民对美好生活向往"等一系列新时代命题，旅游业的价值在"五位一体""五大理念"和"两个阶段"发展理念和体系中有了全新定位，颠覆性地改变了新时期中国社会经济发展的资源观、发展观、服务观和大众旅游的消费观。

1. 资源观

旅游业发展的初期，是资源主导型发展模式，即一个旅游目的地必须拥有垄断性的资源，也就是我们常说的旅游核心吸引物——自然型山川河流和人文型文化遗产，具有发展旅游的先天性优势。随着旅游消费者需求的多元化，观光之外更需要在目的地多做停留过短期的生活，甚至是多频次的短期生活，以达到周期性放松身心的目的。这就需要旅游目的地在核心资源外有更丰富的产品和服务供给。

旅游要素发生转变，从单一转向综合供给；旅游场域发展转变，从封闭的景区转向开放的空间，这使得目的地摆脱先天垄断性资源局限，有中生优或无中生有地创造资源成为可能。"全域旅游"的理念正是在这种消费需求和背景下产生的，它让人们从"全要素范畴"和"全空间范畴"重新认识资源价值，让那些曾经在观光消费中被忽略了的潜在资源，有了"拨云见日"成为优质旅游产品进而转化为经济价值的机会，极大地拓展了旅游的行业和产业外延。旅游无边界，事物皆可游。乡村旅游的火热和文创产品的畅销，是市场需求改变资源观念的最好例证。

2. 发展观

过去是走马圈地，占山为王，一个旅游景区就是一个独立的王国，门票经济是唯一的利润。如今需要跳出景区谋区域，要统合机制、整合资源、融合发展，唯有如此，才能最大化地满足游客的"泛消费需求"。过去相邻景区之间各自为战的恶性竞争，不得不在游客"贪好求全"的消费推动下错位经营、优势互补、抱团发展，从景点经营转向全域经营，从景点营销转向环境营销。当人们发现非垄断性资源也具有体验消费价值时，旅游"边缘经济"的属性更加凸显，资源的优劣势转化更加激烈——过去的老弱边穷地区因为交通不便、信息滞后、发展落伍，反而保留了优质的生态、优良的民风、优秀的文化，这些资源要素成为满足大都市人群新奇特体验需求的爆品——"绿水青山就是金山银山"，这些地区从曾经的社会经济发展的"边缘"一跃成为旅游经济发展的"中心"，比如云、贵、桂、青、藏、疆地区，旅游业成为推动老弱边穷地区经济发展、实现扶贫攻坚的核心力量，是解决发展空间不平衡，发展要素和财富创造不充分的强力支撑。

在转型压力下，融合旅游提升文化附加值，向旅游要效益已经成为传统行业创新求变的主要路径之一。在地方发展过程中，人们也越来越意识到，没有旅游的城市是没品位的，缺少旅游感召力的城市是没有文化底气的。

3. 服务观

旅游业，说到底是服务业，而且是服务业的龙头产业。旅游业外延的拓展、综合性消费贡献更多地体现在服务端，旅游服务无处不在，无时不在。旅游目的地的服务品质就好比一个人的修养，每个人都能直观地感受到。一流的旅游目的地配三流的服务，就是三流的旅游目的地，而三流的旅游目的地如果具备一流的服务，就有可能成为一流的旅游目的地。

在大交通日渐完善的前提下，中国旅游发展不均衡的根本原因，不在于旅游资源，而在于旅游服务。旅游资源地域各有千秋，差异化是旅游的灵魂，旅游服务才是游客评判旅游目的地优劣的标准。游客一次不愉快的如厕经历，就可能会导致游客本人甚至他身边的人再也不去某个地方旅游，更不用说坑蒙拐骗、欺客宰客对游客的伤害。全域旅游发展，需要时时有服务、处处有服务、人人享服务。因此，高品质服务观才是大局观、全域观，可持续发展观，唯有软硬兼具的服务能够带给游客安心、舒心、放心的体验，最大限度地"满足人民对美好生活的向往"。也只有在这个前提下，旅游的综

第七章 共享经济、全域旅游与旅游可持续

合拉动消费才能转化得更彻底，旅游业对服务业的带动及对旅游目的地品牌形象价值的贡献才能更全面！服务，就是生产力，旅游也要缔造并输出"中国服务"！旅游服务观还体现在服务大局观，在支撑国家战略、旅游外交、扶贫攻坚、供给侧改革等方面发挥的积极作用。

4. 消费观

大众消费泛旅游消费催生"全域旅游"理念，"全域旅游"理念革新大众消费观念，二者相互作用，密不可分。"全域旅游"从行政语境、行业语境进入老百姓的日常语境，不仅仅是舆论的胜利，更说明消费者对旅游充满更高的期待，是"人民对美好生活向往"的热切追求之一。高铁网络的逐渐普及和自驾游的兴起，人们不再满足于"走马观花"挤景区，部分游客更喜欢"快旅慢行"寻静谧——环境好、服务好、游客少、无喧嚣，小而精、精而美的目的地备受游客青睐。周末近郊游、乡村游、生态野外游、体育休闲游等风生水起。人们愿意为吃一道美食去一个乡村，也愿意为睡个安稳觉去住几晚民宿，对高大全、人满为患、杂货铺子似的景区产生心理排斥。

在个性化、品质化消费观驱动下，把任何一种小众的产品做好，都会形成一个完整的服务链，进而形成一个综合配套的小产业链。全域旅游时代，需要大项目成片开花，但更需要小业态星火燎原。新媒体时代，人人都是信息的创造者和传播共享者，人们每天都可以为一道美食点赞，可以为一间厕所吐槽；可以对一座城市抒怀，也可以把一个景区拉黑。朋友圈里，每天都是消费观。全域旅游全不全，不妨看看朋友圈！

全域旅游时代，移动互联网环境下带来了重构旅游供应链的机会，尤其在一个地区市场上。通过整合区域内资源和服务体系，有机会进入全新的共享经济时代，重新定义服务组织，重新定义旅游产品和服务方式，让环节里的每项资源、每个人价值最大化。

（三）全域旅游观念下的旅游可持续发展

在2017年旅游科学年会分论坛"全域旅游与可持续发展"上，中山大学张朝枝教授表示：全域旅游这个概念和旅游研究之间，理论落后于实践的发展。另外，如果从旅游学界的理论角度解释，"全域旅游"的概念来源应

该分为两个:一是从旅游者行为角度讲,随着大众旅游时代的到来,散客越来越多,旅游者流动性加快,流动范围加大,从点到线到面状的变化和市场格局都发生了变化;二是从产业的发展角度讲,旅游业的边界在模糊,范围在放大,并且与其他产业不断的融合发展。由此可见,旅游业的发展从个体到组织,从旅游主体到旅游客体都发生了一些变化,所以从行业实践里面提取出"全域旅游"这个概念。从这个角度讲,全域旅游更多可理解为一个工作的抓手,一个工作的理念。在与可持续旅游的关系方面,现在所提的全域旅游跟以往所提的可持续旅游的关系在本质上没有太大的区别。在强调全域旅游时要更加重视的是承载力的问题,也就是我们的发展底线问题。同样,旅游业可持续发展的内涵以及要求也是"以人为本"以及旅游资源开发利用的可持续性。但全域旅游最容易出现一哄而上,追求大项目大投资,可能会带来一些根本性的变量变化,出现以往的管理失控问题。

发展全域旅游是促进旅游业转型升级和可持续发展的必然选择。2015年,国内游达40亿人次,人均出游接近3次,旅游已成为居民日常生活的必要组成部分。出游方式上,自助游超过85%,自驾游超过60%。一个区域的旅游质量,不单单取决于旅行社、酒店、景区的服务质量,而且是由整个区域的综合环境决定的。这就要求我们从全域整体优化旅游环境、优化旅游全过程,配套旅游基础设施、公共服务体系和旅游服务要素。当前,一些地方旅游市场秩序混乱与人民群众"更加满意"的目标不相适应,旅游产品和以厕所为代表的公共服务及交通等基础设施供给与爆发式、井喷式增长的旅游市场需求不相适应,企业对门票经济的过度依赖与广大游客的承受能力和期待不相适应等问题,都需要通过发展全域旅游来解决。

尽管全域旅游发展观具有很强的时代性,但在具体的实施过程中,还应该把握以下几点重要关系,才能促进旅游业可持续发展。

1. 各个利益主体之间的关系

一方面,随着旅游业向广度和深度发展,旅游给更多的人带来了经济社会和文化等方面的利益;另一方面,随着各种关系和矛盾的复杂化,旅游也可能带来更多的负面问题。比如,大量游客的涌入使得一些旅游地居民对游客充斥着"爱恨交织"的情绪。再比如,旅游供给各方在旅游业发展中也存在更多利益分配问题，像深圳的较场尾民宿，伴随着旅游业的火爆，房东和租赁房屋开发民宿旅游的经营者之间因房租上涨引发的矛盾变得越发突出。因此，在全域旅游发展中，能不能妥当周密地处理好各种复杂的利益问题，对旅游业的可持续发展至关重要。

2. 项目建设和体制改革的关系

在全域旅游发展中，项目和体制实际上是面子和里子的关系。旅游项目对全域旅游很重要，因为没有旅游项目的支撑，全域旅游很可能就是纸上谈兵。但这种仅靠个别领导对旅游项目的重视而发展的全域旅游，往往很难持续。因此更为持久的方式是通过体制机制的改革，激发起各方面发展全域旅游的"内生动力"。一般来说，地方抓旅游项目比较容易见到成效，随着一个个旅游项目（特别是旅游大项目）上马，很容易营造一种全域旅游的繁荣景象。但抓体制机制改革往往更难，周期也更长，再加上行政官员的执政周期等原因，很多地方对抓改革的兴趣远不如抓旅游建设大，旅游改革"雷声大雨点小"等问题比较普遍。因此，能不能处理好项目和体制的关系也可以看成全域旅游的一块试金石。

3. 政府和市场的关系

应该说，旅游业尽管市场化程度较高，但并不是一个纯粹市场化的产品。而一个地区旅游业的竞争力需要旅游市场主体，但同样离不开政府对旅游氛围的营造、旅游市场环境的净化、旅游公共服务的完善。较之其他产业的发展来说，政府在全域旅游发展中扮演着更为重要的角色，也担负着更重要的责任。加之，在中国现有的国情下，政府和市场的边界还很难划清，因此理想化的设想纯市场化地实现全域旅游的发展，也许并不现实。因此，尽管政府在全域旅游发展中不能大包大揽，但其发挥的作用应该比过去要更大。

4. 全域和特色的关系

全域旅游绝对不应该是一个面孔，反而越是全域旅游，越要体现一个地区的特色化，特别是要注重对地域文化的挖掘。全域旅游就像一个舞台，舞台只是一个背景和平台，而特色化就是舞台上的节目和演员。所以一个城市最大的亮点还是特色的文化。当然，抓文化并非要做一个文化旅游景区，而应该让游客在这个城市旅游过程中时时、刻刻、处处都体验到特色的文化。

参考文献

[1] 包富华，李玲，郑秋婵. 互联网旅游企业商业模式分析研究——以携程旅行服务公司为例 [J]. 生态经济，2013（3）：156-159.

[2] 曹丹. 论共享经济对旅游业发展的影响及其应对 [J]. 四川师范大学学报（社会科学版），2017，44（1）：56-66.

[3] 曹磊. Uber：开启"共享经济"时代 [M]. 北京：机械工业出版社，2015.

[4] 陈健，龚晓莺. 共享经济发展的困境与突破 [J]. 江西社会科学，2017（3）：47-54.

[5] 陈金花，吕敏，李翔宇. 旅游业对地方经济的影响分析 [J]. 老区建设，2008，20（7）：10-11.

[6] 崔水莲. 全域旅游背景下乡村旅游与文化创意产业融合研究 [D]. 河北大学博士学位论文，2017.

[7] 戴伯勋，沈宏达. 现代产业经济学例 [M]. 北京：经济管理出版社，2001：331-334.

[8] 戴伟明. 全域旅游视角的大都市近郊文化休闲旅游目的地开发模式研究 [D]. 广西师范大学博士学位论文，2016.

[9] 刁卫东，赵洪进. 共享经济的发展趋势研究 [J]. 物流工程与管理，2016，38（10）：106-107.

[10] 丁元竹. 推动共享经济发展的几点思考——基于对国内外互联网"专车"的调研与反思 [J]. 国家行政学院学报，2016（2）：106-111.

[11] 董成惠. 共享经济：理论与现实 [J]. 广东财经大学学报，2016，31（5）：4-15.

[12] 丰志培，刘志迎.产业关联理论的历史演变及评述［J］.温州大学学报（社会科学版），2005，18（1）：51-56.

[13] 高明.共享经济助力全域旅游向纵深发展［N］.中国旅游报，2017-06-05（3）.

[14] 高原.共享经济的现状及其在中国的发展趋势［J］.经营管理者，2015（35）.

[15] 葛继宏.全域旅游治理的路径探索——以杭州淳安县为例［J］.浙江社会科学，2017（3）：142-147.

[16] 共享经济：城市资源配置与全域旅游［N］.中国旅游报，2016-09-22（A02）.

[17] 桂慕文.协同发展理论与农业现代化建设［J］.农业考古，1999（1）：16-19.

[18] 郭峦.旅游产业整合相关理论探析［J］.商业时代，2009（18）：109-110.

[19] 郭为，黄卫东，余琴.旅游共享经济与非正规就业：对供给侧改革下就业问题的思考［J］.旅游论坛，2017，10（4）：76-85.

[20] 郭又荣."互联网+"下旅游电商个性化旅游产品营销策略——以途牛网为例［J］.改革与战略，2016（2）：110-112.

[21] 郭毓洁，陈怡宁.全域旅游的旅游空间经济视角［J］.旅游学刊，2016，31（9）：28-29.

[22] 何建民.旅游发展的理念与模式研究：兼论全域旅游发展的理念与模式［J］.旅游学刊，2016，31（12）：3-5.

[23] 黄细嘉，李凉.全域旅游背景下的文明旅游路径依赖［J］.旅游学刊，2016，31（8）：13-15.

[24] 姜奇平.《共享经济》中的共享发展理念［J］.互联网周刊，2016（6）：70-71.

[25] 姜奇平.共享经济从理论到实践的发展［J］.互联网周刊，2015（16）：70-71.

[26] 焦彦，徐虹.全域旅游：旅游行业创新的基准思维［J］.旅游学刊，

2016, 31 (12): 11-13.

[27] 解轶鹏, 石玉. 共享经济的发展现状和未来趋势 [J]. 国家治理, 2017 (17): 29-37.

[28] 雷海东. 运用"互联网+旅游"共享经济创新发展模式升级旅游经济产业——以潮州市为例 [J]. 福建教育学院学报, 2017, 18 (1).

[29] 雷切尔·博茨曼, 路·罗杰斯, 博茨曼, 等. 共享经济时代: 互联网思维下的协同消费商业模式 [M]. 上海: 上海交通大学出版社, 2015.

[30] 雷卫中. 互联网对我国旅游业发展的影响 [J]. 旅游科学, 1998 (3): 18-21.

[31] 李春燕, 袁颖. 如何以"全域旅游"指导旅游产业可持续发展 [J]. 旅游纵览 (下半月), 2015 (10): 23.

[32] 李东娟. 旅游网站在线预订商业模式创新研究 [J]. 商业研究, 2014 (10): 38-43.

[33] 李凤霞. 图们江增长三角旅游产业集群发展研究 [D]. 东北师范大学博士学位论文, 2005.

[34] 李罕梁, 罗曾. 移动互联技术带来的出游方式变革 [J]. 旅游学刊, 2016, 31 (5): 3-5.

[35] 李怀勇, 张贵鹏. 基于共享经济的商业模式创新 [J]. 商业时代, 2017 (1): 120-122.

[36] 李建州, 张运来, 李惠璠. 移动互联网在旅游业中的应用研究 [J]. 旅游学刊, 2011, 26 (10): 89-94.

[37] 李军. 积极发展"共享农庄"促进"三农"新突破——在"以发展'共享农庄'为抓手建设田园综合体和美丽乡村"培训推进会上的讲话 [J]. 今日海南, 2017 (9): 11-16.

[38] 李丽, 杨艳丽. 全域旅游视域下茶园观光旅游的文化产业发展思路探析 [J]. 福建茶叶, 2018, 40 (2): 134-135.

[39] 李庆雷, 娄阳. 旅游共享经济的十个特征 [J]. 党政视野, 2016 (7): 34-35.

[40] 李庆雷. 共享经济理念对旅游产业发展的影响 [N]. 中国旅游报,

2016-03-21 (B05).

[41] 李文静. 共享经济：互联网+时代的商业模式创新[J]. 中国国际财经（中英文），2017（23）.

[42] 李晓雪，赵亮. 浅析共享经济视角下全域旅游的发展趋势[J]. 当代经济，2016（31）：17-19.

[43] 李星群，廖荣华. 生态旅游地可持续旅游评价指标体系探讨——以自然保护区为例[J]. 邵阳学院学报（自然科学版），2004（1）：100-104.

[44] 李志飞. 全域旅游时代的变与不变[J]. 旅游学刊，2016，31（9）：31-31.

[45] 厉新建，马蕾，陈丽嘉. 全域旅游发展：逻辑与重点[J]. 旅游学刊，2016，31（9）：22-24.

[46] 厉新建，张凌云，崔莉. 全域旅游：建设世界一流旅游目的地的理念创新——以北京为例[J]. 人文地理，2013（3）：130-134.

[47] 林丽. 共享经济企业亟待创新管理模式[J]. 人民论坛，2017（21）.

[48] 刘根荣. 共享经济：传统经济模式的颠覆者[J]. 经济学家，2017，5（5）：97-104.

[49] 刘蕾，鄢章华. 共享经济——从"去中介化"到"再中介化"的被动创新[J]. 科技进步与对策，2017，34（7）：14-20.

[50] 刘倩. 共享经济的经济学意义及其应用探讨[J]. 经济论坛，2016（9）：150-152.

[51] 刘亭立，赵小丽. 可持续旅游发展的经济学分析工具——外部性理论[J]. 北京第二外国语学院学报，2002（4）：45-47.

[52] 刘又堂. 全域旅游视阈下旅游目的地功能变化[J]. 社会科学家，2016（10）：90-94.

[53] 刘玉春，贾璐璐. 全域旅游助推县域经济发展——以安徽省旌德县为例[J]. 经济研究参考，2015（37）：97-101.

[54] 陆大道. 关于"点—轴"空间结构系统的形成机理分析[J]. 地理科学，2002，22（1）：1-6.

[55] 陆大道. 论区域的最佳结构与最佳发展——提出"点—轴系统"和

"T"型结构以来的回顾与再分析[J].地理学报,2001,56(2):127-135.

[56] 陆大道.区域发展及其空间结构[M].北京:科学出版社,1995.

[57] 罗宾·蔡斯,王芮.共享经济:重构未来商业新模式[J].中国房地产,2015(29).

[58] 罗云丽.旅游共享经济的基本特征、运行机制与发展对策[J].商业时代,2016(14):174-176.

[59] 吕俊芳.城乡统筹视阈下中国全域旅游发展范式研究[J].河南科学,2014(1):139-142.

[60] 马海鹰,吴宁.全域旅游发展首在强化旅游综合协调体制机制[J].旅游学刊,2016,31(12):15-17.

[61] 马捷.全域旅游时代基于"互联网+"的四川藏区旅游营销模式创新研究[J].特区经济,2017(4):106-109.

[62] 马强.共享经济在我国的发展现状、瓶颈及对策[J].现代经济探讨,2016(10):20-24.

[63] 毛峰."互联网+"时代乡村旅游可持续发展的路径及对策[J].改革与战略,2016(3):74-77.

[64] 孟秋莉,邓爱民.全域旅游视阈下乡村旅游产品体系构建[J].社会科学家,2016(10):85-89.

[65] 明庆忠,管宁生.云南旅游业可持续发展障碍及对策[J].热带地理,1998(4):350-355.

[66] 牛亚菲.旅游业可持续发展的指标体系研究[J].中国人口·资源与环境,2002(6):44-47.

[67] 庞庆明.中国特色共享经济:本质特征与关键路径[J].马克思主义研究,2016(7):65-71.

[68] 庞世明,王静."互联网+"旅行社:商业模式及演变趋势[J].旅游学刊,2016,31(6):10-12.

[69] 钱建伟,Rob Law."互联网+"时代的旅游业巨变[J].旅游学刊,2016,31(6):2-4.

[70] 秦艳培.共享经济助推乡村旅游发展研究[J].洛阳师范学院学报,

2017，36（10）：23-25.

[71] 阮晓东.共享经济时代来临[J].中国总会计师，2015（7）：158-158.

[72] 史春云，张捷，沈正平，等.区域旅游竞合研究进展[J].地理与地理信息科学，2005，21（5）：85-89.

[73] 史寿山.全域旅游：增城旅游发展的实践与思考[M].广州：暨南大学出版社，2016.

[74] 宋斐红.沂南县全域旅游发展研究[D].山东大学博士学位论文，2017.

[75] 宋晓丽，周金泉，陈丽琴.全域旅游视域下旅游小镇发展策略探析[J].经济问题，2017（6）：103-107.

[76] 宋逸群，王玉海.共享经济的缘起、界定与影响[J].教学与研究，2016，50（9）：4-9.

[77] 汤天波，吴晓隽.共享经济："互联网+"下的颠覆性经济模式[J].科学发展，2015（12）：78-84.

[78] 唐纯.共享经济对经济结构调整的作用机制[J].改革与战略，2016（4）：10-13.

[79] 唐贤伦，陈品玉，殷红梅，等.我国供给侧结构性改革背景下的全域旅游发展理论体系研究[J].改革与战略，2017（9）：67-70.

[80] 田里.旅游经济学[M].高等教育出版社，2002.

[81] 万幼清.旅游业可持续发展的理论与实践[D].华中科技大学博士学位论文，2004.

[82] 王德刚.互联网对旅游业创新能力提升的促进作用[J].旅游学刊，2016，31（5）：7-8.

[83] 王红彦.共享经济为全域旅游发展注入强大动力[N].中国旅游报，2017-05-15（3）.

[84] 王剑.全域化视角下区域旅游发展研究——湖北省十堰市张湾区规划案例[M].广东世图出版社，2013.

[85] 王科.基于产业整合理论的区域旅游产业竞争力提升研究[D].华中师范大学博士学位论文，2008.

[86] 王磊,刘家明.宁夏建设全域旅游示范区研究[J].宁夏社会科学,2016（4）：123-127.

[87] 王利冬.谈共享经济发展中的隐忧[J].品牌研究,2015（8）：235-235.

[88] 王美玲,蔡波.以地域优势打造全域旅游产业的方法与研究——永顺县全域旅游发展策略思考[J].西南民族大学学报（自然科学版）,2017,43（2）：204-208.

[89] 王培贵.四川旅游业可持续发展对策[D].西南交通大学博士学位论文,2005.

[90] 王衍用.全域旅游需要全新思维[J].旅游学刊,2016,31（12）：9-11.

[91] 魏小安.让闲置资源流动起来是共享经济的根本[J].旅游世界,2016（11）：45-45.

[92] 吴必虎.区域旅游规划原理[M].北京：中国旅游出版社,2001.

[93] 吴光菊.基于共享经济与社交网络的 Airbnb 与 Uber 模式研究综述[J].产业经济评论,2016（2）：103-112.

[94] 向玉成.对"旅游+互联网"背景下旅游产业发展的思考[J].旅游学刊,2016,31（5）：8-10.

[95] 徐金海,王俊."互联网+"时代的旅游产业融合研究[J].财经问题研究,2016（3）：123-128.

[96] 寻空.共享经济将会渗透的八个行业[J].中关村,2015（9）：26-28.

[97] 亚历克斯·斯特凡尼.共享经济商业模式：重新定义商业的未来[M].北京：中国人民大学出版社,2016.

[98] 颜婧宇.Uber（优步）启蒙和引领全球共享经济发展的思考[J].商场现代化,2015（19）：13-17.

[99] 杨春.全域旅游视角下云南元阳哈尼梯田旅游产业发展战略研究[D].云南师范大学博士学位论文,2016.

[100] 杨帅.共享经济带来的变革与产业影响研究[J].当代经济管理,2016,38（6）：69-74.

[101] 杨学成,涂科.共享经济背景下的动态价值共创研究——以出行平台为例[J].管理评论,2016,28(12):258-268.

[102] 杨彦锋.互联网技术成为旅游产业融合与新业态的主要驱动因素[J].旅游学刊,2012,27(9):7-8.

[103] 杨振之.全域旅游的内涵及其发展阶段[J].旅游学刊,2016,31(12):1-2.

[104] 应巧燕.全域旅游视角下舟山市海岛旅游开发研究[D].浙江海洋大学博士学位论文,2017.

[105] 于洁,胡静,朱磊,卢雯,赵越,王凯.国内全域旅游研究进展与展望[J].旅游研究,2016,8(6):86-91.

[106] 俞孔坚.可持续环境与发展规划的途径及其有效性[J].自然资源学报,1998(1):8-15.

[107] 袁淑玉,陈杨."互联网+"下新型旅游产业结构的升级与优化[J].商业经济研究,2017(10):186-188.

[108] 曾博伟.全域旅游发展观与新时期旅游业发展[J].旅游学刊,2016,31(12):13-15.

[109] 曾珍香,傅惠敏,王云峰.旅游可持续发展的系统分析[J].河北工业大学学报,2000(3):50-54.

[110] 张春香,杨兆萍.全域旅游视阈下"5A巴里坤"创建路径研究[J].资源开发与市场,2016,32(12):1523-1526.

[111] 张国凤.海南乡村民宿对乡村社区营造的影响研究——以海口市博学生态村花梨之家民宿为例[J].农村经济与科技,2017(17):92-94.

[112] 张洪香.共享经济对旅游业发展的影响研究综述[J].无锡商业职业技术学院学报,2017,17(4):44-47.

[113] 张辉,岳燕祥.全域旅游的理性思考[J].旅游学刊,2016,31(9):13-14.

[114] 张佳琪.海南农垦规划建设14个"共享农庄"[J].中国农垦,2017(7):79-79.

[115] 张晓芹.共享经济下的商业模式创新[J].安徽商贸职业技术学院

学报，2016，15（3）：11-14.

[116] 张众. 互联网+背景下农村生态旅游产业结构优化研究[J]. 农业经济，2017（10）：61-62.

[117] 张衡. 共享经济时代政府监管的困境与变革[J]. 信息安全与通信保密，2016（1）：102-105.

[118] 赵传松，任建兰，陈延斌，刘凯. 全域旅游背景下中国省域旅游产业与区域发展时空耦合及驱动力[J]. 中国人口·资源与环境，2018，28（3）：149-159.

[119] 赵慧莎，王金莲. 国家全域旅游示范区空间分布特征及影响因素[J]. 干旱区资源与环境，2017，31（7）：177-182.

[120] 赵晓芳. 共享经济下旅游服务产品变革特征研究[J]. 生产力研究，2017（6）：117-120.

[121] 郑红霞. 基于"共享经济"视角的旅游业O2O商业模式研究[J]. 现代经济信息，2016（1）.

[122] 郑胜华. 旅游产业整合的概念、原理和方法[J]. 企业经济，2003（7）：62-63.

[123] 郑志来. 共享经济的成因、内涵与商业模式研究[J]. 现代经济探讨，2016，411（3）：32-36.

[124] 郑治伟，王崇文. "全域旅游"视阈下的京津冀旅游公共服务发展研究[J]. 改革与战略，2017，33（1）：109-112.

[125] 钟林生. 旅游规划环境影响评价：促进旅游产业可持续发展的有效途径[J]. 旅游学刊，2008（9）：6-7.

[126] 朱薇. 共享经济促进旅游产业融合发展[J]. 人民论坛，2017（23）：84-85.

[127] Bie, Y., Wang, J., Wang, J., Airbnb in China: The Impact of Sharing Economy on Chinese Tourism [C]//International Conference on Applied Human Factors and Ergonomics. Springer, Cham, 2017.

[128] Bie, Y., Wang, J., Wang, J., Airbnb in China: The Impact of Sharing Economy on Chinese Tourism [C]//Advances in Human Factors, Busi-

ness Management and Leadership, 2018.

[129] Cheng, M., Current Sharing Economy Media Discourse in Tourism [J]. *Annals of Tourism Research*, 2016 (60): 111-114.

[130] Cheng, M., Sharing Economy: A Review and Agenda for Future Research [J]. *International Journal of Hospitality Management*, 2016 (57): 60-70.

[131] Cohen, B. D., Kietzmann, J., Ride on! Mobility Business Models for the Sharing Economy [J]. *Organization & Environment*, 2014, 27 (3): 279-296.

[132] Collina, L., Galluzzo, L., Gerosa, G., et al.. Sharing Economy for Tourism and Hospitality: new ways of living and new trends in interior design [J]. *Design Journal*, 2017, 20 (sup1): S3448-S3463.

[133] E Sharing Economy [J]. *Communications of the Acm*, 2015, 58 (1): 32-34.

[134] Ert, E., Fleischer, A., Magen, N., Trust and reputation in the sharing economy: the role of personal photos in Airbnb [J]. *Tourism Management*, 2016, 55: 62-73.

[135] Fang, B., Qiang, Y., Law, R., Effect of sharing economy on tourism industry employment [J]. *Annals of Tourism Research*, 2016, 57: 264-267.

[136] Forno, F., Garibaldi, R., Sharing economy in travel and tourism: the case of home-swapping in Italy [J]. *Journal of Quality Assurance in Hospitality & Tourism*, 2015, 16 (2): 202-220.

[137] Hamari, J., Sjöklint, M., Ukkonen, A., The sharing economy: Why people participate in collaborative consumption [J]. *Journal of the Association for Information Science & Technology*, 2016, 67 (9): 2047-2059.

[138] Hamari, J., Ukkonen, A., The Sharing Economy: Why People Participate in Collaborative Consumption [M]. John Wiley & Sons, Inc. 2013.

[139] Heo, C. Y. Sharing Economy and Prospects in Tourism Research [J].

Annals of Tourism Research, 2016, 58: 166-170.

[140] Ketter E. Eating with EatWith: Analysing Tourism-sharing Economy Consumers [J]. *Current Issues in Tourism*, 2017 (2): 1-14.

[141] Matzler, K., Veider, V., Kathan, W., Adapting to the sharing economy [J]. *Mit Sloan Management Review*, 2015, 56 (2): 71-77.

[142] Paulauskaite, D., Powell, R., Coca-Stefaniak, J. A., et al. Living like a local: Authentic Tourism Experiences and the Sharing Economy [J]. *International Journal of Tourism Research*, 2017, 19 (1).

[143] Quattrone, G., Proserpio, D., Quercia, D., et al. Who Benefits from the Sharing Economy of Airbnb? [J]. *Social Science Electronic Publishing*, 2016: 1385-1394.

[144] Richardson, L.. Performing the Sharing Economy [J]. *Geoforum*, 2015 (67): 121-129.

[145] Sooyoun, J., Cheol, P., Gursoy, D., et al.. Factors influencing use intention of online sharing economy platforms in tourism [C]//The, Advances in Hospitality & Tourism Marketing and Management. 2015.

[146] Sundararajan, Arun. The Sharing Economy: The End of Employment and the Rise of Crowd-Based Capitalism [M]//The Sharing Economy: The End of Employment and the Rise of Crowd-Based Capitalism. The MIT Press, 2016.

[147] Utz, R. J., *Sustaining and Sharing Economic Growth in Tanzania* [M]. The World Bank, 2007.